Kohlhammer

Kompass Recht

herausgegeben von Dieter Krimphove

Urheber- und Designrecht

von

Prof. Dr. Volker Michael Jänich
Friedrich-Schiller-Universität Jena

und

Prof. Dr. Jan Eichelberger, LL.M. oec.
Leibniz Universität Hannover

2., überarbeitete Auflage

Verlag W. Kohlhammer

Inhalt des Download-Materials:
- URL-Verzeichnis
- Musterklausur
- Prüfungsschemata
- Überblick zu den urheberrechtlichen Staatsverträgen

Download des o. g. Materials unter https://dl.kohlhammer.de/978-3-17-033264-5

Die in dem Werk verwendeten Symbole bedeuten:

 = Klausurtipps für Studenten

 = Tipps für Praktiker

 = Weiterführender bzw. ergänzender Text als Download-Datei

2., überarbeitete Auflage

Alle Rechte vorbehalten
© 2022 W. Kohlhammer GmbH Stuttgart
Gesamtherstellung: W. Kohlhammer GmbH, Stuttgart

Print:
ISBN: 978-3-17-033264-5

E-Book-Format:
pdf: ISBN 978-3-17-040998-9

Dieses Werk einschließlich aller seiner Teile ist urheberrechtlich geschützt. Jede Verwendung außerhalb der engen Grenzen des Urheberrechts ist ohne Zustimmung des Verlags unzulässig und strafbar. Das gilt insbesondere für Vervielfältigungen, Übersetzungen, Mikroverfilmungen und für die Einspeicherung und Verarbeitung in elektronischen Systemen.

Für den Inhalt abgedruckter oder verlinkter Websites ist ausschließlich der jeweilige Betreiber verantwortlich. Die W. Kohlhammer GmbH hat keinen Einfluss auf die verknüpften Seiten und übernimmt hierfür keinerlei Haftung.

Vorwort

Vor fast zehn Jahren haben wir die erste Auflage unseres Lehrbuchs zum Urheber- und Designrecht vorgelegt. Dessen Besonderheit bestand darin, das in der Praxis zunehmend bedeutsame Designrecht mitzuerörtern. Die Zielsetzung der zweiten Auflage bleibt die gleiche: Das Buch soll eine sehr kompakte, aber gleichzeitig auch die Möglichkeit zur Vertiefung eröffnende Darstellung des Urheber- und Designrechts sein. Mit Blick auf den Zuschnitt des Buchs haben wir die Nachweise auf das Nötigste beschränkt. Wir haben zudem versucht, möglichst viele anschauliche Entscheidungen zu zitieren, die zur Vertiefung des Stoffes geeignet sind. Das heißt aber auch, dass Sie gegebenenfalls dort nachlesen sollten. Inhaltlich musste das Buch in weiten Teilen neu geschrieben werden. Gesetzgeber und Rechtsprechung waren ausgesprochen fleißig. Die letzte Änderung, die Umsetzung der DSM-RL, ist kurz vor Erscheinen des Buchs in Kraft getreten.

Sämtliche Entscheidungen des EuGH sowie die des BGH seit dem Jahr 2000 und viele andere Entscheidungen sind über das Aktenzeichen im Internet im Volltext abrufbar. Ebenfalls frei zugänglich sind sowohl die deutschen Gesetze als auch die Rechtsvorschriften der Europäischen Union. Die Links sowie Materialien zur Prüfungsvorbereitung finden Sie im Downloadbereich.

Für die Unterstützung bei der Neuauflage danken wir herzlich den Mitarbeiterinnen und Mitarbeitern unserer Lehrstühle, in Jena Philipp Mohrmann, Johannes Kühl, Viktoria Schrön, Claas Mensching, Lara Mohrmann und Jessica Klebe, in Hannover Laura Battermann, Dominique Jakob, Finja Maasjost und Dorothea Utermöhlen.

Wir wünschen den Leserinnen und Lesern recht viel Freude bei der Lektüre und freuen uns über Anregungen und Hinweise aus dem Kreis der Leserschaft! Anregungen und Hinweise nehmen wir gern unter volker.jaenich@uni-jena.de oder jan.eichelberger@iri.uni-hannover.de entgegen.

Jena/Hannover, im Herbst 2021

Prof. Dr. Volker Michael Jänich   Prof. Dr. Jan Eichelberger, LL.M. oec.

Inhaltsverzeichnis

		Seite
Vorwort		V
Abkürzungsverzeichnis		VIII
Literaturverzeichnis		X
1. Kapitel	Grundlagen des Urheberrechts	1
2. Kapitel	Das Werk	9
3. Kapitel	Der Urheber	30
4. Kapitel	Inhalt des Urheberrechts	37
5. Kapitel	Schranken des Urheberrechts	66
6. Kapitel	Verwandte Schutzrechte	84
7. Kapitel	Rechtsverletzungen	93
8. Kapitel	Urheberrechte im Rechtsverkehr	107
9. Kapitel	Internationales Urheberrecht	119
10. Kapitel	Grundlagen des Designrechts	125
11. Kapitel	Der nationale Designschutz nach dem DesignG	131
12. Kapitel	Das Gemeinschaftsgeschmacksmuster	145
Stichwortverzeichnis		151

Abkürzungsverzeichnis

AEUV	Vertrag über die Arbeitsweise der Europäischen Union
BGB	Bürgerliches Gesetzbuch
Brüssel Ia-VO	Verordnung (EU) Nr. 1215/2012 über die gerichtliche Zuständigkeit und die Anerkennung und Vollstreckung von Entscheidungen in Zivil- und Handelssachen
BT-Drs.	Bundestagsdrucksache
DesignG	Designgesetz (früher Geschmacksmustergesetz)
DesignV	Verordnung zur Ausführung des Designgesetzes (Designverordnung)
DPMA	Deutsches Patent- und Markenamt
DSM-RL	Richtlinie (EU) 2019/790 über das Urheberrecht und die verwandten Schutzrechte im digitalen Binnenmarkt und zur Änderung der Richtlinien 96/9/EG und 2001/29/EG
Enforcement-RL	Richtlinie 2004/48/EG zur Durchsetzung der Rechte des geistigen Eigentums
EuG	Gericht (früher: Gericht erster Instanz)
EuGH	Europäischer Gerichtshof
EU-GRCh	Charta der Grundrechte der Europäischen Union
EUIPO	Amt der Europäischen Union für Geistiges Eigentum
GeschmMG	Gesetz über den rechtlichen Schutz von Mustern und Modellen (Geschmacksmustergesetz)
Geschmacksmuster-RL	Richtlinie 98/71/EG über den rechtlichen Schutz von Mustern und Modellen
GG	Grundgesetz
GGV	Verordnung (EG) Nr. 6/2002 über das Gemeinschaftsgeschmacksmuster (Gemeinschaftsgeschmacksmusterverordnung)
GTA	Genfer Tonträgerabkommen
HABM	Harmonisierungsamt für den Binnenmarkt (Marken, Muster und Modelle)
HMA	Haager Musterabkommen
InfoSoc-RL	Richtlinie 2001/29/EG zur Harmonisierung bestimmter Aspekte des Urheberrechts und der verwandten Schutzrechte in der Informationsgesellschaft (Urheberrechtsrichtlinie)

IZPR	Internationales Zivilprozessrecht
MarkenG	Gesetz über den Schutz von Marken und sonstigen Kennzeichen (Markengesetz – MarkenG)
PVÜ	Pariser Verbandsübereinkunft zum Schutz des gewerblichen Eigentums
RA	Rom-Abkommen
RBÜ	Revidierte Berner Übereinkunft
Rom I-VO	Verordnung (EG) Nr. 593/2008 des Europäischen Parlaments und des Rates vom 17.6.2008 über das auf vertragliche Schuldverhältnisse anzuwendende Recht
Rom II-VO	Verordnung (EG) Nr. 864/2007 des Europäischen Parlaments und des Rates vom 11.7.2007 über das auf außervertragliche Schuldverhältnisse anzuwendende Recht
RVG	Gesetz über die Vergütung der Rechtsanwältinnen und Rechtsanwälte (Rechtsanwaltsvergütungsgesetz – RVG)
TRIPs-Abkommen	Übereinkommen über handelsbezogene Aspekte der Rechte des geistigen Eigentums
UMV	Verordnung (EU) 2017/1001 des Europäischen Parlaments und des Rates vom 14.6.2017 über die Unionsmarke (Unionsmarkenverordnung)
UrhG	Gesetz über Urheberrecht und verwandte Schutzrechte (Urheberrechtsgesetz)
VGG	Gesetz über die Wahrnehmung von Urheberrechten und verwandten Schutzrechten durch Verwertungsgesellschaften (Verwertungsgesellschaftengesetz – VGG)
VG WORT	Verwertungsgesellschaft Wort
WCT	WIPO-Urheberrechtsvertrag (WIPO Copyright Treaty)
WIPO	Weltorganisation für geistiges Eigentum (World Intellectual Property Organization)
WPPT	WIPO-Vertrag über Darbietungen und Tonträger (WIPO Performances and Phonograms Treaty)

Hinsichtlich der weiteren Abkürzungen wird auf Kirchner, Abkürzungsverzeichnis der Rechtssprache, 9. Aufl. 2018 verwiesen.

Literaturverzeichnis

Dreier/Schulze, Urheberrechtsgesetz, 6. Aufl. 2018 (zit. D/S/*Bearb.*)

Eichelberger/Wirth/Seifert, Urheberrechtsgesetz, 4. Aufl. 2022 (zit. E/W/S/*Bearb.*)

Eichmann/Jestaedt/Fink/Meiser, Designgesetz, Gemeinschaftsgeschmacksmusterverordnung, 6. Aufl. 2019 (zit. E/J/F/M/*Bearb.*)

Fromm/Nordemann, Urheberrecht, 12. Aufl. 2018 (zit. F/N/*Bearb.*)

Jänich, Geistiges Eigentum – eine Komplementärerscheinung zum Sacheigentum?, 2002 (zit. *Jänich*)

Köhler/Bornkamm/Feddersen, UWG, 39. Aufl. 2021 (zit. K/B/F/*Bearb.*)

Palandt, Bürgerliches Gesetzbuch, 80. Aufl. 2021 (zit. Palandt/*Bearb.*)

Ruhl/Tolkmitt, Gemeinschaftsgeschmacksmuster, 3. Aufl. 2019 (zit. R/T/*Bearb.*)

Schack, Urheber- und Urhebervertragsrecht, 9. Aufl. 2019 (zit. *Schack*)

Schricker/Loewenheim, Urheberrecht, 6. Aufl. 2020 (zit. S/L/*Bearb.*)

Wadle, Geistiges Eigentum, 1996 (zit. *Wadle*)

Wandtke/Bullinger (Hrsg.), Urheberrecht, 5. Aufl. 2019 (zit. W/B/*Bearb.*)

1. Kapitel Grundlagen des Urheberrechts

Sie haben gerade mit dem Urheberrecht zu tun: Der Text dieses Buchs (nicht aber das damit zu vermittelnde Wissen, s. Rn. 42) ist urheberrechtlich geschützt als „**Sprachwerk**" (§ 2 Abs. 1 Nr. 1 UrhG, s. Rn. 166). Als **Urheber** (§ 7 UrhG, s. Rn. 104) steht uns daher zum Beispiel das **ausschließliche Recht** (s. Rn. 4) zu, den Text – also das Werk – zu **vervielfältigen** (§ 16 UrhG, s. Rn. 166). Wenn Sie das Buch kopieren, greifen Sie in dieses Recht ein. Das UrhG selbst erlaubt Ihnen das allerdings unter bestimmten Voraussetzungen: Zu Ihren Gunsten können „**Schranken**" eingreifen (s. Rn. 253). So dürfen Sie für Ihr Studium Teile des Buchs doch kopieren (§ 53 Abs. 2 Satz 1 Nr. 4 lit. a UrhG, s. Rn. 271). Auch vom Urheber eingeräumte **Nutzungsrechte** (§ 31 UrhG, s. Rn. 414) oder eine Erlaubnis zur Nutzung (s. Rn. 436) kommen in Betracht. Allein aus dem Kauf des Buchs folgen solche Rechte aber nicht. Greifen Sie, ohne dazu berechtigt zu sein, in ein Urheberrecht ein, begehen Sie eine unerlaubte Handlung. Es drohen **Unterlassungs- und Beseitigungsansprüche** (§ 97 Abs. 1 UrhG, s. Rn. 370) und – wenn Sie mindestens fahrlässig gehandelt haben – **Schadensersatzansprüche** (§ 97 Abs. 2 UrhG, s. Rn. 374). Manche Verletzungen sind sogar **strafbar** (§§ 106 ff. UrhG, s. Rn. 396).

1

Urheberrechte sind allgegenwärtig. Im Grunde jedes „Handy-Foto" genießt jahrzehntelang urheberrechtlichen Schutz; entweder als „Lichtbild" (§ 72 UrhG, s. Rn. 360) oder sogar als „Lichtbildwerk" (§ 2 Abs. 1 Nr. 5 UrhG, s. Rn. 67). Es ist deshalb beispielsweise zumeist keine gute Idee, den Weiterverkauf einer Sache auf eBay mit einer von der Homepage des Herstellers heruntergeladenen Produktfotografie zu illustrieren (OLG Braunschweig, 2 U 7/11, GRUR 2012, 920; zur unerlaubten Nutzung von Fotos von Speisen BGH, I ZR 166/07, GRUR 2010, 616 – marions-kochbuch.de). Auch das früher sehr beliebte „Filesharing" mit Musik, Filmen, Computerspielen etc. über Internet-„Tauschbörsen" verletzt Urheberrechte (BGH, I ZR 186/16, GRUR 2018, 400 – Konferenz der Tiere).

2

1. Kapitel Grundlagen des Urheberrechts

I. Gegenstand des Urheberrechts

3 Das Urheberrecht schützt **Werke** der Literatur, Wissenschaft und Kunst (§ 1 UrhG). Im Laufe der Zeit traten weitere Schutzgegenstände hinzu, z. B. Datenbankwerke (§ 4 Abs. 2 UrhG) und Computerprogramme (§§ 2 Abs. 1 Nr. 1, 69a ff. UrhG). Allen Schutzgegenständen ist gemein, dass es um geistige Leistungen (§ 2 Abs. 2 UrhG) geht. „Schöngeistig", ästhetisch, künstlerisch müssen diese freilich nicht sein. So ist beispielsweise der Schutz des Datenbankherstellers (§§ 87a ff. UrhG) ein bloßer Investitionsschutz (s. Rn. 355).

4 Ebenso wie das Patent, das Gebrauchsmuster, die Marke und das eingetragene Design (ehemals „Geschmacksmuster") ist das Urheberrecht ein Recht an einem immateriellen Gut (**Immaterialgüterrecht**). Es verleiht seinem Inhaber ein **Ausschließlichkeitsrecht**, mit Hilfe dessen er andere von der Nutzung seiner geistigen Leistung ausschließen kann. Wer das Ausschließlichkeitsrecht verletzt, begeht eine unerlaubte Handlung und muss mit entsprechenden Konsequenzen rechnen (§§ 97 ff. UrhG). Wenn man sich der gleichwohl vorhandenen Unterschiede bewusst ist, kommt durchaus ein Vergleich mit dem Sacheigentum als umfassender Herrschaftsmacht über einen körperlichen Gegenstand (§ 90 BGB) in Betracht. Verbreitet werden Immaterialgüterrechte daher auch als „**Geistiges Eigentum**" – „*intellectual property*" – bezeichnet (*Jänich*, S. 182 f.). Die vermögensrechtlichen Elemente des Urheberrechts unterliegen dem Eigentumsschutz des **Art. 14 Abs. 1 GG** (BVerfG, 1 BvR 1585/13, GRUR 2016, 690 Rn. 69 – Metall auf Metall) bzw. des **Art. 17 Abs. 2 EU-GRCh** (zuvor EuGH, C-275/06, GRUR 2008, 241 Rn. 62 – Promusicae/Telefónica).

II. Bedeutung des Urheberrechtsschutzes

5 Warum aber gewährt die Rechtsordnung bestimmten Leistungen überhaupt Urheberrechtsschutz? Das Urheberrecht soll (§ 11 UrhG) dem Urheber ermöglichen, sein Werk wirtschaftlich zu nutzen (**Verwertungsrechte**, §§ 15–23 UrhG), sowie es vor Beeinträchtigungen zu schützen (**Urheberpersönlichkeitsrecht**, §§ 12–14 UrhG).

II. Bedeutung des Urheberrechtsschutzes

Sowohl die Werkschaffenden (Autoren, Komponisten, Texter) als auch die **6**
Werkverwerter (Verlage, Tonträgerhersteller) sind auf Schutzrechte angewiesen, um ihre Leistungen zu vermarkten. Zweifellos motiviert viele Urheber auch und oftmals sogar in erster Linie der Wunsch, etwas Neues zu schaffen, kreativ tätig zu werden, sich künstlerisch auszudrücken (*Schack*, Rn. 11). Doch sind auch sie auf eine Finanzierung ihres Lebensunterhalts angewiesen und müssen diesen (auch) aus den Erträgnissen ihrer schöpferischen Tätigkeit bestreiten. Die Werkverwerter als Mittler zwischen Urheber bzw. ausübendem Künstler und Werkverbraucher bedürfen ebenfalls Schutz für ihre oft beträchtlichen finanziellen Investitionen. Nicht selten gehen Verlage, Tonträgerhersteller und Filmproduzenten in Vorleistung und müssen dann später über den Absatz ihrer Produkte die Ausgaben amortisieren und Gewinn erwirtschaften.

Geistige Leistungen sind typischerweise viel **stärker gefährdet** als das Sacheigentum, unberechtigt in Anspruch genommen zu werden. So käme kaum jemand auf die Idee, sich das Fahrrad des Nachbarn anzueignen. Der kostenlose (und in aller Regel illegale) Download des aktuellen Kinofilms aus dem Internet ist dagegen weit verbreitet. Seit Einführung der Digitaltechnik sind qualitativ identische Kopien urheberrechtlich geschützter Inhalte in unbegrenzter Anzahl und kürzester Zeit möglich. Ohne urheberrechtlichen Schutz und dessen effektive Durchsetzung besteht die Gefahr, dass auf längere Sicht der Anreiz zur Schaffung und Verwertung neuer Werke abnimmt. **7**

Nicht verkannt werden darf dabei aber, dass das Urheberrecht – mittelbar – **8**
auch den **Zugang zu Informationen** reguliert (Bsp.: BGH, I ZR 139/15, GRUR 2020, 853 – Afghanistan Papiere II). Ebenso kann das Urheberrecht mit der **Kunstfreiheit** in Konflikt geraten. Dies illustriert der seit mehr als 20 Jahren geführte Rechtsstreit zur Zulässigkeit des „Samplings" (BGH, I ZR 115/16, GRUR 2020, 843 – Metall auf Metall IV, s. Rn. 347) oder der Rechtsstreit zur Vernichtung eines Kunstwerks (BGH, I ZR 98/17, GRUR 2019, 609 – HHole [for Mannheim]). Entsprechendes gilt für die **Meinungsfreiheit** (BGH, I ZR 9/15, GRUR 2016, 1157 Rn. 37 – auf fett getrimmt) und die **Religionsfreiheit** (BGH, I ZR 166/05, GRUR 2008, 984 Rn. 31 ff. – St. Gottfried). Das Urheberrecht als verfassungsrechtlich geschütztes Eigentum ist wie das Sacheigentum der Sozialbindung unterworfen (Art. 14 Abs. 2 GG, Art. 17 Abs. 2 i.V.m. Abs. 1 Satz 3 EU-GRCh). Der Gesetzgeber versucht, dem insbesondere durch die Schranken des Urheberrechts (§§ 44a ff. UrhG) Rechnung zu tragen (BVerfG GRUR 1989, 193 – Vollzugsanstalten).

III. Das Urheberrecht im Rechtssystem

9 **1. Rechtsgrundlagen.** Die wesentlichen Rechtsgrundlagen finden sich im „Gesetz über Urheberrecht und verwandte Schutzrechte" (Urheberrechtsgesetz – **UrhG**). Daneben enthält das **Verlagsgesetz** einige Regelungen über den Verlagsvertrag. Die Tätigkeit der Verwertungsgesellschaften (s. Rn. 455) wird durch das Verwertungsgesellschaftengesetz (**VGG**) reguliert. Das UrhG wurde seit seinem Inkrafttreten am 1.1.1966 mehrfach geändert, insbesondere um völker- bzw. unionsrechtliche Vorgaben umzusetzen und um es neuen technischen Entwicklungen anzupassen.

10 Ein in der gesamten EU geltendes einheitliches Urheberrecht – wie die Unionsmarke oder das Gemeinschaftsgeschmacksmuster (s. Rn. 546) – gibt es nicht. Allerdings hat eine ganze Reihe von **EU-Richtlinien** zusammen mit einer Vielzahl von EuGH-Entscheidungen zu einer weitreichenden Harmonisierung der nationalen Urheberrechte geführt. Von zentraler Bedeutung ist dabei die RL 2001/29/EG zur Harmonisierung bestimmter Aspekte des Urheberrechts und der verwandten Schutzrechte in der Informationsgesellschaft („**InfoSoc-RL**") aus dem Jahre 2001. Deren erheblicher Einfluss auf das nationale Recht zeigt sich beispielsweise beim Recht der öffentlichen Wiedergabe (s. Rn. 203). Jüngst wurde die RL (EU) 2019/790 über das Urheberrecht und die verwandten Schutzrechte im digitalen Binnenmarkt („**DSM-RL**") umgesetzt.

11 Aufgrund der räumlichen Beschränkungen des Urheberrechts auf das Gebiet der Bundesrepublik (Territorialitätsprinzip, Rn. 459), kommt **internationalen Abkommen** (Staatsverträgen) zur gegenseitigen Anerkennung und Gewährung von Urheberrechtsschutz eine erhebliche Bedeutung zu (näher Rn. 472).

12 **2. Objektives und subjektives Urheberrecht.** Der Begriff „Urheberrecht" hat eine doppelte Bedeutung. Er bezeichnet zum einen das dem Urheber verliehene Ausschließlichkeitsrecht (Urheberrecht im subjektiven Sinne) und zum anderen die dieses Recht verleihenden und ausgestaltenden Rechtsnormen (Urheberrecht im objektiven Sinne).

13 **3. Urheberrecht und Sacheigentum.** Das Urheberrecht ist das Recht an einem Werk, an einem immateriellen Gegenstand. Eine materielle Verkörperung dieses immateriellen Gegenstands in einer Sache, dem sog. Werkstück (z. B. gedrucktes Buch, Musik-CD etc.), ist nicht erforderlich. Auch an einer gesprochenen Rede besteht – bei Vorliegen der weiteren Voraussetzungen – ein Urheberrecht (s. Rn. 47), mit Hilfe dessen beispielsweise der Redner verhindern kann, dass seine Rede aufgezeichnet, vervielfältigt und verbreitet wird. Sofern allerdings eine Verkörperung des Werks vorliegt, ist streng zwischen dem Sacheigentum an dieser Verkörperung und dem Urheberrecht an dem verkörperten Werk zu trennen. Diese sind unabhängig voneinander und stehen selbstständig nebeneinander (BGH GRUR 1995, 673, 675 – Mauerbilder).

Beispiel: **14**
Der Erwerb dieses Lehrbuchs erfolgt in Bezug auf das Buch nach allgemeinen sachenrechtlichen Regeln (§§ 929 ff. BGB). Nach § 903 BGB kann der Eigentümer mit dem Buch machen, was er möchte: Es verkaufen, verschenken, beschädigen und sogar zerstören. Dagegen darf der Eigentümer es aber grundsätzlich nicht kopieren, denn dies stellt eine Vervielfältigung des urheberrechtlich geschützten Textes dar, die zunächst ausschließlich dem Urheber vorbehalten ist (§§ 15 Abs. 1 Nr. 1, 16 UrhG).

Fallfrage und Fallkonstellation sind deshalb genau zu beachten: Ansprüche können aus dem BGB und dem UrhG folgen. Bei BGB-Klausuren wird typischerweise eine Prüfung des Urheberrechts nicht erwartet, da das Urheberrecht nicht zum Pflichtfachstoff gehört. Bei Urheberrechtsklausuren ist dagegen immer an Ansprüche aus dem BGB zu denken.

4. Urheberrecht als Teil des Immaterialgüterrechts. Wie eingangs bereits erwähnt, gibt es neben dem Urheberrecht weitere Immaterialgüterrechte. Zumindest historisch eng verwandt mit dem Urheberrecht ist das ab Rn. 476 dargestellte Designrecht. Das **eingetragene Design** ist ein gewerbliches Schutzrecht für gestalterische Leistungen. **15**

Für erfinderische Leistungen auf technischem Gebiet werden **Patente** oder **Gebrauchsmuster** erteilt. Sie gewähren ihrem Inhaber für längstens 20 Jahre (Patent) bzw. 10 Jahre (Gebrauchsmuster) die Befugnis, die geschützte Erfindung exklusiv zu benutzen. **16**

Marken sind Kennzeichen zur Unterscheidung der Waren oder Dienstleistungen eines Unternehmens von denen eines anderen (§ 3 Abs. 1 MarkenG). Neben den im Markengesetz geregelten deutschen Marken, die dem Territorialitätsprinzip entsprechend nur im Inland Schutz bieten, gibt es die EU-weit geltenden **Unionsmarken** (früher: Gemeinschaftsmarken) nach der Unionsmarkenverordnung. Deutsche Marken werden (mit Ausnahme der Benutzungsmarke nach § 4 Nr. 2 MarkenG) auf Antrag durch das Deutsche Patent- **17**

und Markenamt (DPMA), Unionsmarken durch das Amt der EU für Geistiges Eigentum (EUIPO) erteilt.

18 Weitere Kennzeichenrechte sind **geschäftliche Bezeichnungen** in Form von **Unternehmenskennzeichen** (§ 5 Abs. 2 MarkenG) und **Werktiteln** (§ 5 Abs. 3 MarkenG) sowie **geographische Herkunftsangaben**. Auch der **Name** einer natürlichen oder juristischen Person ist geschützt (§ 12 BGB).

19 Zu den Immaterialgüterrechten zählen ferner das **Sortenschutzrecht** für Pflanzensorten (z. B. die Kartoffel „Linda") sowie das **Halbleiterschutzrecht** zum Schutz dreidimensionaler Strukturen („Topografien") von mikroelektronischen Halbleitererzeugnissen („Computerchips").

IV. Geschichte des Urheberrechts

20 1. Antike. In der Antike waren Rechte an geistigen Leistungen unbekannt und letztlich auch unnötig. Wer den höheren Künsten (artes liberales) nachging, forderte ohnehin keine Gegenleistung, sondern bestritt seinen Lebensunterhalt aus anderen Quellen. Verbreitet war hierfür das Mäzenatentum (von Maecenas, dem Förderer u. a. von Horaz und Vergil), das Leistungen auf künstlerischem und wissenschaftlichem Gebiet durch (freiwillige) Zahlung eines Honorars ermöglichte und förderte (*Jänich*, S. 10 f.). Zudem sah man in der Vervielfältigung und Verbreitung eher eine Anerkennung des Dichters als ein verwerfliches Handeln. Allerdings beklagte bereits der römische Dichter Martial, dass Dritte seine Gedichte als ihre ausgegeben hätten. Er nannte solche Personen *plagiarii*, dt. Menschenräuber, weil sie ihm sein geistiges Kind raubten (*Jänich*, S. 9). Dieses Bild lebt im heutigen *Plagiat* als Bezeichnung für die unberechtigte Aneignung fremder geistiger Leistungen fort.

21 2. Mittelalter. Auch im Mittelalter bestritten die Kulterschaffenden ihren Lebensunterhalt entweder aus adeliger Abkunft oder aus ihrer Zugehörigkeit zu einem Orden (Kloster) oder einer Zunft. Rechte an geistigen Leistungen waren mit den christlich geprägten Vorstellungen unvereinbar. Für eine von Gott gegebene Fähigkeit konnte keine irdische Gegenleistung verlangt werden. Außerdem waren der Vervielfältigung natürliche Grenzen gesetzt, da sie durch Abschreiben erfolgen musste. Drängender war deshalb der Schutz gegen die

Verfälschung von Schriften. Autoren versuchten diese zu verhindern, indem sie potenzielle Fälscher verfluchten (sog. Bücherflüche, *Schack*, Rn. 104).

3. Die Erfindung des Buchdrucks. Die Situation änderte sich schlagartig mit der Erfindung des modernen Buchdrucks in der Mitte des 15. Jahrhunderts. Nunmehr waren Nachdrucke in größerer Auflage relativ einfach möglich und ein entsprechender Schutz wurde notwendig. Zunächst blieb aber auch dabei der Urheber unberücksichtigt. Stattdessen gewährte man den Druckern ein befristetes Privileg zur ausschließlichen Ausübung ihres Berufs in einer bestimmten Gegend (Druckprivileg) oder später für ein bestimmtes Werk oder eine Werkgattung (Bücherprivileg). Es handelte sich also um ein Gewerbemonopol für eine handwerkliche Leistung (*Schack*, Rn. 105 f.). Der Schutz der Urheber war im Regelfall ein bloßer Reflex (ausführlich *Jänich*, S. 32 ff.). **22**

Das Druckprivileg sollte Anreiz und Belohnung sein, in einer Stadt oder Region die Buchdruckerkunst einzuführen. Das erste Druckprivileg erhielt 1469 *Johann von Speyer* von der Stadt Venedig. Er allein durfte dort für eine Dauer von fünf Jahren drucken (*Schack*, Rn. 106). Nachdem die Buchdruckerkunst hinreichend verbreitet war, wurden Privilegien zum Schutze bestimmter Bücher oder Buchreihen vergeben. Deren Zweck bestand vornehmlich darin, den Absatz der Auflage und damit die Amortisation der Kosten für den Satz sicherzustellen. Zugleich konnte man den Inhalt der gedruckten Werke kontrollieren („Bücheraufsicht", s. *Schack*, Rn. 108). **23**

4. Renaissance. Mit der Renaissance setzte allmählich eine Anerkennung auch der geistigen Leistungen der Urheber ein. Es wurden nunmehr auch Autorenprivilegien erteilt, mit deren Hilfe die Autoren den Nachdruck ihrer Werke verhindern konnten und die eine Belohnung für die geistige Leistung darstellten. Das erste derartige Privileg wurde 1486 wiederum von der Stadt Venedig an einen *Marcus Antonius Sabellicus* erteilt für dessen herausragende Darstellung der Stadtgeschichte (*Schack*, Rn. 106). Obwohl in der Folge eine Vielzahl von Autorenprivilegien vergeben wurden, konnte man noch nicht von einem Urheberrecht heutigen Verständnisses sprechen, denn die Erteilung und inhaltliche Ausgestaltung war stets eine Einzelfallentscheidung des jeweiligen Landesherrn. **24**

5. Das 18. Jahrhundert. Erst im 18. Jahrhundert setzte sich die Vorstellung vom Urheberrecht als geistigem Eigentum durch und der Schutz bewegte sich endgültig vom Verleger und Drucker zum Urheber des Werks. Das erste moderne Urheberrechtsgesetz, die *Statute of Anne* von 1710 in England, gewährte dem Autor 14 Jahre Schutz vor unberechtigter Vervielfältigung seines Werks ab **25**

dessen Veröffentlichung, mit der Möglichkeit, den Schutz einmal um weitere 14 Jahre zu verlängern. Im Laufe der Zeit erließen viele Staaten Gesetze zum Schutze der Urheber, die aber sowohl in ihrer Ausgestaltung als auch vor allem in ihrer Schutzdauer teils erheblich voneinander abwichen (*Schack,* Rn. 114 f.).

26 **6. Die Entwicklung in Deutschland.** In Deutschland gab es aufgrund der territorialen Zersplitterung lange Zeit kein einheitliches Urheberrecht. Die Autoren waren auf einzelstaatliche Rechte angewiesen. Später folgten dann zumindest Gegenseitigkeitsabkommen zwischen den einzelnen Staaten und schließlich 1832 ein Erlass der Bundesversammlung, nach der die Nachdruckgesetze den Angehörigen aller Bundesstaaten zugutekommen sollten (*Schack,* Rn. 116 f.). Erst unter dem Dach des Norddeutschen Bunds trat 1870 das „Gesetz, betreffend das Urheberrecht an Schriftwerken, Abbildungen, musikalischen Kompositionen und dramatischen Werken" in Kraft. Hinzu kam 1876 Urheberrechtsschutz für Werke der bildenden Künste und Fotografien sowie für Muster und Modelle. Letzterer wurde 2004 durch das Geschmacksmustergesetz und dieses schließlich 2014 durch das Designgesetz (dazu eingehend Rn. 480) abgelöst. Der Urheberrechtsschutz wurde zu Beginn des 20. Jahrhunderts durch das „Gesetz betreffend das Urheberrecht an Werken der Literatur und der Tonkunst" (LUG) von 1901 sowie das „Gesetz betreffend das Urheberrecht an Werken der bildenden Künste und Photographie" (KUG) von 1907 neu geregelt. Am 1.1.1966 trat schließlich das heutige UrhG in Kraft; LUG und KUG wurden aufgehoben, bis auf die Bestimmungen über das „Recht am eigenen Bilde" (§§ 22 ff. KUG).

2. Kapitel Das Werk

Urheberrechtsschutz genießen **Werke** der Literatur, Wissenschaft und Kunst (§ 1 UrhG). Das Gesetz umreißt mit dieser Aussage den klassischen Gegenstand des Urheberrechts. Der Kreis der schutzfähigen Werke ist indes viel weiter, wie sich beispielsweise an der Einbeziehung von Computerprogrammen (§ 2 Abs. 1 Nr. 1 UrhG) oder Sammel- und Datenbankwerken (§ 4 UrhG) sowie den Werken der Baukunst (§ 2 Abs. 1 Nr. 4 UrhG) zeigt. Gleichwohl ist nicht jede gedankliche Leistung, nicht alles Schöpferische oder Künstlerische dem Urheberrechtsschutz zugänglich. Voraussetzung für Urheberrechtsschutz ist stets das Vorliegen eines Werks. **27**

Das urheberrechtliche Werk ist ein Immaterialgut und bedarf als solches keiner gegenständlichen Verkörperung in einer Sache, einem „Werkexemplar" (Original, Vervielfältigungsstück etc.); wenn eine solche vorliegt, dann konkretisiert sich das Werk zwar in ihr (BGH, I ZR 304/99, GRUR 2002, 532, 534 – Unikatrahmen), muss aber weiterhin von der Sache unterschieden werden (eingehend *Peukert* ZUM 2019, 567). Das Werk muss aber stets eine Form in der Außenwelt gefunden haben (s. Rn. 36). **28**

I. Definition (§ 2 Abs. 2 UrhG)

§ 2 Abs. 2 UrhG definiert das urheberrechtliche Werk als „**persönliche geistige Schöpfung**". Der EuGH versteht unter einem Werk im Sinne der Richtlinien ein „Original, das eine **eigene geistige Schöpfung** seines Urhebers ist" und diese zum Ausdruck bringt; es muss dazu „die Persönlichkeit seines Urhebers widerspiegel[n]", indem es „dessen freie kreative Entscheidungen zum Ausdruck bringt" (EuGH, C-833/18, GRUR 2020, 736 Rn. 22 f. – Brompton/Get2Get). In unterschiedlichen Worten, doch in der Sache weitestgehend identisch lassen sich daraus vier Wesenselemente des Werkbegriffs ableiten, die kumulativ vorliegen müssen (S/L/*Loewenheim/Leistner*, § 2 Rn. 31 f.): **29**
- Persönliche Schöpfung
- Geistiger Gehalt
- Formgebung
- Individualität

30 **1. Persönliche Schöpfung.** Als urheberrechtliches Werk kommen nur Ergebnisse einer **menschlich-gestalterischen Tätigkeit** („persönliche" Schöpfungen) in Betracht (OLG Hamm ZUM-RD 2011, 343, 345). Werke können deshalb nur von Menschen geschaffen werden (LG Berlin GRUR 1990, 270 – Satellitenfoto). Leistungen von Tieren oder Maschinen sind somit nicht schutzfähig.

31 **Beispiel:**
Breite Aufmerksamkeit fand vor einiger Zeit ein „Selfie", das der Affe Naruto von sich geschossen hatte. Zugunsten Narutos konnte kein Urheberrecht entstehen; zugunsten des Fotografen, der dem Affen die Kamera überlassen hatte, aber auch nicht, da er keinen Einfluss auf die Gestaltung des Bildes hatte. Das Bild ist somit gemeinfrei, d. h., an ihm bestehen keine Immaterialgüterrechte. Vor US-Gerichten stritt eine Tierschutzorganisation vergeblich um Rechte für den Affen (Naruto v. Slater, No. 16-15469, 9th Circuit [2018]). 📥 → URL-Verzeichnis

32 Der Urheber kann sich bei der Werkschaffung aber der **Unterstützung durch eine Maschine** bedienen. So kann ein Holzbildhauer eine Motorsäge verwenden oder ein Komponist mit Hilfe eines Computers komponieren. Beschränkt sich dagegen die Tätigkeit eines „Malers" darauf, ein Computerprogramm in Gang zu setzen, das dann ein Gemälde im Stile *Rembrandts* erzeugt (bekannt geworden als „The Next Rembrandt"), so kommt ein Urheberrechtsschutz für das Computerprogramm in Betracht (§§ 2 Abs. 1 Nr. 1, 69a ff. UrhG), nicht aber für das Bild. Allerdings wird derzeit vermehrt diskutiert, ob und wie Arbeitsergebnisse von Algorithmen, sog. „Künstlicher Intelligenz", urheberrechtlich (oder sonst) geschützt sein können oder zukünftig sollten (näher *Dornis* GRUR 2019, 1252).

33 An einer persönlichen Schöpfung im Sinne einer menschlich-gestalterischen Tätigkeit fehlt es auch, wenn lediglich ein in der Natur vorgefundenes Objekt (**„Objet trouvé"**) oder ein unveränderter Alltagsgegenstand („**Readymade**") „als Kunst" präsentiert wird. Wenngleich der Künstler mit der Präsentation eine Aussage verbunden wissen möchte, hat diese sich doch in keiner Weise in der Außenwelt manifestiert. Es läge allein in seiner Hand, ein urheberrechtsschutzfähiges Werk „herbeizureden". Zum Werk wird ein solcher Gegenstand erst durch eine schöpferische Veränderung, etwa durch einen Eingriff in dessen Substanz oder die Kombination mit anderen Gegenständen (*Schack*, Rn. 183). Relevant ist dies insbesondere in der modernen Kunst. Vor allem dort gilt, dass nicht alles, was Kunst ist, auch urheberrechtlich geschützt sein muss.

I. Definition (§ 2 Abs. 2 UrhG)

Beispiel: 34
Marcel Duchamp hat 1917 bei einer Ausstellung in New York ein (bis auf die von ihm angebrachte Signatur „R. Mutt" unverändertes) Urinal unter dem Titel „Fountain" ausgestellt. Allein die Signatur führt nicht zu urheberrechtlichem Schutz. Bekannt sind auch *Duchamps* „Flaschentrockner".

2. Geistiger Gehalt. Das Werk muss einen **geistigen Inhalt** gedanklicher, emotionaler oder ästhetischer Art **zum Ausdruck** bringen; es muss etwas enthalten, das „über das bloße sinnlich wahrnehmbare Substrat hinausgeht" (S/L/*Loewenheim/Leistner*, § 2 Rn. 45). Eine lediglich handwerkliche Leistung ohne einen solchen über das reine Arbeitsergebnis hinausreichenden geistigen Gehalt ist kein Werk (*Schack*, Rn. 185). 35

3. Formgebung. Die bloße Vorstellung von einem Werk ist nicht schutzfähig. Vielmehr muss der geistige Gehalt aus der bloßen Vorstellungswelt des Schöpfers hervorgetreten sein, er muss eine für Dritte **sinnlich wahrnehmbare Gestalt in der Außenwelt** angenommen haben (BGH GRUR 1985, 1041, 1046 – Inkasso-Programm). Eine körperliche Fixierung ist dazu allerdings nicht notwendig; auch das gesprochene Wort, eine musikalische Improvisation oder eine choreographische Darbietung sind umfasst. Wer derartiges aufnimmt, nimmt eine Vervielfältigung vor (§ 16 Abs. 2 UrhG) und greift damit in das Recht des Urhebers ein. Für die Formgebung ebenso unerheblich ist es, ob das Werk unmittelbar oder nur mittels technischer Hilfsmittel wie beispielsweise eines CD- oder DVD-Players wahrnehmbar ist (BGH GRUR 1962, 470, 472 – AKI). Auch muss das Werk nicht vollendet sein. Entwicklungsstufen genießen Schutz, sobald sie für sich genommen die weiteren Schutzvoraussetzungen erfüllen (s. Rn. 91). 36

4. Individualität. Für ein urheberrechtliches Werk genügt es nicht, dass irgendein geistiger Gehalt eine Formgebung in der Außenwelt gefunden hat, sondern es muss darin die **schöpferische Persönlichkeit des Urhebers**, mithin dessen **Individualität**, zum Ausdruck kommen (*Schack*, Rn. 189). Sehr deutlich wird das in der Formulierung des EuGH, das Werk müsste die Persönlichkeit seines Urhebers widerspiegeln, indem es dessen freie kreative Entscheidungen zum Ausdruck bringt (EuGH, C-833/18, GRUR 2020, 736 Rn. 22 f. – Brompton/Get2Get). Maßgeblich dafür ist der **Gesamteindruck** der Gestaltung (BGH, I ZR 225/12, GRUR 2015, 1189 Rn. 45 – Goldrapper). 37

38 Individualität setzt deshalb einen **Gestaltungsspielraum** voraus, den der Urheber nutzt, um seinen schöpferischen Geist in origineller Weise zum Ausdruck zu bringen (BGH, I ZR 143/12, GRUR 2014, 175 Rn. 41 – Geburtstagszug). Hieran fehlt es, wenn die Gestaltung technisch bedingt (BGH, I ZR 53/10, GRUR 2012, 58 Rn. 19 ff. – Seilzirkus) oder allein dem Gebrauchszweck geschuldet (BGH, I ZR 143/12, GRUR 2014, 175 Rn. 41 – Geburtstagszug) ist, denn dann ist kein Raum für eigene kreative Entscheidungen. Dasselbe gilt für **rein handwerkliches Schaffen** (BGH, I ZR 225/12, GRUR 2015, 1189 Rn. 44 – Goldrapper).

39 Es muss allerdings nicht zwingend völlig Neues geschaffen werden (BGH GRUR 1982, 305, 307 – Büromöbelprogramm). Auch die Verwendung bereits **bekannter oder gemeinfreier Gestaltungselemente** ist urheberrechtsschutzfähig, wenn durch ihre Kombination untereinander oder mit weiteren Elementen eine besondere eigenschöpferische Wirkung und Gestaltung erzielt wird (BGH GRUR 1979, 332, 336 – Brombeerleuchte). Ein instruktives Beispiel dazu ist die Entscheidung OLG Schleswig GRUR-RR 2015, 1 – Geburtstagszug II.

40 Im Gegensatz zu den gewerblichen Schutzrechten (§ 1 Abs. 1 PatG, § 2 Abs. 1 DesignG, s. Rn. 502) setzt Urheberrechtsschutz **keine Neuheit** voraus (BGH GRUR 1979, 332, 336 – Brombeerleuchte). Es ist deshalb sogar denkbar, dass zwei Personen unabhängig voneinander identische Werke schaffen, sog. **Doppelschöpfungen**, die dann beide urheberrechtlich geschützt sind (Bsp.: KG GRUR-RR 2002, 49 – Vaterland). In aller Regel handelt es sich aber bei der zeitlich jüngeren „Schöpfung" doch nur um eine (ggf. unbewusste) Übernahme der älteren Schöpfung und damit lediglich um eine Vervielfältigung dieser, für die kein Urheberrechtsschutz entsteht und die sogar in das Urheberrecht am älteren Werk eingreift (BGH GRUR 1988, 812, 813 f. – Ein bißchen Frieden).

41 Die Individualität muss ein gewisses Maß erreichen, die sog. **Gestaltungshöhe** oder **Schöpfungshöhe**; die Anforderungen sind indes gering, es genügt schon ein geringer Abstand vom Alltäglichen (BGH GRUR 1993, 34, 35 – Bedienungsanleitung). Geschützt ist auch die sog. **„kleine Münze"** (BGH GRUR 1981, 267, 268 – Dirlada). Die früher im Bereich der angewandten Kunst erhöhten Anforderungen gibt es nicht mehr (s. Rn. 64).

42 5. Freiheit der Idee. Ideen (BGH, I ZR 176/01, GRUR 2003, 876, 878 – Sendeformat), wissenschaftliche Erkenntnisse und Lehren (BGH GRUR 1991, 130, 132 – Themenkatalog) sowie Stil, Motiv, Manier und Technik (BGH GRUR 1970, 250 f. – Hummel III) als solche sind urheberrechtlich **nicht schutzfähig**. Lediglich die technische Idee kann als Erfindung Gegenstand eines Patents

(§ 1 PatG) oder Gebrauchsmusters (§ 1 GebrMG) sein. Erst die **konkrete Umsetzung**, etwa die Anwendung eines Malstils in einem Gemälde oder die Niederschrift einer wissenschaftlichen Erkenntnis in einem Buch, führt zu einem urheberrechtsschutzfähigen Werk – einem Werk der bildenden Kunst (§ 2 Abs. 1 Nr. 4 UrhG) bzw. einem Sprachwerk (§ 2 Abs. 1 Nr. 1 UrhG).

Beispiel: 43
Wer im Stil *Pablo Picassos* malt, verletzt dadurch nicht dessen Urheberrecht, weil ein solches am Malstil selbst nicht besteht. – Gibt er das Bild als eines von *Picasso* aus, kommen eine Verletzung des allgemeinen Persönlichkeitsrechts von Picasso (s. Rn. 139) sowie Urkundenfälschung (§ 267 StGB) und Betrug des Erwerbers (§ 263 StGB) in Betracht. – Erst das originalgetreue Abmalen eines Bildes *Picassos* ist (auch) urheberrechtlich relevant als Vervielfältigung (§ 16 UrhG).

Bei Sprachwerken können über die konkrete Formgebung des Textes hinaus aber auch die eigenpersönlich geprägten Bestandteile und **formbildenden Elemente** des Werks, insb. die **Fabel** und das Handlungs- und Beziehungsgeflecht der Charaktere, Schutz genießen (BGH, I ZR 52/12, GRUR 2014, 258 Rn. 25 – Pippi-Langstrumpf-Kostüm). 44

Beispiel (BGH GRUR 1999, 984 – Laras Tochter): 45
Ein englischer Rechtsanwalt schrieb unter dem Pseudonym *Alexander Mollin* eine Fortsetzung des Romans Dr. Schiwago von *Boris Pasternak*, indem er die Charaktere aus Dr. Schiwago, insbesondere Lara, die Geliebte des Dr. Schiwago, aufgreift und die Geschichte fortschreibt. Obwohl keine wörtlichen Übernahmen erfolgten, sah der BGH darin eine Urheberrechtsverletzung.

II. Werkartenkatalog (§ 2 Abs. 1 UrhG)

§ 2 Abs. 1 UrhG enthält einen Katalog der wichtigsten Werkarten. 46

1. Sprachwerke (§ 2 Abs. 1 Nr. 1 UrhG). – a) Gegenstand. Sprachwerke bringen den Werkinhalt durch **Sprache** zum Ausdruck. Welche Sprache dabei verwendet wird, ist unerheblich, sodass beispielsweise auch Fremdsprachen, Gebärdensprachen und Blindenschrift, Bild- und Zeichensprachen, Programmiersprachen usw. umfasst sind (S/L/*Loewenheim/Leistner*, § 2 Rn. 98). Einer 47 körperlichen Fixierung (dann „Schriftwerk", etwa ein gedrucktes Buch) bedarf es nicht, wie die beispielhafte Nennung von „Reden" als mündlich zum Ausdruck gebrachter Sprachwerke zeigt.

48 Die geistige Schöpfung kann beim Sprachwerk sowohl in der von der Gedankenführung geprägten Gestaltung der Sprache als auch in der Sammlung, Auswahl, Einteilung und Anordnung des Stoffs liegen (BGH, I ZR 12/08, GRUR 2011, 134 Rn. 36 – Perlentaucher). Auf den dargebotenen Inhalt selbst kommt es dagegen nicht an, sodass nicht nur die „klassischen" Werke der schöngeistigen Literatur wie Romane, Gedichte oder Erzählungen, sondern auch wissenschaftliche (Hochschulvorlesung), technische (Bedienungsanleitung), politische oder religiöse (Predigt) Texte sowie Texte des täglichen oder geschäftlichen (allgemeine Geschäftsbedingungen) Lebens schutzfähig sein können (E/W/S/*Seifert/Wirth*, § 2 Rn. 12).

49 **Beispiele:**
Beiträge in (hier: juristischen) Fachzeitschriften (OLG Köln GRUR 2000, 414 – GRUR/GRUR Int.); technische Regelwerke und Normen (BGH, I ZR 231/99, GRUR 2002, 958 – Technische Lieferbedingungen; BGH GRUR 1990, 1003 – DIN-Normen); AGB (OLG Celle ZUM-RD 2009, 14); Bedienungsanleitungen (BGH GRUR 1993, 34 – Bedienungsanweisung); anwaltliche Schriftsätze (BGH GRUR 1986, 739 – Anwaltsschriftsatz); militärische Lageberichte über Auslandseinsätze der Bundeswehr (BGH, I ZR 139/15, GRUR 2017, 901 – Afghanistan Papiere).

50 Nicht alles, was gesprochen oder geschrieben wird, ist auch ein Sprachwerk. Die Grenze zwischen **individueller schöpferischer Leistung** und alltäglichem Wortbeitrag ist allerdings oft schwer zu bestimmen. Insbesondere ist die Rechtsprechung uneinheitlich und teilweise widersprüchlich. So wurde einerseits Schutz gewährt für Adress- und Telefonbücher, Formulare, Vertragsurkunden, Bedienungsanleitungen, Wanderführer, Partnerschaftsannoncen; andererseits wurden hohe Anforderungen bei wissenschaftlichen Beiträgen, Anwaltsschriftsätzen und Briefen gestellt (näher mit vielen Beispielen F/N/A. *Nordemann*, § 2 Rn. 67–121a).

51 Eine feste **Mindestlänge** für Sprachwerke gibt es zwar nicht, sodass durchaus ein Zitat oder Ausspruch (LG München I ZUM 2011, 944 – Karl-Valentin-Zitat: „Mögen hätte ich schon wollen, aber dürfen habe ich mich nicht getraut."; verneint dagegen für „Früher war mehr Lametta", s. OLG München ZUM-RD 2020, 140) schutzfähig sein kann. Typischerweise wird die notwendige Gestaltungshöhe jedoch umso eher verfehlt, je kürzer der Text ist (BGH, I ZR 12/08, GRUR 2011, 134 Rn. 54 – Perlentaucher; für einen „Tweet" auf Twitter s. LG Bielefeld, 4 O 144/16, ZUM-RD 2017, 657 f.).

b) Titel eines literarischen Werks. Der Titel eines literarischen Werks kann selbst ein Sprachwerk bzw. ein Teil eines solchen sein, wobei in der Regel aber die für urheberrechtlichen Schutz notwendige Individualität nicht erreicht wird (W/B/*Bullinger*, § 2 Rn. 65 f.). Primär anwendbar ist hier stattdessen das Kennzeichenrecht, das die für den kommerziellen Erfolg oft wichtige Bezeichnung des Werks als **Werktitel** schützt (§ 5 Abs. 3 MarkenG). Dieser Werktitelschutz ist unabhängig vom Urheberrechtsschutz des Werks und kann auch nach dessen Ablauf fortbestehen (BGH, I ZR 171/00, GRUR 2003, 440, 441 – Winnetous Rückkehr).

52

c) Computerprogramme. Auch **Computerprogramme** gelten als Sprachwerke (§ 2 Abs. 1 Nr. 1 a. E. UrhG). Zu beachten sind dabei jedoch die Sonderregelungen in den §§ 69a–69g UrhG. So genügt es nach § 69a Abs. 3 UrhG, dass das Programm ein individuelles Werk in dem Sinne darstellt, dass es das Ergebnis der **eigenen geistigen Schöpfung** des Programmierers ist. Andere Kriterien – etwa qualitative oder ästhetische – sind dabei nicht anzuwenden (Satz 2). Im Ergebnis sind damit nur völlig banale Programme, die jeder Programmierer auf dieselbe oder ähnliche Weise hervorbringen würde, vom Urheberrechtsschutz ausgenommen (BGH, I ZR 111/02, GRUR 2005, 860, 861 – Fash 2000). Wiederum ist aber nicht die Idee oder Lösung eines Problems (§ 69a Abs. 2 Satz 2 UrhG), sondern nur deren konkrete Umsetzung in dem Computerprogramm geschützt. So ist es urheberrechtlich unbedenklich, die Funktionalität eines Computerprogramms zu beobachten und durch eigene Programmierleistung „nachzubauen" (Bsp.: EuGH, C-406/10, GRUR 2012, 814 – SAS Institute). Daraus erklärt sich der teilweise zu beobachtende Ruf nach der Ausweitung des Patentschutzes für Computerprogramme, denn dann wäre die Anleitung zur Lösung eines Problems und damit die dahinterstehende Idee selbst geschützt.

53

Geschützt sind Computerprogramme „in jeder Gestalt", mithin neben dem letztlich auf dem Computer ausgeführten **Maschinencode** beispielsweise auch der **Quellcode** (EuGH, C-393/09, GRUR 2011, 220 Rn. 34 – BSA/Kulturministerium), sowie das „Entwurfsmaterial", wie etwa der Programmerstellung vorausgehende **Flussdiagramme** oder **Programmablaufpläne** (S/L/*Spindler*, § 69a Rn. 5). Die von einem Computerprogramm generierte **Benutzeroberfläche** ist dagegen selbst kein Computerprogramm, gegebenenfalls aber als Sprach- oder anderes Werk geschützt (EuGH, C-393/09, GRUR 2011, 220 Rn. 28–51 – BSA/Kulturministerium). Zu Computerspielen s. Rn. 77.

54

55 2. **Musikwerke (§ 2 Abs. 1 Nr. 2 UrhG).** Musikwerke bringen ihren geistigen Gehalt durch eine „**komponierte Folge von Tönen**" (*Schack,* Rn. 215) zum Ausdruck. Wie die Töne erzeugt werden, ob durch die eigene Stimme, durch ein Musikinstrument, durch Wiedergabe zuvor aufgezeichneter Naturgeräusche etc., ist unerheblich; die Abfolge muss aber auf menschlicher-schöpferischer Tätigkeit beruhen (D/S/*Schulze,* § 2 Rn. 134). Einzelne Geräusche, Klänge, Töne oder Akkorde für sich genommen sind dagegen noch kein Musikwerk, sodass die Übernahme solcher Elemente, beispielsweise im Wege des Samplings, kein Eingriff in das Urheberrecht an einem Musikwerk ist (E/W/S/ *Wirth/Seifert,* § 2 Rn. 15). In Betracht kommt aber ein Eingriff in das Tonträgerherstellerrecht (s. Rn. 347).

56 Bei Musikwerken liegt die schöpferische Eigentümlichkeit in ihrer **individuellen ästhetischen Ausdruckskraft**. Die schutzfähige Leistung kann sich dabei aus der Melodie und den musikalischen Ausdrucksmitteln der Rhythmik, des Tempos, der Harmonik und des Arrangements ergeben, genauso aber auch aus der Art und Weise der Instrumentierung und Orchestrierung (BGH, I ZR 225/12, GRUR 2015, 1189 Rn. 44 – Goldrapper). Die Anforderungen an die Individualität sind nicht hoch, insbesondere kommt es nicht auf einen künstlerischen Wert an (BGH GRUR 1981, 267, 268 – Dirlada). Der Kreis schutzfähiger Musikwerke ist nicht beschränkt: Klassische Musik und Kirchenmusik ist ebenso umfasst wie Unterhaltungsmusik und Volksmusik oder Werbe-Jingles (D/S/ *Schulze,* § 2 Rn. 139 f.). Rein „handwerkliches Schaffen" unter Verwendung formaler, auf den Lehren von Harmonik, Rhythmik und Melodik beruhender Gestaltungselemente oder sonstigem musikalischem Allgemeingut wie Tonfolgen einfachster Art oder bekannter rhythmischer Strukturen genügt jedoch nicht (BGH, I ZR 225/12, GRUR 2015, 1189 Rn. 44 – Goldrapper).

57 3. **Pantomimische und choreographische Werke (§ 2 Abs. 1 Nr. 3 UrhG).** Solche Werke bringen den geistigen Gehalt mit Mitteln der **Bewegung, Mimik und Gestik**, mithin der Körpersprache zum Ausdruck (OLG Köln GRUR-RR 2007, 263, 264 – Arabeske).

58 **Beispiele:**
Tanzchoreografie; „Ein-Mann-Verwandlungsshow" (LG Frankenthal BeckRS 2014, 11534); „Happening" (BGH, I ZR 28/12, GRUR 2014, 65 – Beuys-Aktion, i. Erg. aber offengelassen).

In der schöpferischen Aneinanderfügung solcher Ausdrucksmittel, etwa zu einer Tanzchoreografie, muss sich die Individualität des Urhebers widerspiegeln (LG München I GRUR 1979, 852, 853 – Godspell). Daran fehlt es, wenn die Abfolge der einzelnen Elemente von außen vorgegeben ist, wenn beispielsweise bei einem sportlichen Wettkampf vorgegebene Tanzelemente in einer bestimmten Reihenfolge „abgetanzt" werden müssen. Dasselbe gilt für artistische und akrobatische Leistungen, solange nicht neben oder vor den sportlichen bzw. gymnastischen Aspekt ein künstlerisch-tänzerisches Element tritt, das der Darbietung insgesamt eine über die bloße Akrobatik hinausgehende künstlerische Qualität verleiht (OLG Köln GRUR-RR 2007, 263, 264 – Arabeske). **59**

Die bloße Darbietung eines pantomimischen oder choreografischen Werks, beispielsweise durch Tanzen der vom Choreografen vorgegebenen Abfolge, ist selbst keine Schöpfung; in Betracht kommt insoweit aber Leistungsschutz für ausübende Künstler (§§ 73 ff. UrhG, s. Rn. 337). **60**

4. Werke der bildenden Kunst (§ 2 Abs. 1 Nr. 4 UrhG). Werke der bildenden Kunst sind die „klassischen" Kunstwerke wie Gemälde, Skulpturen und Grafiken (E/W/S/*Seifert/Wirth*, § 2 Rn. 17). Auf die bei der Erstellung eingesetzten Techniken und Materialien kommt es ebenso wenig an, wie auf die Flüchtigkeit (z. B. Sand- oder Eisskulptur) oder Dauerhaftigkeit des Werkexemplars (D/S/ *Schulze*, § 2 Rn. 152). Eine konkrete Definition von „Kunst" ist nicht erforderlich, denn das Urheberrecht schützt sämtliche Kunstwerke, sofern es sich dabei um persönliche geistige Schöpfungen (§ 2 Abs. 2 UrhG) handelt. Zu prüfen ist, ob der Urheber seine Individualität mit Gestaltungsmitteln der Kunst zum Ausdruck bringt (S/L/*Loewenheim/Leistner*, § 2 Rn. 157, 160), er seine Eindrücke, Erfahrungen und Erlebnisse durch das Medium einer bestimmten Formensprache in freier schöpferischer Gestaltung ausdrückt (BGH, I ZR 212/10, GRUR 2012, 819 Rn. 17 – Blühende Landschaften). Entscheidend ist somit, dass nach **Auffassung der für Kunst empfänglichen und mit Kunstanschauungen einigermaßen vertrauten Kreise** von einer „künstlerischen" Leistung gesprochen werden kann (BGH, I ZR 143/12, GRUR 2014, 175 Rn. 15 – Geburtstagszug). **61**

Der Unterschied zwischen Werken der **bildenden Kunst im engeren Sinne** (der zweckfreien „reinen" Kunst) und solchen der angewandten Kunst liegt darin, dass erstere um ihrer selbst Willen bestehen, während letztere (zumindest) auch einem funktionellen Gebrauchszweck dienen (BGH, I ZR 143/12, GRUR 2014, 175 Rn. 16 – Geburtstagszug). **62**

63 Beispiele für angewandte Kunst:
Designklassiker wie die Stahlrohrstühle von *Mart Stam* (BGH, I ZR 92/16, GRUR 2017, 793) oder die Leuchten von *Wilhelm Wagenfeld* (BGH, I ZR 76/11, GRUR 2016, 487 – Wagenfeld-Leuchte II); besonders gestaltetes Spielzeug (BGH, I ZR 222/14, GRUR 2016, 1291 – Geburtstagskarawane); dekorative oder unternehmenskennzeichnende Elemente wie der AIDA Kussmund (BGH, I ZR 247/15, GRUR 2017, 798 – AIDA Kussmund).

64 Die Unterscheidung war bis vor einigen Jahren praktisch ausgesprochen wichtig, weil bei Werken der angewandten Kunst höhere Anforderungen an die Individualität gestellt wurden: Die gestalterische Leistung musste die Durchschnittsgestaltung deutlich überragen (BGH GRUR 1995, 581, 582 – Silberdistel). Damit sollten die dem Geschmacksmusterschutz (heute Designschutz) zugänglichen „durchschnittlichen" Gestaltungen (insb. des Produktdesigns) dem Urheberrecht entzogen und dem deutlich kürzer laufenden gewerblichen Rechtsschutz zugeschlagen werden. Seit der Entscheidung „Geburtstagszug" gelten diese grundsätzlich **erhöhten Anforderungen nicht mehr** (BGH, I ZR 143/12, GRUR 2014, 175 Rn. 17 ff.).

65 **a) Werke der Baukunst. Bauwerke aller Art**, z. B. Wohnhäuser (BGH, I ZR 192/00, GRUR 2003, 1035 – Hundertwasser-Haus), ein Schwimmbad (BGH GRUR 1982, 369 – Allwetterbad), ein Ensemble aus Kirchenschiff, Pfarrhaus, Platz und Höfen (OLG München GRUR-RR 2001, 177 – Kirchenschiff), sowie **Teile davon**, etwa die Fassade (BGH GRUR 1973, 663 – Wählamt), einschließlich der **Innengestaltung**, beispielsweise das Treppenhaus (BGH GRUR 1999, 230 – Treppenhausgestaltung) oder der Altarraum einer Kirche (BGH, I ZR 166/05, GRUR 2008, 984 – St. Gottfried) sind Werke der Baukunst, sofern sie **aus der Masse alltäglichen Bauschaffens herausragen**, sodass sie eine persönliche geistige Schöpfung sind (BGH, I ZR 209/07, GRUR 2011, 59 Rn. 23 – Lärmschutzwand). Ein Gebrauchszweck des Bauwerks schließt den Urheberrechtsschutz nicht aus; auch kann sich die notwendige Individualität gerade in der Einfügung oder Anpassung des Bauwerks in seine Umgebung oder in die Landschaft äußern (BGH, I ZR 209/07, GRUR 2011, 59 Rn. 23 – Lärmschutzwand). Einen „künstlerischen Zweck" müssen die Bauwerke jedenfalls nicht verfolgen (so früher nach § 2 Abs. 1 Satz 2 KUG a. F.). Nicht geschützt sind jedoch Alltagsbauten, die sich nicht oder nur wenig vom durchschnittlichen Architektenschaffen abheben, sich also eher als handwerkliche Routineleistung darstellen (OLG Karlsruhe GRUR 1985, 534, 535 – Architektenplan).

b) Entwürfe solcher Werke (§ 2 Abs. 1 Nr. 4 a. E. UrhG). Entwürfe, wie beispiels- **66** weise Skizzen eines Gemäldes oder einer Skulptur, sind bereits selbständige Werke, sofern sie für sich genommen bereits die weiteren Schutzvoraussetzungen erfüllen, sich insb. die individuellen Züge, die das fertige Werk als persönliche geistige Schöpfung qualifizieren, bereits im Entwurf niedergeschlagen haben (BGH, I ZR 209/07, GRUR 2011, 59 Rn. 23 – Lärmschutzwand, zu einem Bauwerk). Von besonderer Bedeutung ist dies bei Architektenplänen. Haben diese ein schutzfähiges Bauwerk zum Inhalt, dürfen sie nur mit Zustimmung des Urhebers umgesetzt werden (OLG Frankfurt a. M. GRUR-RR 2007, 307, 308 – Mehrfamilienhaus), denn auch die Umsetzung eines zweidimensionalen Werks in ein dreidimensionales Werk ist eine Vervielfältigung nach § 16 Abs. 1 UrhG (s. Rn. 172; für Bauwerke BGH GRUR 1999, 230, 231 – Treppenhausgestaltung).

5. Lichtbildwerke (§ 2 Abs. 1 Nr. 5 UrhG). Lichtbildwerke sind **bildliche Auf-** **67** **zeichnungen etwas bereits real Vorhandenen** mittels beliebiger technischer Verfahren (D/S/*Schulze,* § 2 Rn. 189), d. h. neben der analogen Fotografie auf Film insb. die digitale Aufzeichnung mit Fotoapparat, Smartphone usw., sofern das Bild mittels „strahlender Energie" erzeugt wird (BGH, I ZR 104/17, GRUR 2019, 284 Rn. 23 – Museumsfotos). Problematisch ist das bei am Computer mit einem Mal- oder Zeichenprogramm (originär) erzeugten Bildern, denn dort wird nichts bereits Vorhandenes unter Nutzung von „strahlender Energie" eingefangen und abgebildet, sondern erst erzeugt. Nach verbreiteter Auffassung besteht dafür kein Lichtbildwerkschutz, stattdessen ist ein Schutz als Werk der bildenden Kunst denkbar (OLG Köln GRUR-RR 2010, 141 – 3D-Messestände). Ebenfalls kein Lichtbildwerkschutz, sondern Schutz als Werk der bildenden Kunst kommt in Betracht, wenn Fotos zu einer Collage verarbeitet werden (OLG Koblenz GRUR 1987, 435 – Verfremdete Fotos). Die lediglich technische Nachbearbeitung (Retusche) eines Lichtbildwerks lässt dagegen den bereits entstanden Urheberrechtsschutz unberührt (S/L/*Loewenheim/Schricker,* § 2 Rn. 208).

Bei Lichtbildwerken bringt der Urheber seine Individualität durch die gezielte **68** Anwendung **fotografischer Gestaltungsmittel** – Motiv, Bildausschnitt, Perspektive, Bildaufbau, Beleuchtung, Licht und Schatten, Schärfentiefe, Aufnahmemoment etc. – zum Ausdruck (OLG Düsseldorf GRUR-RR 2009, 45, 46 – Schaufensterdekoration und OLG Hamburg GRUR 1999, 717 – Wagner-Familienfotos). Es bedarf also eines Gestaltungsspielraums, innerhalb dessen der Fotograf „kreative Entscheidungen" treffen kann und dies auch tut, und damit dem Foto seine „persönliche Note" verleiht (EuGH, C-145/10, GRUR 2012, 166 Rn. 89–94 – Painer/Standard).

69 Ohne Individualität besteht kein Schutz als Lichtbildwerk, jedoch kommt **Lichtbildschutz nach § 72 UrhG** in Betracht (s. Rn. 360).

70 6. **Filmwerke (§ 2 Abs. 1 Nr. 6 UrhG).** Ein Film ist eine Abfolge von Bildern, die so den Eindruck eines **bewegten Bildes** erweckt (S/L/*Loewenheim/Leistner*, § 2 Rn. 215). Die dem Filmwerk zugrunde liegenden Werke – das Drehbuch, ggf. ein Roman, die Filmmusik etc. – werden nicht etwa nur i. S. v. § 9 UrhG verbunden, sondern es entsteht durch die schöpferische Tätigkeit der Filmurheber unter Nutzung dieser Werke ein neues, **einheitliches Werk**, das Filmwerk (*Schack*, Rn. 241 f.).

71 **Aufnahmeverfahren** (analog, digital etc.) und **Trägermaterial** (Zelluloid, Magnetband, Festplatte etc.) sind für den Schutz unerheblich, und auch nicht aufgezeichnete, sondern live gesendete Filmwerke sind erfasst (D/S/*Schulze*, § 2 Rn. 205 f.). „Ähnlich wie Filmwerke geschaffen" werden z. B. Zeichentrickfilme und Computeranimationen (*Schack*, Rn. 244; Bsp.: BGH, I ZR 186/16, GRUR 2018, 400 – Konferenz der Tiere).

72 **Urheber** des Filmwerks sind diejenigen Personen, die schöpferisch an der Verschmelzung der benutzten Werke zum Filmwerk teilnehmen, d. h. jedenfalls (Haupt-)Regisseure und zumeist (Chef-)Kameraleute (Bsp.: BGH, I ZR 176/18, GRUR 2020, 611 – Das Boot II), ggf. aber auch Cutter, Tonmeister und weitere (OLG Köln GRUR-RR 2009, 208, 211 – Frosch mit der Maske).

73 Für Bildfolgen, die mangels Individualität keine Filmwerke sind, besteht zumeist Leistungsschutz nach **§ 95 UrhG** („**Laufbilder**", s. Rn. 363). Außerdem sind sämtliche **Einzelbilder** eines Filmwerks jeweils für sich als Lichtbildwerke (§ 2 Abs. 1 Nr. 5 UrhG) oder als Lichtbild (§ 72 UrhG) geschützt (BGH, I ZR 86/12, GRUR 2014, 363 Rn. 20 – Peter Fechter).

74 7. **Darstellungen wissenschaftlicher oder technischer Art (§ 2 Abs. 1 Nr. 7 UrhG).** Solche Darstellungen (Zeichnungen, Modelle etc.) dienen der **Vermittlung von belehrenden oder unterrichtenden Informationen** über den dargestellten Gegenstand. Im Gegensatz zu Werken der bildenden Kunst sollen sie keinen ästhetischen oder emotionalen Inhalt ausdrücken, sondern Informationen vermitteln; von Sprachwerken unterscheiden sie sich dadurch, dass ihr Ausdrucksmittel nicht Sprache, sondern die grafische oder plastische Darstellung ist (BGH, I ZR 140/09, GRUR 2011, 803 Rn. 39 – Lernspiele).

Beispiele: 75
Bau- und Bebauungspläne (BGH GRUR 1979, 464 – Flughafenpläne), Stadtpläne (BGH GRUR 1998, 916 – Stadtplanwerk), Technische Zeichnungen (BGH GRUR 1985, 129 – Elektrodenfabrik), Lehrmittel, wie Schaubilder oder Modelle (OLG Frankfurt/M. GRUR 1989, 589 – Eiweißkörper).

Die schutzbegründende Leistung liegt in der **Art und Weise der Darstellung** des 76 wissenschaftlichen oder technischen Inhalts (BGH, I ZR 140/09, GRUR 2011, 803 Rn. 50 – Lernspiele). Urheberrechtlich geschützt ist bei § 2 Abs. 1 Nr. 7 UrhG deshalb stets nur die Darstellung, nicht der abgebildete Gegenstand selbst. Der dargestellte Gegenstand ist also urheberrechtlich (ggf. aber patent- oder gebrauchsmusterrechtlich) nicht gegen Nachbau geschützt. Wer nach einer technischen Zeichnung eine Maschine baut, begeht somit keine Urheberrechtsverletzung (BGH GRUR 1989, 416, 417 – Bauaußenkante). Anderes gilt jedoch für die Ausführung eines Architektenentwurfs (§ 2 Abs. 1 Nr. 4 UrhG): Wer diesen ausführen und das darin wiedergegebene Bauwerk errichten möchte, bedarf der Zustimmung des Architekten (s. Rn. 173).

III. Weitere Werkarten

1. Unbenannte Werkarten. Der Werkartenkatalog des § 2 Abs. 1 UrhG ist nicht 77 abschließend („insbesondere"). Weitere Werkarten sind daher denkbar, etwa **Multimediawerke** als Kombination von Sprache, Ton, Bildern, Filmsequenzen, Daten und Computerprogrammen mittels digitaler Technik zu einem Gesamtwerk. Entsprechendes gilt für sog. **„zeitbasierte Kunst"** (etwa eine Videoinstallation). Auch ein **Happening** kann ein Werk sein, sofern der Künstler steuernden Einfluss auf den Ablauf behält, etwa durch genaue Anweisungen an die Handelnden (BGH GRUR 1985, 529 – Happening). In aller Regel lassen sich jedoch auch vermeintlich neuartige Werkarten in den Werkartenkatalog des § 2 Abs. 1 UrhG einordnen, ggf. als Kombination mehrerer Werkarten. So ist ein **audio-visuelles Computerspiel** eine Kombination aus einem Computerprogramm (§ 2 Abs. 1 Nr. 1 UrhG) für die Spielsteuerung und Sprach-, Musik-, Film- und Kunstwerken hinsichtlich seiner grafischen und klanglichen Elemente (BGH, I ZR 124/11, GRUR 2015, 672 Rn. 40 – Videospiel-Konsolen II).

78 **2. Sammel- und Datenbankwerke (§ 4 UrhG).** Ein **Sammelwerk (§ 4 Abs. 1 UrhG)** ist die Zusammenfassung mehrerer Werke, Daten oder sonstiger Elemente zu einer nach individuellen Ordnungsvorstellungen geformten Einheit. Die urheberrechtliche Leistung beim Sammelwerk ist die **eigenschöpferische Auswahl oder Anordnung** der Elemente (BGH, I ZR 9/12, GRUR 2013, 1213 Rn. 57 – SUMO). Nur diese – und nicht der Inhalt – ist geschützt, sodass das Urheberrecht an einem Sammelwerk nur dann verletzt wird, wenn so viele Elemente entnommen werden, dass dadurch zugleich die schutzbegründende Struktur des Sammelwerks übernommen wird (BGH, I ZR 130/04, GRUR 2007, 685 Rn. 16, 25 – Gedichttitelliste I).

79 Ein **Datenbankwerk (§ 4 Abs. 2 UrhG)** ist ein Unterfall des Sammelwerks und muss deshalb zunächst dessen Voraussetzungen erfüllen. Hinzukommen muss eine **systematische oder methodische Anordnung** der Elemente. Während beim Sammelwerk jede Anordnung oder Auswahl der Elemente genügt, sofern sie schöpferisch ist und die notwendige Gestaltungshöhe erreicht, müssen die Elemente der Datenbank nach bestimmten Ordnungsgesichtspunkten zusammengestellt sein (BGH, I ZR 130/04, GRUR 2007, 685 Rn. 16 ff. – Gedichttitelliste I). Außerdem muss es möglich sein, auf die Elemente einzeln – nicht notwendigerweise elektronisch – zuzugreifen.

Wichtig: Datenbankwerke (§ 4 Abs. 2 UrhG) und Datenbanken (§ 87a UrhG, s. Rn. 355) sind nicht dasselbe, werden aber gerne miteinander verwechselt.

80 **3. Keine Werke.** Nicht alles, was – etwa wegen der darin zum Ausdruck kommenden Kreativität – möglicherweise schützenswert erscheint, ist tatsächlich urheberrechtlich geschützt. So wurde der Werkcharakter verneint für den **Geschmack** eines Lebensmittels (EuGH, C-310/17, GRUR 2019, 73 – Levola/Smilde), für das Format, d. h. die Konzeption einer **Fernsehshow** (BGH, I ZR 176/01, GRUR 2003, 876 – Sendeformat), sowie für **Sportereignisse**, wie etwa Fußballspiele (EuGH, C-403/08 u. C-429/08, GRUR Int. 2011, 1063 Rn. 96–99 – FAPL).

81 **4. Amtliche Werke (§ 5 UrhG).** Amtliche Werke sind **keine eigene schutzfähige Werkart**, sondern bestimmte Werke, die vom Urheberrechtsschutz **ausgenommen** sind. Obwohl diese durchaus z. B. Sprachwerke sein könnten, müssen die Interessen der Verfasser hinter dem öffentlichen Informationsinteresse zurücktreten. Im Gegensatz zu den nur einzelne Befugnisse beschneidenden urheberrechtlichen Schranken (§§ 44a bis 63a UrhG, näher Rn. 253) hindern § 5 Abs. 1 UrhG und § 5 Abs. 2 UrhG bereits die Entstehung eines Urheberrechts.

Solche Werke können deshalb von jedermann frei verwendet werden. „Amtlich" meint, von einem Amt herrührend (BGH, I ZR 59/19, GRUR 2021, 711 Rn. 11 – Kastellaun). Stets und von vornherein gemeinfrei sind **Gesetze, Verordnungen, amtliche Erlasse** sowie **Entscheidungen** und **amtlich verfasste Leitsätze** (§ 5 Abs. 1 UrhG). „Amtlich verfasst" sind solche Leitsätze freilich nur, wenn sie von einem Mitglied des jeweiligen Spruchkörpers mit dessen Billigung formuliert wurden; durch eine Zeitschriftenredaktion zusammengefasste Urteile sind das nicht und können daher urheberrechtsschutzfähig sein (BGH GRUR 1992, 382 – Leitsätze). Sonstige, d. h. nicht Absatz 1 unterfallende, **amtliche Dokumente** sind nur gemeinfrei, wenn sie **im amtlichen Interesse zur allgemeinen Kenntnisnahme veröffentlicht** worden sind (§ 5 Abs. 2 Satz 1 UrhG). Entscheidend dafür ist, dass ein spezifisches Verbreitungsinteresse besteht, das nach Art und Bedeutung der Information gerade darauf gerichtet ist, dass der Nachdruck oder die sonstige Verwertung des die Information vermittelnden Werks für jedermann freigegeben wird (BGH, I ZR 261/03, GRUR 2007, 500 Rn. 18 – Sächsischer Ausschreibungsdienst). Ihre Verwendung unterliegt einem Änderungsverbot und der Pflicht zur Quellenangabe (Satz 2).

Beispiele: 82
Die Herausgabe einer neuen Gesetzessammlung bedarf hinsichtlich der Vervielfältigung (§ 16 Abs. 1 UrhG) und Verbreitung (§ 17 Abs. 1 UrhG) der enthaltenen Gesetzestexte nicht der Zustimmung der Verfasser der Gesetzestexte, da Gesetze wegen § 5 Abs. 1 UrhG urheberrechtlich nicht geschützt sind. Der Nachdruck einer bereits existierenden Gesetzessammlung kann jedoch ein Eingriff in ein Sammelwerk (§ 4 Abs. 1 UrhG) sein (s. Rn. 78).

IV. Bearbeitung (§§ 3, 23 UrhG)

Werke dienen häufig anderen Urhebern als Inspiration bei der eigenen Tätigkeit. Die Bandbreite reicht dabei vom Aufgreifen eines Stils oder einer Idee (urheberrechtlich stets frei, Rn. 42) über eine direkte Anleihe und eine Weiterentwicklung bis hin zur vollständigen Übernahme (sog. Plagiat). Das Urheberrecht hat hier zwei Fragen zu beantworten: Zum einen möchte der Urheber des jüngeren Werks wissen, ob ihm dafür Urheberrechtsschutz zukommt. Dies beantwortet § 3 UrhG. Zum anderen ist zu klären, ob er das ältere Werk in der 83 entsprechenden Weise überhaupt nutzen durfte. Maßgeblich hierfür ist der 2021 neu gefasste § 23 UrhG, der die §§ 23, 24 UrhG a. F. ersetzt hat.

84 **1. Bearbeitung oder andere Umgestaltung.** Ausgangspunkt ist eine Bearbeitung oder andere Umgestaltung eines bestehenden Werks, des sog. Originalwerks. Wer ein Werk schafft, in dem keinerlei andere Werke erkennbar sind, für den spielt § 23 UrhG keine Rolle. Das Urheberrecht entsteht unmittelbar nach Maßgabe des § 2 UrhG. Nach § 23 Abs. 1 Satz 2 UrhG gilt Gleiches auch für solche Umgestaltungen, die einen „hinreichenden Abstand" zum benutzten Werk wahren. In den Fällen des § 23 Abs. 1 Satz 2 UrhG ist zwar das Originalwerk durchaus noch erkennbar, jedoch „verblassen" dessen individuellen Züge in der Bearbeitung, es tritt dessen Individualität in den Hintergrund; der Urheber holt sich also lediglich erkennbare **Anregungen** zu ansonsten neuem, selbständigem Werkschaffen (BGH, I ZR 9/15, GRUR 2016, 1157 Rn. 20–22 – auf fett getrimmt, zur „freien Benutzung" nach § 24 Abs. 1 UrhG a. F.). Auf der anderen Seite ist die bloße Kopie des Originalwerks schon keine Umgestaltung und damit auch keine Bearbeitung, sondern eine bloße Vervielfältigung nach § 16 Abs. 1 UrhG (BGH, I ZR 28/12, GRUR 2014, 65 Rn. 37 – Beuys-Aktion). Erst wenn in der Umgestaltung **sowohl schöpferische Elemente des Originalwerks als auch eine schöpferische Leistung des Bearbeiters** zum Ausdruck kommen, ist Raum für die §§ 3, 23 UrhG (BGH GRUR 1972, 143, 144 – Biografie: Ein Spiel). Anschaulich ist die in § 3 Satz 1 UrhG ausdrücklich genannte Übersetzung. Dort bleibt das Ausgangswerk – wenn auch nun in einer anderen Sprache – deutlich erkennbar; zugleich ist aber die Übersetzung selbst eine geistige Leistung, für die ein Bearbeiterurheberrecht entsteht (BGH GRUR 2000, 144 – Comic-Übersetzungen II).

85 **2. Bearbeiterurheberrecht (§ 3 Satz 1 UrhG).** Stellt sich eine solche Umgestaltung des Originalwerks selbst als eine **persönliche geistige Schöpfung** im Sinne des § 2 Abs. 2 UrhG dar, dann handelt es sich um eine urheberrechtlich schutzfähige Bearbeitung und der Bearbeiter erwirbt an seiner Bearbeitung ein eigenes Urheberrecht, das sog. **Bearbeiterurheberrecht (§ 3 Satz 1 UrhG)**. Dieses Urheberrecht tritt neben das Urheberrecht am Originalwerk. Hinsichtlich dieses Werks, d. h. hinsichtlich der Bearbeitung, genießt der Urheber dieser Bearbeitung die gleichen Befugnisse, wie sie ein Originalurheber hat. Er kann sich also insbesondere der Verwertung (Vervielfältigung, Verbreitung etc.) widersetzen und genießt den Schutz des Urheberpersönlichkeitsrechts. Dies gilt auch gegenüber dem Originalurheber. Das Bearbeiterurheberrecht entsteht ohne Rücksicht darauf, ob die Bearbeitung zulässig (s. Rn. 87) war.

Beispiel: 86
Ü übersetzt den von A verfassten Roman ins Englische. Würde A diese englische Fassung verwerten, verletzte er das Bearbeiterurheberrecht der Ü. Diese könnte die Ansprüche aus § 97 UrhG gegen A geltend machen. Gegen die Verwertung der Originalfassung kann Ü dagegen natürlich nichts tun; darauf erstreckt sich ihr Bearbeiterurheberrecht an der Übersetzung nicht.

3. **Bearbeitungsrecht (§ 23 UrhG).** An dem Originalwerk erwirbt der Bearbeiter 87 dagegen keinerlei Rechte oder Befugnisse. Weil mit der Verwertung der Bearbeitung aber zwangsläufig eine **Verwertung** des Originalwerks einhergeht, bedarf der Bearbeiter dazu der Zustimmung des Originalurhebers, § 23 Abs. 1 Satz 1 UrhG. Zugleich folgt aus § 23 Abs. 1 Satz 1 UrhG aber auch, dass die **Anfertigung der Bearbeitung ohne Einwilligung** des Originalurhebers zulässig ist. Lediglich in den Fällen des § 23 Abs. 2 UrhG (z. B. Verfilmung, Ausführung eines Architektenentwurfs) bedarf bereits die Herstellung der Zustimmung. Ähnliches gilt für Computerprogramme (§ 69c Nr. 2 UrhG i. V. m. § 69d Abs. 1 UrhG).

Beispiel: 88
Möchte Ü aus Rn. 86 ihre englische Übersetzung veröffentlichen oder verwerten, so benötigt sie die Einwilligung des A. Anderenfalls verletzt sie dessen Urheberrecht. Die Bearbeiterin erwirbt also zwar ein Urheberrecht, kann aber ohne Einwilligung des Originalurhebers dieses nicht verwerten. Sie ist somit diesbezüglich vom Originalurheber abhängig.

V. Entstehung des Urheberrechts

Das Urheberrecht **entsteht kraft Gesetzes** unmittelbar mit der Schöpfung eines 89 den vorgenannten Anforderungen entsprechenden Werks (BGH GRUR 1995, 673, 675 – Mauer-Bilder). Die Schöpfung selbst ist ein **Realakt** (OLG Frankfurt GRUR 2006, 578, 579 – Erstverwertungsrechte). Zur Entstehung des Urheberrechts bedarf es weder eines darauf gerichteten (rechtsgeschäftlichen) Willens noch der Geschäftsfähigkeit des Urhebers (OLG Frankfurt GRUR 2014, 863, 864 f. – Jesus-Wachträumerin).

90 Das Urheberrecht entsteht **ohne jegliche Formalitäten im Zeitpunkt der Werkschöpfung** (Art. 5 Abs. 2 Satz 1 RBÜ). Insbesondere ist weder eine Anmeldung oder Eintragung in ein öffentliches Register – wie dies regelmäßig bei den gewerblichen Schutzrechten der Fall ist – noch eine Kennzeichnung (wie der immer noch oft anzutreffende, durch das US-amerikanische Recht initiierte Copyrightvermerk – ©) notwendig (dazu *Schack,* Rn. 256). Notwendig ist aber, dass das Geisteswerk des Urhebers in die Außenwelt getreten ist, Gestalt angenommen hat („**Formgebung**", s. Rn. 36). Auf eine Veröffentlichung (§ 6 Abs. 1 UrhG) oder gar ein Erscheinen (§ 6 Abs. 2 UrhG) des Werks kommt es dagegen nicht an; diese Ereignisse haben lediglich bisweilen Einfluss auf urheberrechtliche Befugnisse und Schranken (OLG Frankfurt a. M. GRUR-RR 2013, 247, 248 – Portraitaufnahmen; s. Rn. 98).

91 Urheberrechtsschutz genießen nicht nur fertige Werke, sondern auch **Teile des Werks**, sofern diese für sich genommen bereits die Anforderungen des § 2 Abs. 2 UrhG erfüllen (BGH, I ZR 247/15, GRUR 2017, 798 Rn. 13 – AIDA Kussmund). Dasselbe gilt für **Entwürfe, Vorarbeiten und unvollendete Werke** (BGH GRUR 1985, 1041, 1046 – Inkasso-Programm). Unter dieser Voraussetzung besteht also auch schon während des Schaffensprozesses Urheberrechtsschutz.

92 Ein Urheberrecht entsteht ohne Rücksicht auf einen **gesetzes- oder sittenwidrigen Inhalt** des Werks (BGH, I ZR 282/97, GRUR 2000, 703, 705 f. – Mattscheibe) oder eine **rechtswidrige Inanspruchnahme fremden Eigentums** bei der Werkschaffung (BGH GRUR 1995, 673, 675 – Mauer-Bilder: Graffitis auf der Berliner Mauer). Gegebenenfalls ist dann aber die Ausübung des Urheberrechts (Verwertung und Durchsetzung) beschränkt (OLG Köln GRUR-RR 2013, 324, 325 – Extreme Pervers Nr. 1).

VI. Dauer des Urheberrechts

93 1. Grundsatz (§ 64 UrhG). Das Urheberrecht an einem Werk erlischt **70 Jahre** nach dem Tode des Urhebers (= **post mortem auctoris**, p. m. a., § 64 UrhG). Es erlöschen sowohl die Verwertungsrechte, einschließlich davon abgeleiteter Nutzungsrechte, als auch das Urheberpersönlichkeitsrecht; jedermann kann das Werk von nun an beliebig und kostenfrei nutzen, verwerten, verunstalten. Das Werk wird **gemeinfrei**. Die zeitliche Begrenzung von Urheber- oder Leistungsschutzrechten ist verfassungsrechtlich zulässig (BVerfGE 31, 275, 287 – Schallplatten).

Diese lange Schutzdauer ist das Ergebnis einer historischen Entwicklung von zunächst 14 Jahren ab Veröffentlichung (zuzüglich einer einmaligen Verlängerungsmöglichkeit um weitere 14 Jahre) nach dem britischen *Statute of Anne* von 1710, dem ersten modernen Urheberrechtsgesetz, über 30 Jahre p. m. a. im preußischen UrhG von 1837 sowie im LUG von 1901 und im KUG von 1907 und über die Verlängerung auf 50 Jahre im Jahre 1934 bis zur heute aufgrund der Richtlinie 93/98/EWG (jetzt RL 2006/116/EG) zur Harmonisierung der Schutzdauer des Urheberrechts und bestimmter verwandter Schutzrechte unionsweit geltenden 70 Jahre p. m. a. Hinter dieser stetigen Verlängerung stand das Streben, mindestens den Urheber und die ihm nachfolgende Generation ein Leben lang an den Früchten der Schöpfung teilhaben zu lassen (s. Erwägungsgrund 5 der Richtlinie 93/98/EWG). Nachteil dieser langen Schutzdauer ist freilich, dass bisweilen die Rechtsinhaber nicht mehr auszumachen sind und deshalb Werke über einen langen Zeitraum legal nicht mehr zu verwerten sind. Man spricht in diesem Zusammenhang von „verwaisten Werken" oder „*orphan works*". Gewisse Abhilfe soll die Schranke für verwaiste Werke (§§ 61 ff. UrhG) bringen (s. Rn. 329). **94**

2. Miturheber (§ 65 UrhG). Das Urheberrecht eines in **Miturheberschaft** (§ 8 UrhG, s. Rn. 109) geschaffenen Werks erlischt erst 70 Jahre nach dem Tode des längstlebenden Miturhebers (§ 65 Abs. 1 UrhG). Bei **Filmwerken** (§ 2 Abs. 1 Nr. 6 UrhG) ist maßgeblich der Längstlebende aus dem Kreis des Hauptregisseurs, des Drehbuchautors, des Dialogautors und des Filmmusikkomponisten (§ 65 Abs. 2 UrhG). Diese auf EU-Recht basierende Regelung der Schutzdauer ist nicht durchweg kompatibel mit der tatsächlichen (und von § 65 Abs. 2 UrhG unberührt bleibenden) Miturheberschaft am Filmwerk, die nur für den Hauptregisseur sicher ist, den in § 65 Abs. 2 UrhG nicht genannten (Chef-)Kameraleuten aber regelmäßig ebenfalls zukommt (BGH, I ZR 176/18, GRUR-RS 2020, 4034 – Das Boot II), bei den dort genannten Filmmusikkomponisten und Drehbuchautoren dagegen nach h. M. zu verneinen ist (S/L/*Katzenberger/Metzger*, § 65 Rn. 5 f.). Eine Sonderregelung gilt außerdem für „**Musikkompositionen mit Text**" (§ 65 Abs. 3 UrhG). **95**

3. Anonyme und pseudonyme Werke (§ 66 UrhG). Da bei anonymen (Urheber wird nicht offenbart) und pseudonymen (Urheber agiert unter anderem Namen) Werken der Urheber nicht ohne Weiteres identifizierbar ist, stellt § 66 Abs. 1 Satz 1 UrhG bei der Fristberechnung an die Stelle dessen Todes den Zeitpunkt der Veröffentlichung (§ 6 Abs. 1 UrhG) des Werks, bzw., falls es nicht veröffentlicht wird, dessen Schaffung (§ 66 Abs. 1 Satz 2 UrhG). Offenbart der Autor während der Zeit des Urheberrechtsschutzes seine Identität oder besteht **96**

über sie kein Zweifel, bleibt es bei der allgemeinen Regelung, § 66 Abs. 2 Satz 1 UrhG. Das Gleiche gilt, wenn sich der Autor in das beim DPMA geführte (§ 138 Abs. 1 UrhG) Register anonymer und pseudonymer Werke eintragen lässt, § 66 Abs. 2 Satz 2 UrhG.

97 4. **Fristberechnung (§ 69 UrhG).** Im Interesse der Praktikabilität beginnt die Frist mit Ablauf des Todesjahrs des Urhebers zu laufen. Werke werden deshalb stets mit Ablauf des 31. Dezember des 70. auf das Todesjahr folgenden Kalenderjahrs (= Todesjahr + 70) gemeinfrei.

VII. Veröffentlichte und erschienene Werke (§ 6 UrhG)

98 Für die Entstehung des Urheberrechts ist es unerheblich, ob das Werk veröffentlicht wurde oder erschienen ist (s. Rn. 90). Diese beiden Ereignisse haben allerdings Einfluss auf den Umfang einiger urheberrechtlicher Befugnisse und Schranken. So verliert der Urheber mit der Veröffentlichung das Recht der ersten Inhaltsangabe (§ 12 Abs. 2 UrhG, s. Rn. 135) und das Ausstellungsrecht (§ 18 UrhG, s. Rn. 201; Ausnahme: § 44 Abs. 2 UrhG). Umgekehrt sind beispielsweise Zitate (§ 51 UrhG) vor Veröffentlichung generell unzulässig und ein sog. Musikzitat (§ 51 Satz 2 Nr. 3 UrhG) ist sogar nur aus einem erschienenen Musikwerk zulässig. Andererseits gilt erst für ein erschienenes Werk die Urhebervermutung des § 10 UrhG (s. Rn. 121). Veröffentlichung und Erscheinen sind deshalb streng auseinander zu halten, wobei das Erscheinen zwangsläufig die Veröffentlichung voraussetzt bzw. umfasst (S/L/*Katzenberger/Metzger*, § 6 Rn. 14).

99 1. **Veröffentlichung (§ 6 Abs. 1 UrhG).** Ein Werk ist veröffentlicht, wenn es vom Urheber oder mit dessen Zustimmung aus seiner Privatsphäre entlassen und der Öffentlichkeit zugänglich gemacht wurde. Um die mit der Veröffentlichung verbundenen Rechtsnachteile nicht zu früh eintreten zu lassen, sollte man „Öffentlichkeit" hier enger verstehen als beim Recht der öffentlichen Wiedergabe (§ 15 Abs. 3 UrhG, s. Rn. 205), sodass beispielsweise die Ausführungen der Dozierenden im Rahmen von Hochschulvorlesungen regelmäßig noch nicht veröffentlicht sind (*Schack*, Rn. 262, str.). Die Veröffentlichung eines Werks ist ein Realakt, der den Status des Werks endgültig und unumkehrbar ändert (*Schack*, Rn. 261).

Beispiel (BGH, I ZR 139/15, GRUR 2017, 901 Rn. 29 – Afghanistan Papiere): An ausgewählte Abgeordnete des Deutschen Bundestags sowie bestimmte Stellen innerhalb der Verwaltung übersandte militärische Lageberichte sind nicht veröffentlicht, weil sie nur einem abgegrenzten Personenkreis und gerade nicht der Öffentlichkeit zugänglich gemacht wurden, wofür auch die Qualifizierung der Dokumente als „Verschlusssache" sprach.

2. Erscheinen (§ 6 Abs. 2 UrhG). Das Werk ist erschienen, wenn eine ausreichende Anzahl von Vervielfältigungsstücken (Bücher, Musik-CDs etc.) hergestellt und der Öffentlichkeit angeboten oder in den Verkehr gebracht worden ist (§ 6 Abs. 2 Satz 1 UrhG). Die erforderliche Anzahl hängt von den Umständen des Einzelfalls ab. Als ausreichend angesehen wurde beispielsweise die Bemusterung von Rundfunkanstalten mit mehr als 50 Tonträgern (BGH GRUR 1981, 360, 362 – Erscheinen von Tonträgern) und der Beginn der Filmauswertung mit acht Filmkopien (BGH GRUR Int. 1973, 49, 51 – Goldrausch). Entscheidend ist letztlich, dass die Öffentlichkeit das Werk auf Grundlage dieser Vervielfältigungsstücke mit Auge oder Ohr wahrnehmen kann, wofür unter Umständen die Überlassung einiger weniger Vervielfältigungsstücke oder sogar nur eines einzigen Vervielfältigungsstücks an einen Werkvermittler genügen kann (BGH, I ZR 19/07, GRUR 2009, 942 Rn. 33 ff. – Motezuma). Auch eine Überlassung auf Zeit kann genügen, etwa in Form eines Angebots des öffentlichen Verleihs von Musiknoten (BGH GRUR 1975, 447 – TE DEUM).

Ein **Werk der bildenden Kunst** erscheint bereits dann, wenn das Original oder ein Vervielfältigungsstück der Öffentlichkeit dauerhaft zugänglich ist, § 6 Abs. 2 Satz 2 UrhG; weiterer Vervielfältigungsstücke (bspw. Kunstdrucke) bedarf es dann nicht.

Problematisch ist das Erscheinen bei zum elektronischen Abruf (Download) bereit gehaltenen Werken, d. h. bei **Online-Publikationen** (ausdrücklich offenlassend BGH, I ZR 76/13, GRUR 2015, 258 Rn. 43 – CT-Paradies). Zwar liegt in der öffentlichen Zugänglichmachung (§ 19a UrhG) zugleich eine Veröffentlichung (§ 6 Abs. 1 UrhG), doch setzt das Erscheinen nach dem Wortlaut des § 6 Abs. 2 Satz 1 UrhG voraus, dass eine ausreichende Anzahl von Vervielfältigungsstücken hergestellt und der Öffentlichkeit angeboten worden ist. Bei der öffentlichen Zugänglichmachung wird zwar mindestens eine Kopie hergestellt (die auf dem Server), doch bleibt diese in der Sphäre des Anbieters. Nach ganz überwiegender Ansicht ist § 6 Abs 2 Satz 1 UrhG dennoch – ggf. analog – anzuwenden, sofern die Abrufbarkeit von gewisser Dauer ist (D/S/*Dreier*, § 6 Rn. 16).

3. Kapitel Der Urheber

I. Das Schöpferprinzip (§ 7 UrhG)

104 1. **Grundsatz.** Urheber ist der Schöpfer des Werks, § 7 UrhG. Urheber ist also stets die **natürliche Person**, die das urheberrechtsschutzfähige **Werk geschaffen** hat. Juristische Personen (GmbH, AG usw.) können dagegen niemals Urheber sein (OLG Frankfurt GRUR-RR 2013, 423, 425 – Zwölffamilienhaus), sondern lediglich Nutzungsrechte vom Urheber erwerben (s. Rn. 413). Möglich ist eine originäre Rechtsinhaberschaft juristischer Personen jedoch bei einigen Leistungsschutzrechten (s. Rn. 334).

105 2. **Urheber im Angestellten-, Dienst- oder Werkvertragsverhältnis.** Einige Probleme bereitet es, wenn der Urheber ein Werk im Rahmen eines Arbeits-, Dienst- oder Werkvertragsverhältnisses schafft. Auch hier bleibt es beim Schöpferprinzip (§ 43 UrhG). Obwohl der Arbeit- bzw. Auftraggeber typischerweise den Urheber für seine Tätigkeit entlohnt und damit seinerseits ein Interesse an der Verwertung des auftragsgemäß geschaffenen Werks hat, erlangt er jedenfalls kein Urheberrecht an dem in seinem Auftrag geschaffenen Werk (anders nach § 7 Abs. 2 DesignG im Designrecht, s. Rn. 511).

106 In Betracht kommen allein vom Urheber abgeleitete Nutzungsrechte. Bei **Computerprogrammen** gehen nach § 69b UrhG alle vermögensrechtlichen Befugnisse aus dem (beim Schöpfer verbleibenden) Urheberrecht kraft Gesetzes (sog. „cessio legis" oder „Legalzession") auf den Arbeitgeber über, dieser erlangt also ein umfassendes ausschließliches Nutzungsrecht (BGH, X ZR 72/98, GRUR 2001, 155, 157). Bei allen **anderen Werkarten** bedarf es dagegen einer vertraglichen Vereinbarung einer Rechtseinräumung. Diese kann allerdings auch konkludent erfolgen und wird sich häufig durch Auslegung dem zugrundeliegenden Vertrag entnehmen lassen (BGH GRUR 1974, 480, 483 – Hummelrechte; eine Auslegungsregel zugunsten eines Filmherstellers enthält § 89 Abs. 1 UrhG). Im Interesse der Rechtssicherheit empfiehlt sich freilich meist eine ausdrückliche Regelung.

Beispiel (nach BGH, I ZR 209/07, GRUR 2011, 59 – Lärmschutzwand): **107**
Ein beim Niedersächsischen Landesamt für Straßenbau beamteter Architekt A entwarf für seinen Dienstherrn eine Lärmschutzwand, die später entlang der Autobahn A 2 bei Königslutter (Niedersachsen) errichtet wurde. Das Landesamt gab die Pläne an andere Bundesländer weiter, die danach ebenfalls Wände errichteten. A verlangt Schadensersatz.
Ein Schadensersatzanspruch aus § 97 Abs. 2 Satz 1 UrhG kommt jedenfalls nicht in Betracht, wenn A seinem Dienstherrn das Recht eingeräumt hat, anderen Ländern ebenfalls Nutzungsrechte einzuräumen. Zunächst gilt, dass ein Beamter, der in Erfüllung seiner Dienstpflichten ein Werk geschaffen hat, seinem Dienstherrn stillschweigend sämtliche Nutzungsrechte einräumt, die dieser zur Erfüllung seiner Aufgaben benötigt. Das Landesamt könnte also auch an anderen niedersächsischen Autobahnen Lärmschutzwände nach dem Entwurf des A errichten. Nach Auffassung des BGH hat A seinem Dienstherrn aber nicht das Recht eingeräumt, anderen Bundesländern Unterlizenzen zu gewähren.

Aufgrund des Schöpferprinzips ist auch der **Ghostwriter** Urheber des von ihm **108**
für einen Dritten verfassten Werks; ob der Dritte Miturheber (§ 8 UrhG) ist, hängt von dessen schöpferischem Einfluss ab (*Schack*, Rn. 305 f.). Aufgrund schuldrechtlicher Verpflichtung kann der Ghostwriter an der Geltendmachung urheberrechtlicher Ansprüche, insbesondere auch des Rechts auf Anerkennung seiner Urheberschaft (§ 13 UrhG) gehindert sein; solche Abreden sind nicht zwangsläufig sittenwidrig (OLG Frankfurt GRUR 2010, 221).

II. Miturheber (§ 8 UrhG)

Sind an der Entstehung eines Werks mehrere Personen beteiligt, ist zu klären, **109**
wer von ihnen Urheber ist und in welchem Verhältnis mehrere Urheber zueinanderstehen. Sie sind **Miturheber**, wenn sie **ein Werk gemeinsam geschaffen** haben, ohne dass sich ihre Anteile zu diesem Werk gesondert verwerten lassen (§ 8 Abs. 1 UrhG). Von der Miturheberschaft zu unterscheiden ist es, wenn mehrere Urheber ihre jeweils **selbständigen Werke** lediglich zu gemeinsamer Verwertung verbinden; davon handelt § 9 UrhG (s. Rn. 118).

110 **1. Voraussetzungen.** Miturheber kann nur sein, wer eine **eigene schöpferische Leistung** im Sinne des § 2 Abs. 2 UrhG erbringt (BGH GRUR 1994, 39, 40 – Buchhaltungsprogramm). Hilfstätigkeiten, insbesondere eher handwerkliche, genügen dafür meist ebenso wenig wie die bloße Anregung (Idee) zum Werk (s. Rn. 111).

111
> **Beispiel:**
> Kein Miturheber ist eine Person, die einen Filmurheber bei der Schaffung eines Dokumentarfilms über ihr Leben inhaltlich beraten und bei der Organisation von Reisen an die Originalschauplätze unterstützt hatte (BGH, V ZR 130/17, GRUR 2018, 1280 – My Lai).

112 Die schöpferische Leistung muss sich als schöpferischer Beitrag zu **einem gemeinsam geschaffenen Werk** darstellen. Die Miturheber müssen dabei nicht jeden Beitrag zum Gesamtwerk gemeinsam erbringen, sondern es genügt, dass sie ihre eigenen schöpferischen Beiträge jeweils in Unterordnung unter die gemeinsame Gesamtidee erbringen (BGH, I ZR 111/02, GRUR 2005, 860, 862 f. – Fash 2000). Unerheblich sind der Umfang des Beitrags im Vergleich zu den anderen Beiträgen und dessen Bedeutung für das Gesamtwerk (BGH, I ZR 142/06, GRUR 2009, 1046 Rn. 43 – Kranhäuser). Auch muss der Beitrag nicht zugleich mit den anderen erbracht werden, sondern kann diesen auch vorausgehen oder nachfolgen, solange noch von einer planvoll **gemeinsamen schöpferischen Tätigkeit** gesprochen werden kann (BGH GRUR 1994, 39, 40 – Buchhaltungsprogramm). Wer allerdings lediglich ein bereits bestehendes (fremdes) Werk weiterführt, beispielsweise nach dem Tod des Urhebers vollendet (Bsp.: OLG Düsseldorf GRUR-RR 2005, 1, 2 – Beuys-Kopf), nimmt eine Bearbeitung (§ 23 UrhG) vor und erwirbt ggf. ein eigenes Bearbeiterurheberrecht (§ 3 UrhG, s. Rn. 85), wird jedoch mangels gemeinsamer Schöpfung nicht zum Miturheber des Ausgangswerks (BGH, I ZR 111/02, GRUR 2005, 860, 863 – Fash 2000).

113 Die Einheitlichkeit des gemeinsam geschaffenen Werks kommt darin zum Ausdruck, dass sich die **schöpferischen Beiträge nicht gesondert verwerten** lassen dürfen. Entscheidend dafür ist, ob sich der Beitrag aus dem Gesamtwerk herauslösen lässt, ohne selbst dadurch unvollständig oder ergänzungsbedürftig zu werden, der Beitrag also (zumindest theoretisch) selbstständig verkehrsfähig ist (BGH, I ZR 142/06, GRUR 2009, 1046 Rn. 39 – Kranhäuser). An einem selbständig verkehrsfähigen schöpferischen Beitrag erlangt der Schöpfer natürlich ebenfalls ein Urheberrecht, er wird aber nicht zum Miturheber des Gesamtwerks, in das der Beitrag eingefügt wurde.

Selbständig verwertbar sind beispielsweise Text und Musik eines **Musikstücks**, **114** sodass Textdichter und Komponist keine Miturheber sind, sondern jeweils für sich Urheberrechtsschutz für ihr Sprachwerk (§ 2 Abs. 1 Nr. 1 UrhG) bzw. ihr Musikwerk (§ 2 Abs. 1 Nr. 2 UrhG) genießen (BGH, I ZR 225/12, GRUR 2015, 1189 Rn. 15 – Goldrapper). Demgegenüber lassen sich die schöpferischen Beiträge von Regisseur und Kameraleuten nicht selbständig verwerten, sodass sie Miturheber des gemeinsam geschaffenen **Filmwerks** sind (S/L/*Loewenheim/ Peifer*, § 8 Rn. 6; zur Urheberschaft bei Filmwerken eingehend *Schack*, Rn. 331 ff.). Als **Faustregel** mag gelten, dass Miturheberschaft innerhalb einer Werkart in Betracht kommt (aber nicht zwingend ist), beim Zusammentreffen verschiedener Werkarten hingegen von verbundenen Werken auszugehen ist (*Schack*, Rn. 316, 314).

2. Rechtsfolgen. Das Veröffentlichungsrecht (§ 12 UrhG) und die Verwertungs- **115** rechte weist § 8 Abs. 2 Satz 1 Halbs. 1 UrhG den Miturhebern „zur gesamten Hand" zu. Es entsteht kraft Gesetzes eine **Gesamthandsgemeinschaft**, die erst mit Ablauf der Schutzfrist, d. h. dem Tod des längstlebenden Urhebers (§ 65 Abs. 1 UrhG), endet (BGH, I ZR 6/11, GRUR 2012, 1022 Rn. 18 – Kommunikationsdesigner). Weil das Urheberrecht unter Lebenden grundsätzlich nicht übertragbar ist (§ 29 UrhG), kann weder ein Miturheber seinen „Anteil" am Urheberrecht übertragen noch können die Miturheber die Miturhebergemeinschaft aufheben (S/L/*Loewenheim/Peifer*, § 8 Rn. 12). Möglich ist aber ein Verzicht auf die Verwertungsrechte, mit dessen Erklärung der Anteil den verbleibenden Miturhebern zuwächst (§ 8 Abs. 4 UrhG). Neben die durch die gemeinsame Werkschöpfung kraft Gesetzes entstehende Miturhebergemeinschaft kann eine (davon zu unterscheidende) auf vertraglicher (auch konkludenter) Vereinbarung beruhende **Miturhebergesellschaft** (§§ 705 ff. BGB) treten, so beispielsweise, wenn die Miturheber ihr Werk verwerten (BGH, I ZR 6/11, GRUR 2012, 1022 Rn. 19 f. – Kommunikationsdesigner).

Veröffentlichung (§ 12 UrhG) und **Verwertung** (§ 15 UrhG) des Werks sowie **116** **Werkänderungen** (§ 14 UrhG) bedürfen grundsätzlich der **Einwilligung aller Miturheber** (§ 8 Abs. 2 Satz 1 UrhG; OLG Frankfurt a. M. GRUR 2006, 578, 579 – Erstverwertungsrechte); die Einwilligung darf aber nicht wider Treu und Glauben verweigert werden (§ 8 Abs. 2 Satz 2 UrhG). Auch können die Urheber anderes, beispielsweise die Möglichkeit von Mehrheitsentscheidungen, vereinbaren (S/L/*Loewenheim/Peifer*, § 8 Rn. 14). Die **Erträgnisse aus der Nutzung des Werks** (insb. Lizenzzahlungen) werden unter den Miturhebern im Umfang ihrer Beteiligung am Werk verteilt, sofern nichts anderes vereinbart ist (§ 8 Abs. 3 UrhG).

117 Ansprüche wegen der Verletzung des Urheberrechts (insb. auf Unterlassung und Beseitigung sowie auf Schadensersatz, § 97 UrhG) darf jeder Miturheber selbst und in eigenem Namen durchsetzen (§ 8 Abs. 2 Satz 3 Halbs. 1 UrhG). Macht er Schadensersatz geltend, darf er jedoch nicht Leistung an sich allein, sondern muss Leistung an alle Urheber verlangen (§ 8 Abs. 2 Satz 3 Halbs. 2 UrhG). Damit wird sichergestellt, dass die Ersatzleistung alle Miturheber erreicht.

III. Verbundene Werke (§ 9 UrhG)

118 Anders als bei der gemeinsamen Schaffung eines Werks durch Miturheber (§ 8 UrhG) führt die **Verbindung selbständiger Werke** zum Zwecke der **gemeinsamen Verwertung**, beispielsweise die Kombination eines Sprachwerks mit einem Musikwerk zu einem Lied, nicht zu einem Miturheberwerk, an dem die Urheber der Beiträge als Miturheber beteiligt wären, sondern **die Werke bleiben** auch weiter **selbständig** (BGH, I ZR 142/06, GRUR 2009, 1046 Rn. 38 – Kranhäuser). Ihr Urheberrecht erstreckt sich deshalb ausschließlich auf das jeweils von ihnen geschaffene Werk (Text oder Melodie), sodass jeder auch nur gegen rechtswidrige Eingriffe in „sein" Urheberrecht vorgehen kann (s. Rn. 119). Zugleich bleiben die Urheber verbundener Werke, abgesehen von möglichen vertraglichen Bindungen, frei in der weiteren Verwertung ihrer jeweiligen Werke.

119 **Beispiel** (BGH, I ZR 225/12, GRUR 2015, 1189 – Goldrapper):
T hat den Text, K die Musik eines Lieds geschrieben. B verwendet Ausschnitte aus der Musik (ohne Text) für ein eigenes Musikstück (mit anderem Text). Ansprüche wegen Urheberrechtsverletzung kann nur der Komponist K geltend machen, denn in das Sprachwerk des T hat B nicht eingegriffen, da er den Text gerade nicht übernommen hat. Anders wäre es nur, wenn T und K Miturheber eines gemeinsam geschaffenen Werks wären, was bei einem Lied aber gerade nicht der Fall ist (s. Rn. 114).

IV. Vermutung der Urheber- oder Rechtsinhaberschaft (§ 10 UrhG)

Wer urheberrechtliche Ansprüche geltend machen möchte, muss darlegen und ggf. beweisen, dass er **Inhaber des verletzten Rechts** ist (sog. **Aktivlegitimation**). Das ist bei einem immateriellen Gut, das zudem in keinem Register eingetragen ist, oft problematisch. Um die Rechtsdurchsetzung zu erleichtern, stellt § 10 UrhG bestimmte Vermutungen auf. Ist deren Tatbestand erfüllt, wird die Rechtsinhaberschaft vermutet. Es ist dann Sache des Anspruchsgegners, diese Vermutung zu widerlegen („Beweis des Gegenteils", § 292 ZPO). Vermutet wird aber nur die Inhaberschaft, nicht auch der Bestand des Rechts, etwa die urheberrechtliche Schutzfähigkeit (BGH GRUR 1998, 376, 378 – Coverversion; zur weiterreichenden Vermutung des § 39 DesignG im Designrecht s. Rn. 530).

120

1. Vermutung der Urheberschaft (§ 10 Abs. 1 UrhG). Nach § 10 Abs. 1 UrhG wird die Urheberschaft zugunsten desjenigen vermutet, der auf den **Vervielfältigungsstücken** eines **erschienenen** (§ 6 Abs. 2 UrhG) **Werks** oder auf dem **Original** eines **Werks der bildenden Künste** (§ 2 Abs. 1 Nr. 4 UrhG) in der **üblichen Weise als Urheber bezeichnet** ist. Letzteres ist der Fall, wenn die Bezeichnung an einer Stelle angebracht ist, an der solchen Werken üblicherweise der Urheber angegeben wird und die Bezeichnung inhaltlich erkennen lässt, dass sie den Urheber dieses Werkes benennt (BGH, I ZR 76/13, GRUR 2015, 258 Rn. 37 – CT-Paradies). Die Bezeichnung muss nicht der bürgerliche Name, sondern kann auch ein Pseudonym oder ein Künstlerzeichen sein; sie muss aber, da Urheber nur eine natürliche Person sein kann (s. Rn. 104), auf eine solche schließen lassen (BGH, I ZR 76/13, GRUR 2015, 258 Rn. 40–42 – CT-Paradies). Die Vermutung der Urheberschaft gilt auch gegenüber Miturhebern (BGH, I ZR 142/06, GRUR 2009, 1046 Rn. 25 – Kranhäuser).

121

Beispiele:
Künstlersignatur auf einem Gemälde oder einer Skulptur; Autorenangabe auf dem Deckblatt eines Romans; Nennung des Komponisten auf dem Notenblatt; Namensinitialen in der Kopfleiste der Bildschirmmaske eines Computerprogramms (BGH GRUR 1994, 39 – Buchhaltungsprogramm).

122

2. Entsprechende Anwendung auf die Leistungsschutzberechtigten. Zugunsten der Inhaber von Leistungsschutzrechten gilt die Vermutung des § 10 Abs. 1 UrhG kraft Verweisung (Bsp.: § 74 Abs. 3 UrhG) entsprechend.

123

124 **3. Vermutung der Rechtsinhaberschaft (§ 10 Abs. 3 UrhG).** Zugunsten der als Inhaber eines ausschließlichen Nutzungsrechts (§ 31 Abs. 3 UrhG) bezeichneten Person (das kann im Gegensatz zum Urheber auch eine juristische Person sein) wird vermutet, dass sie Inhaberin eines solchen Rechts ist (§ 10 Abs. 3 Satz 1 UrhG); allerdings nur innerhalb eines Verfahrens des einstweiligen Rechtsschutzes (s. Rn. 384) oder soweit Unterlassungsansprüche geltend gemacht werden. Außerdem gilt die Vermutung nicht gegenüber dem Urheber bzw. originären Inhaber des verwandten Schutzrechts (§ 10 Abs. 3 Satz 2 UrhG).

125 **Beispiel:**
L ist Inhaber einer ausschließlichen Lizenz an einem Roman der U. Er verlangt von V Unterlassung und Schadensersatz wegen Urheberrechtsverletzung. V bestreitet, dass L Lizenznehmer und U Urheberin ist, obwohl beide in üblicher Weise auf den Büchern bezeichnet sind.
L kann sich nur hinsichtlich des Unterlassungsanspruchs auf § 10 Abs. 3 Satz 1 UrhG berufen; hinsichtlich des Schadensersatzanspruchs muss er dagegen darlegen und beweisen, dass er von U ein ausschließliches Nutzungsrecht erworben hat. In Bezug auf die Urheberschaft der U kann sich dagegen auch L auf § 10 Abs. 1 UrhG berufen, muss diesen Umstand also nicht beweisen.
Nunmehr möchte L die U wegen Verletzung seines ausschließlichen Nutzungsrechts in Anspruch nehmen, da U ihren Roman auch selbst vervielfältigt und verbreitet. U bestreitet, dem L jemals ein ausschließliches Nutzungsrecht eingeräumt zu haben.
Hier hilft dem L § 10 Abs. 3 Satz 1 UrhG nicht, da die Vermutung der Rechtsinhaberschaft nicht gegenüber der Urheberin gilt (§ 10 Abs. 3 Satz 2 UrhG); L muss also vollen Beweis erbringen.

126 **4. Vermutung der Ermächtigung zur Rechtsdurchsetzung (§ 10 Abs. 2 UrhG).** Bei einem **anonymen** oder nur mit einem unbekannten **Pseudonym** gekennzeichneten Werk gilt die als Herausgeber bezeichnete Person, anderenfalls der Verleger, als ermächtigt, die Rechte des Urhebers im Wege der Prozessstandschaft in eigenem Namen geltend zu machen (§ 10 Abs. 2 UrhG). Damit muss auch im Falle eines Rechtsstreits der Urheber seine Anonymität nicht aufgeben, sondern kann den Herausgeber oder Verleger für sich prozessieren lassen.

4. Kapitel Inhalt des Urheberrechts

I. Überblick

Das Urheberrecht schützt den Urheber in seinen **geistigen und persönlichen Beziehungen zum Werk** und in der **Nutzung des Werks** (§ 11 Satz 1 UrhG). Das Gesetz bringt damit zum Ausdruck, dass das subjektive Urheberrecht sowohl urheberpersönlichkeitsrechtliche Befugnisse (s. Rn. 130) als auch Verwertungsrechte (s. Rn. 160) umfasst, und dass es sich um ein **einheitliches**, beide Aspekte untrennbar umfassendes **Recht** (sog. „monistische Theorie") handelt (BT-Drs. IV/270, S. 43). § 11 Satz 2 UrhG verdeutlicht, dass zu den Grundgedanken des deutschen Urheberrechts außerdem die angemessene **Beteiligung** der Urheber am wirtschaftlichen Nutzen ihrer Werke zählt (BVerfG, 1 BvR 1842/11 und 1843/11, GRUR 2014, 169 Rn. 87 – Übersetzerhonorare).

127

Das Urheberrecht gewährt grundsätzlich **Ausschließlichkeitsrechte**, d. h. Abwehrrechte gegen rechtswidrige Eingriffe. Der Urheber kann im Falle ihrer Verletzung Unterlassung und Beseitigung sowie ggf. Schadensersatz verlangen (§ 97 UrhG). Soweit diese Abwehransprüche aus übergeordneten Interessen eingeschränkt sind, der Urheber also Eingriffe in sein Ausschließlichkeitsrecht hinnehmen muss, gewährt ihm das UrhG in aller Regel zumindest **Vergütungsansprüche** (s. Rn. 250).

128

Die nach der **monistischen Theorie** des UrhG untrennbare Verknüpfung des Urheberpersönlichkeitsrechts mit den Verwertungsrechten zu einem einheitlichen Urheberrecht ist nicht alternativlos; in anderen Rechtsordnungen (z. B. Frankreich) stehen beide mehr oder minder lose nebeneinander, sog. „dualistische Theorie" (*Schack*, Rn. 343–345). Die monistische Theorie zeigt sich unter anderem in der grundsätzlichen Unübertragbarkeit des Urheberrechts unter Lebenden (s. Rn. 413), der Vererblichkeit auch des Urheberpersönlichkeitsrechts (s. Rn. 453) und dem gemeinsamen Erlöschen beider Rechte mit Ablauf der urheberrechtlichen Schutzfrist (s. Rn. 93).

129

II. Das Urheberpersönlichkeitsrecht

130 **1. Begriff und Entwicklung.** Das Urheberpersönlichkeitsrecht schützt den Urheber in seinen **geistigen und persönlichen Beziehungen** zu seinem Werk (§ 11 Satz 1 Halbs. 1 UrhG). Schutzgegenstand ist also weder das Werk noch der Urheber, sondern das „geistige und persönliche Band" zwischen Urheber und Werk (BGH, I ZR 98/17, GRUR 2019, 609 Rn. 26 – HHole [for Mannheim]). Eine Handlung, die diese Beziehung nicht berührt, greift nicht in das Urheberpersönlichkeitsrecht ein. Möglich ist in diesen Fällen freilich eine Verletzung des allgemeinen Persönlichkeitsrechts des Urhebers.

131 **Beispiele:**
Kunstkritikerin K übt verächtliche Schmähkritik an den künstlerischen Fähigkeiten des U. F versieht ihr eigenes Bild mit der Signatur des U.
In beiden Fällen ist ausschließlich das allgemeine Persönlichkeitsrecht des U betroffen. Seine Beziehung zum Werk wird durch die Kritik an seinen Fähigkeiten ebenso wenig beeinträchtigt, wie durch das Unterschieben eines fremden Werks (zum sog. *droit de paternité* s. Rn. 139).

132 Das Urheberpersönlichkeitsrecht ist dabei nicht nur ein Ausschnitt aus dem allgemeinen Persönlichkeitsrecht. So mag die Entstellung eines Werks (§ 14 UrhG) zwar eine Verletzung des Urheberpersönlichkeitsrechts sein, eine solche des allgemeinen Persönlichkeitsrechts des Urhebers ist sie jedoch nur im Ausnahmefall. Während beim allgemeinen Persönlichkeitsrecht die Person im Vordergrund steht, ist es bei Urheberpersönlichkeitsrecht deren Beziehung zum Werk. Dies vor Augen erklärt sich zumindest teilweise die teils völlig unterschiedliche Behandlung der beiden Persönlichkeitsrechte im Falle des Todes des Urhebers: Das Urheberpersönlichkeitsrecht wird zusammen mit den Verwertungsrechten vererbt (§ 30 UrhG) und erlischt mit diesen regelmäßig 70 Jahre nach dem Tode des Urhebers (§ 64 UrhG, s. Rn. 93). Beim allgemeinen Persönlichkeitsrecht ist dagegen zu differenzieren: Auf die Erben gehen nur die vermögensrechtlichen Befugnisse des sog. postmortalen Persönlichkeitsrechts über und erlöschen schon zehn Jahre nach dem Tode (BGH, I ZR 277/03, GRUR 2007, 168 – kinski-klaus.de). Die immateriellen Interessen werden dagegen von den nächsten Angehörigen – was nicht zwingend die Erben sind – ausgeübt und erlöschen je nach Bekanntheit des Verstorbenen früher oder später (BGH NJW 1990, 1986 – Emil Nolde).

Die **Schutzdauer** des Urheberpersönlichkeitsrechts entspricht der der Verwertungsrechte; es gelten einheitlich die §§ 64–69 UrhG (s. Rn. 93). Mit Ablauf der urheberrechtlichen Schutzfrist erlischt deshalb auch das Urheberpersönlichkeitsrecht vollständig. Gemeinfreie Werke können deshalb beliebig genutzt, verändert oder auch verunstaltet werden. **133**

2. Urheberpersönlichkeitsrechtliche Befugnisse. – a) Veröffentlichungsrecht **134**
(§ 12 UrhG). Allein der Urheber soll darüber entscheiden können, ob er sein Werk für sich behalten oder an die Öffentlichkeit geben will und in welcher Art und Weise dies geschehen soll. Dieses „**Erstveröffentlichungsrecht**" findet sich in § 12 Abs. 1 UrhG. Es steht dem Urheber nur einmal zu (*Schack*, Rn. 366). Mit der Veröffentlichung i. S. d. § 12 Abs. 1 UrhG wird das Werk zu einem veröffentlichten Werk i. S. d. § 6 Abs. 1 UrhG (zu den Konsequenzen s. Rn. 99). Der Begriff der Veröffentlichung entspricht dem in § 6 Abs. 1 UrhG (BGH, I ZR 35/13, GRUR 2014, 974 Rn. 57 – Porträtkunst). Das Veröffentlichungsrecht ist zwar als solches nicht übertragbar (§ 29 Abs. 1 UrhG), jedoch kann seine Ausübung einem Dritten anvertraut werden (BVerwG, 7 C 1.18, GRUR 2020, 189 Rn. 16 – Zugang zu Umweltinformationen).

Vor der Veröffentlichung erweitert § 12 Abs. 2 UrhG den Schutz des Urhebers zudem dahingehend, dass es allein ihm vorbehalten ist, den Inhalt seines Werks öffentlich mitzuteilen oder zu beschreiben (sog. **Recht der ersten Inhaltsmitteilung**). **135**

b) Anerkennung der Urheberschaft (§ 13 UrhG). Der Urheber wird meist ein Interesse daran haben, mit seinem Werk namentlich in Verbindung gebracht, d. h. als dessen Urheber benannt zu werden. Dieses Interesse schützt das Recht auf Anerkennung der Urheberschaft (§ 13 Satz 1 UrhG). Es schützt umgekehrt aber auch ein möglicherweise bestehendes Interesse an Anonymität (BGH, I ZR 166/07, GRUR 2010, 616 Rn. 43 – marions-kochbuch.de). Und schließlich kann der Urheber bestimmen, in welcher Art und Weise er als Urheber benannt werden will. § 13 UrhG betrifft also sowohl das „Ob" als auch das „Wie" der Urheberbenennung (s. Satz 2; BGH GRUR 1995, 671, 672 – Namensnennungsrecht des Architekten). **136**

Das Recht auf Anerkennung der Urheberschaft wird **verletzt**, wenn die Urheberschaft an einem bestimmten Werk nicht oder nicht richtig genannt, bestritten oder von einem Dritten in Anspruch genommen (Anmaßung) wird. **137**

138 Beispiel:
Im Museum wird eine Skulptur der U ohne Urheberbezeichnung, eine andere unter unzutreffender Nennung eines Dritten als Urheber und eine weitere unter Verwendung des bürgerlichen Namens der Urheberin, obwohl diese Wert auf ihr Künstlerpseudonym legt, ausgestellt. In allen Fällen ist § 13 UrhG verletzt.

139 Wird dem Urheber ein fremdes Werk „untergeschoben", ist, weil dadurch nicht dessen geistige und persönliche Beziehung zu seinem Werk betroffen ist, nicht § 13 UrhG, sondern das allgemeine Persönlichkeitsrecht betroffen (sog. „**droit de non paternité**"; LG Köln ZUM-RD 2007, 201; s. auch BGH GRUR 1995, 668 – Emil Nolde).

140 Beispiel:
P signiert ein von ihr gemaltes Bild mit dem Namenszug der viel bekannteren U.

141 Wird dagegen ein Werk des Urhebers gegen dessen Willen mit seiner (zutreffenden) Urheberbezeichnung versehen, so ist § 13 UrhG in Form des **Rechts auf Anonymität** verletzt.

142 Der Urheber kann auf das Recht auf Anerkennung seiner Urheberschaft **nicht dinglich verzichten,** jedoch ist eine schuldrechtliche Verpflichtung denkbar, das Recht nicht geltend zu machen (OLG München ZUM 2003, 964, 967 – Pumuckl, s. Rn. 452). Von Bedeutung ist dies insbesondere bei der **Ghostwriterabrede** (s. Rn. 108).

143 Weitere gesetzliche Ausprägungen des Rechts auf Anerkennung der Urheberschaft sind die Verpflichtung zur Quellenangabe beim Zitat (§ 63 UrhG) sowie das Änderungsverbot in § 39 Abs. 1 UrhG.

144 **c) Entstellung und Beeinträchtigung des Werks (§ 14 UrhG).** Nach § 14 UrhG hat der Urheber das Recht, Entstellungen und andere Beeinträchtigungen seines Werks zu verbieten, wenn diese geeignet sind, seine berechtigten geistigen oder persönlichen Interessen am Werk zu gefährden. Daraus ergibt sich ein grundsätzliches **Änderungsverbot:** Der Urheber hat grundsätzlich ein Recht darauf, dass das von ihm geschaffene Werk, in dem seine individuelle künstlerische Schöpferkraft ihren Ausdruck gefunden hat, der Mit- und Nachwelt in seiner unveränderten Gestalt zugänglich gemacht wird (BGH, I ZR 166/05, GRUR 2008, 984 Rn. 23 – St. Gottfried). Da dies auch gegenüber einem vom

Urheber verschiedenen Eigentümer des Werkexemplars gilt, liegen Kollisionen mit dessen Interessen, namentlich mit dem Recht, mit seiner Sache nach Belieben umgehen zu können (§ 903 BGB), auf der Hand. Es bedarf deshalb stets einer umfassenden Abwägung der beiderseitigen Interessen (BGH, I ZR 166/05, GRUR 2008, 984 Rn. 25 – St. Gottfried). Das Änderungsverbot gilt mithin nicht absolut. Inhabern eines Nutzungsrechts gestattet **§ 39 Abs. 2 UrhG** Werkänderungen, zu denen der Urheber seine Einwilligung nach Treu und Glauben nicht versagen darf. Außerdem sind **vertragliche Vereinbarungen** über Werkänderungen möglich (BGH GRUR 1999, 230, 232 – Treppenhausgestaltung) und oft – beispielsweise bei Bauwerken – höchst sinnvoll. Um **Filmherstellern** die Produktion und Verwertung des Filmwerks zu erleichtern, können die Urheber der zugrunde liegenden Werke nur gegen „gröbliche" Entstellungen oder Beeinträchtigungen vorgehen (§ 93 Abs. 1 UrhG).

aa) Entstellung oder andere Beeinträchtigung. § 14 erfasst jede Veränderung der Wesenszüge, d. h. des geistigen Gehalts (s. Rn. 35) des Werks, einschließlich einer vermeintlichen „Verbesserung" (BGH GRUR 1999, 230, 231 f. – Treppenhausgestaltung). Die insoweit beispielhaft genannte Entstellung ist lediglich ein (besonders schwerwiegender) Unterfall der Beeinträchtigung (BGH, I ZR 98/17, GRUR 2019, 609 Rn. 31 – HHole [for Mannheim]).

Eingriffe in den geistigen Gehalt des Werks können zum einen durch einen **direkten Eingriff** in das Werk, ggf. vermittelt durch einen Eingriff in den das Werk verkörpernden Werkträger, erfolgen.

Beispiele:
Teilweises Übermalen eines Freskos (RGZ 79, 397 – Felseneiland mit Sirenen); Umbau eines Kircheninnenraums (BGH, I ZR 166/05, GRUR 2008, 984 – St. Gottfried); Kürzung eines Films um ein Drittel (OLG Frankfurt a. M. GRUR 1989, 203 – Wüstenflug).

Ohne inhaltliche Änderung des Werks kommt eine **(indirekte)** Beeinträchtigung durch die **Form und Art der Werkwiedergabe und Werknutzung** in Betracht. Dies kann beispielsweise auch dadurch geschehen, dass das Werk in einen bestimmten **Kontext** gestellt oder der Kontext des Werks verändert wird.

Beispiele:
Nutzung eines Musikstücks als Klingelton, weil das Musikwerk nicht als sinnlich-klangliches Erlebnis, sondern als – oft störender – Signalton wahrgenommen wird (BGH, I ZR 23/06, GRUR 2009, 395 – Klingeltöne für Mo-

biltelefone); Nutzung eines Musikwerks durch eine Partei im Wahlkampf (BGH, I ZR 147/16, GRUR-RR 2018, 61 – Die Höhner); Verbindung eines Werks mit einem anderen Werk oder Element (BGH, I ZR 304/99, GRUR 2002, 532 – Unikatrahmen).

150 Nach neuester Rechtsprechung fällt die vollständige **Vernichtung des Werks** („als schärfste Form der Beeinträchtigung") ebenfalls unter § 14 UrhG, macht also eine umfassende Abwägung der gegenläufigen Interessen von Eigentümer und Urheber notwendig (BGH, I ZR 98/17, GRUR 2019, 609 Rn. 25 ff. – HHole [for Mannheim]). So kann es auch geboten sein, dem Urheber das Werk, statt es zu zerstören, anzubieten, bzw., wenn dies nicht möglich ist, ihm die Anfertigung von Vervielfältigungsstücken (z. B. Fotografien) zu ermöglichen (BGH, I ZR 98/17, GRUR 2019, 609 Rn. 41 – HHole [for Mannheim]). Speziell bei Kunstwerken, die untrennbar mit einem Bauwerk verbunden sind, setzen sich allerdings die Interessen des Gebäudeeigentümers an einem Umbau oder einer Nutzungsänderung zumeist gegenüber der Erhaltung des Kunstwerks durch, denn andernfalls wären ihm Umbau und ggf. Umnutzung auf lange Zeit unmöglich.

151 Beispiel:
Im Museum M war eine sich über mehrere Etagen erstreckende Kunstinstallation aufgebaut. Im Zuge eines grundlegenden Umbaus des Museumsgebäudes wurde die Installation entfernt und dabei zerstört. Dies war zulässig (BGH, I ZR 98/17, GRUR 2019, 609 – HHole [for Mannheim]).

152 bb) **Eignung zur Interessengefährdung.** Die Eignung zur Gefährdung der berechtigten geistigen oder persönlichen Interessen des Urhebers wird durch die unberechtigte Änderung des Werks indiziert (OLG Stuttgart GRUR-RR 2011, 56, 58 – Stuttgart 21), zumindest dann, wenn der Eingriff in der Öffentlichkeit stattfindet oder sich dort auswirkt; bei sich ausschließlich in der Privatsphäre abspielenden Eingriffen ist das umstritten (näher S/L/*Peukert,* § 14 Rn. 25).

153 Beispiele:
E lässt im Treppenhaus seines Wohnhauses ein Fresko anbringen. Nach Fertigstellung stören ihn die unbekleideten Sirenen und er lässt diese kurzerhand von einem anderen Maler „anziehen". Obwohl es sich hier um ein Privathaus handelte, verurteilte das Reichsgericht (RGZ 79, 397 – Felseneiland mit Sirenen) u. a. zur Beseitigung der Entstellung, weil die Gefahr bestehe, dass das Haus verkauft wird.

cc) Interessenabwägung. Zu den bei der Interessenabwägung zu berücksichtigenden Umständen zählen u. a. (BGH, I ZR 166/05, GRUR 2008, 984 Rn. 27 ff. – St. Gottfried und BGH, I ZR 98/17, GRUR 2019, 609 Rn. 39 ff. – HHole [for Mannheim]): Die Gestaltungshöhe des Werks, Art und Umfang der Veränderung, ob es sich um ein Werk der zweckfreien Kunst oder der Gebrauchskunst handelt, aber auch die seit dem Tod des Urhebers verstrichene Zeit, weitere Grundrechte des Eigentümers sowie – insb. bei Bauwerken – dessen berechtigte Nutzungsinteressen sowie bautechnische Gründe.

154

Beispiele:
Mit Blick auf die Religionsfreiheit und das kirchliche Selbstbestimmungsrecht war der Umbau eines Kircheninnenraums, um geänderten liturgischen Abläufen gerecht zu werden, zulässig (BGH, I ZR 166/05, GRUR 2008, 984 – St. Gottfried). Dagegen überwog das Interesse, die Baukosten zu senken, das Interesse des Urhebers an der unveränderten Umsetzung seines abgenommenen Entwurfs nicht (LG Berlin GRUR 2007, 964, 968 f. – Berliner Hauptbahnhof; später durch Vergleich beendet).

155

d) Zugangsrecht (§ 25 UrhG). Der Besitzer eines Originals oder eines Vervielfältigungsstücks eines Werks ist verpflichtet, dem Urheber den Zugang zum Werk zu ermöglichen, soweit dies zur Herstellung von Vervielfältigungsstücken oder Bearbeitungen des Werks erforderlich ist und nicht berechtigte Interessen des Besitzers entgegenstehen (§ 25 Abs. 1 UrhG). Dahinter steht die Erwägung, dass das geistige Band des Urhebers mit seinem Werk auch mit Veräußerung des Werkstücks fortbesteht und im Laufe der Zeit ein Bedürfnis des Urhebers entstehen kann, Zugang zu „seinem" Werk zu erhalten (S/L/Vogel, § 25 Rn. 4).

156

Beispiel:
K hat eine von ihm als Einzelstück geschaffene Skulptur an Sammler S veräußert. Jahre später will K eine Ausstellung mit Fotografien seiner Werke durchführen und zu diesem Zweck die Skulptur bei S fotografieren.

157

Zugang ist zum Zwecke der **Herstellung von Vervielfältigungen oder Bearbeitungen** zu gewähren (OLG Düsseldorf, I-20 U 75/14, ZUM-RD 2016, 368 Rn. 90). Insbesondere lässt sich aus § 25 UrhG kein Anspruch auf Herausgabe des Werks zu Ausstellungszwecken begründen (KG GRUR 1981, 742, 743 – Totenmaske I). Auch muss der Besitzer das Werkstück **grundsätzlich nicht herausgeben** (§ 25 Abs. 2 UrhG); anderes kann gelten, wenn der Urheber die Ver-

158

vielfältigung, beispielsweise einen Abguss der Skulptur, nicht beim Besitzer durchführen kann (Bsp.: KG GRUR 1983, 507 – Totenmaske II).

159 Das Zugangsrecht unterliegt einer **Interessenabwägung**. Insbesondere besteht es nur, wenn der Urheber auf den Zugang angewiesen ist, weil er weder selbst ein Werkexemplar besitzt noch sich ein solches anderweitig zumutbar beschaffen kann (S/L/*Vogel*, § 25 Rn. 13). Der Besitzer eines Originalwerks kann sich dem Wunsch des Urhebers nach Zugang zur Herstellung von Vervielfältigungsstücken dagegen nicht mit der Begründung widersetzen, dadurch sinke der Marktwert des bisherigen Unikats, wohl aber mit dem Einwand, es bestehe die nicht fernliegende Gefahr, dass das Werkstück durch die Vervielfältigung Schaden nimmt (KG GRUR 1983, 507, 508 f. – Totenmaske II).

III. Verwertungsrechte

160 **1. Grundlagen.** Das Urheberpersönlichkeitsrecht schützt den Urheber zwar in seinen geistigen und persönlichen Beziehungen zum Werk, ermöglicht ihm allein aber noch nicht hinreichend die wirtschaftliche Nutzung seines Werks. Deshalb gewährt das UrhG dem Urheber die alleinige und umfassende Befugnis, sein Werk in **körperlicher** (§ 15 Abs. 1 UrhG) und **unkörperlicher** (§ 15 Abs. 2 UrhG) **Form** zu verwerten oder durch Dritte verwerten zu lassen. Diese sog. **Verwertungsrechte** sind die Grundlage für die angemessene Entlohnung des Urhebers für sein geistiges Schaffen (§ 11 Satz 2 UrhG). Ihnen kommt in der Praxis ganz erhebliche Bedeutung zu.

161 In den §§ 16 bis 22 UrhG führt das UrhG die **typischen Verwertungshandlungen** auf. Die Aufzählung ist nicht abschließend (§ 15 Abs. 1 und 2: „insbesondere"). Neue Verwertungsformen sind als unbenannte Verwertungsrechte nach § 15 Abs. 1 oder 2 UrhG ebenfalls unmittelbar dem Urheber vorbehalten, ohne dass es hierfür einer Gesetzesänderung bedürfte (BGH, I ZR 46/12, GRUR 2016, 171 Rn. 16 – Die Realität II). Hier liegt der große Vorteil gegenüber Regelungsmodellen mit abschließend eingeräumten Einzelbefugnissen (so beispielsweise die RBÜ, s. Rn. 475).

162 Anders als die gewerblichen Schutzrechte (Patent, Gebrauchsmuster, eingetragenes Design und Marke) setzt ein Eingriff in die urheberrechtlichen Verwertungsrechte **kein gewerbsmäßiges, entgeltliches oder auf Gewinnzielung ge-**

richtetes **Handeln** voraus (Ausnahme: das Vermietrecht nach § 17 Abs. 3 Satz 1 UrhG). Auch rein private Vorgänge können daher schnell urheberrechtlich relevant werden.

Beispiele: 163
B kopiert für sich persönlich eine Musik-CD (= Vervielfältigung nach § 16 Abs. 1 UrhG). Später stellt sie diese auf ihrer Internet-Homepage zum Download bereit (= öffentliche Zugänglichmachung nach § 19a UrhG). Sofern die kopierte Musik-CD nicht rechtwidrig hergestellt war, ist das Anfertigen der Kopie eine nach § 53 Abs. 1 Satz 1 UrhG zulässige „Privatkopie" (s. Rn. 266). Das Onlinestellen ist davon jedoch nicht umfasst und daher rechtswidrig.
B stellt in einem Internet-Kochforum ein Kochrezept ein, das er mit einer Abbildung des Gerichts illustriert, die er von einer anderen Kochseite heruntergeladen hatte. Das Onlinestellen des Bildes ist wiederum unzulässig (BGH, I ZR 166/07, GRUR 2010, 616 Rn. 17 ff. – marions-kochbuch.de).

Urheberrechtlich **frei** ist dagegen der **private Werkgenuss.** Dabei handelt es sich aber nicht um einen außerrechtlich vorgegebenen Grundsatz, sondern um eine Entscheidung des Gesetzgebers (*Schack*, Rn. 412). Neuere technische Entwicklungen (beispielsweise Digital Rights Management) können zu einer Neubewertung führen. 164

2. Verwertung in körperlicher Form (§ 15 Abs. 1 UrhG). Gegenstand oder Ergebnis einer Verwertung in körperlicher Form ist stets ein gegenständliches Werkexemplar. Entweder wird dieses Werkexemplar durch die Verwertungshandlung geschaffen (Vervielfältigung) oder es wird der Öffentlichkeit körperlich zugänglich gemacht (Verbreitung und Ausstellung). Im Gegensatz dazu wird bei der Verwertung in unkörperlicher Form (§ 15 Abs. 2 UrhG) das Werk der Öffentlichkeit lediglich wahrnehmbar gemacht, d. h. sein geistiger Gehalt vermittelt, ohne dass es dabei auf ein gegenständliches Werkexemplar ankommt. 165

a) Vervielfältigungsrecht (§ 16 UrhG). Das Vervielfältigungsrecht ist das Recht, Vervielfältigungsstücke des Werks herzustellen, gleichviel ob vorübergehend oder dauerhaft, in welchem Verfahren und in welcher Zahl (§ 16 Abs. 1 UrhG). Vervielfältigung ist jede **körperliche Festlegung** eines Werks, die geeignet ist, das Werk den menschlichen Sinnen auf irgendeine Weise unmittelbar oder mittelbar wahrnehmbar zu machen (BGH, I ZR 92/16, GRUR 2017, 793 Rn. 41 – Mart-Stam-Stuhl). Ergebnis einer jeden Vervielfältigung ist also ein körperli- 166 cher Gegenstand, das sog. Vervielfältigungsstück, der das Werk trägt und die sinnliche Wahrnehmung dieses Werks ermöglicht. Ob die Wahrnehmung des Werks unmittelbar mit den menschlichen Sinnen (durch Hören, Sehen, Fühlen) möglich ist oder technischer Hilfsmittel (DVD- oder MP3-Player etc.) bedarf, ist gleich.

167 „Vervielfältigung" ist sowohl die Herstellung des ersten körperlichen Werkexemplars eines bislang nur unkörperlich vorhandenen Werks als auch die Herstellung weiterer Vervielfältigungsstücke (BGH GRUR 1982, 102, 103 – Masterbänder).

168 **Beispiel:**
Aufzeichnung einer Jazz-Improvisation auf Band, anschließend Herstellung von mehreren Kopien des Bands auf CD.

169 Unerheblich für die Vervielfältigung ist, mit welchem **Verfahren** und in welcher **Anzahl** die Vervielfältigungsstücke hergestellt werden (§ 16 Abs. 1 a. E. UrhG).

170 **Beispiele:**
Abmalen eines Bildes (LG Hamburg ZUM-RD 2008, 202, 204); Abfotografieren (BGH, I ZR 242/15, GRUR 2017, 390 Rn. 16 f. – East Side Gallery); Kopie mit dem Fotokopierer (BGH, I ZR 62/06, GRUR 2009, 480 Rn. 18 – Kopierläden II); Digitalisieren, insb. Scannen (EuGH, C-117/13, GRUR 2014, 1078 Rn. 37 – TU Darmstadt/Ulmer); Abspeichern auf Festplatte (BGH, I ZR 166/07, GRUR 2010, 616 Rn. 35 – marions-kochbuch.de) oder im Arbeitsspeicher (BGH, I ZR 25/15, GRUR 2017, 266 Rn. 38 – World of Warcraft I); Ausdrucken auf Papier (BGH, I ZR 94/05, GRUR 2008, 245 – Drucker und Plotter I). Das Anzeigen eines Werks auf dem Bildschirm ist dagegen keine Vervielfältigung, sondern eine unkörperliche Wiedergabe (BGH, I ZR 25/15, GRUR 2017, 266 Rn. 38 – World of Warcraft I).

171 Das Vervielfältigungsrecht ist nicht auf identische Nachbildungen des Originals beschränkt, sondern erfasst auch **Werkumgestaltungen**, die über keine eigene schöpferische Ausdruckskraft verfügen und sich daher trotz einer vorgenommenen Umgestaltung noch im Schutzbereich des Originals befinden, weil dessen Eigenart in der Nachbildung erhalten bleibt und ein übereinstimmender Gesamteindruck besteht (BGH, I ZR 28/12, GRUR 2014, 65 Rn. 36 – Beuys-Aktion). So liegt es beispielsweise jedenfalls bei bloßen Größenänderungen, wie etwa der (starken) Verkleinerungen von Bildern zu „Thumbnails" für eine Internet-Suchmaschine (BGH, I ZR 69/08, GRUR 2010, 628 Rn. 17 – Vorschaubilder I). Entsprechendes gilt für die verlustbehaftete Kompression von digitalen Bildern (JPEG) oder Musik (MP3). Auch die Verwendung eines anderen Materials kann bloße Vervielfältigung sein (BGH, I ZR 242/15, GRUR 2017, 390 Rn. 30 – East Side Gallery).

Unter den vorgenannten Voraussetzungen ist schließlich auch die Umsetzung eines dreidimensionalen Werks in ein zweidimensionales Vervielfältigungsstück und umgekehrt eine Vervielfältigung. **172**

Beispiele: **173**
Fotografie einer Skulptur oder eines Bauwerks (BGH, I ZR 192/00, GRUR 2003, 1035, 1036 – Hundertwasser-Haus); Errichtung eines Bauwerks nach den Plänen des Architekten (BGH GRUR 1957, 391, 394 – Ledigenheim).

Die Ausführung einer wissenschaftlichen oder technischen Darstellung (§ 2 Abs. 1 Nr. 7 UrhG) ist dagegen keine Vervielfältigung, denn die persönliche, geistige Schöpfung und damit das Werk liegt bei dieser in der konkreten Darstellung eines wissenschaftlichen oder technischen Inhalts, nicht aber im Dargestellten selbst (BGH GRUR 1985, 129 – Elektrodenfabrik; s. Rn. 76). **174**

Beispiel: **175**
Der Bau einer Maschine nach einer Konstruktionszeichnung ist urheberrechtlich stets zulässig (BGH GRUR 1985, 129 – Elektrodenfabrik).

Bereits die Übernahme eines **Teils eines Werks** ist eine Vervielfältigung, sofern der übernommene Werkteil für sich allein Werkqualität (§ 2 Abs. 2 UrhG) aufweist (OLG Köln NJW-RR 2001, 904, 905 – Suchdienst für Zeitungsartikel). **176**

Die Vervielfältigung muss nicht von **Dauer** sein (§ 16 Abs. 1 Halbs. 3 UrhG). Deshalb ist beispielsweise das mit jeder Nutzung eines Computerprogramms notwendigerweise verbundene Einspeisen in den Arbeitsspeicher (RAM) eine Vervielfältigung (§ 69c Nr. 1 Satz 2 UrhG), die nur kraft ausdrücklicher Anordnung für den Berechtigten erlaubt ist (§ 69d Abs. 1 UrhG). Vor diesem Hintergrund ist der Genuss von **gestreamten** Audio- oder Videoinhalten urheberrechtlich nicht unproblematisch. Auch hier gehen der Wiedergabe im Lautsprecher oder auf dem Bildschirm fortlaufend vorübergehende Zwischenspeicherungen im Arbeitsspeicher voraus, die, sofern der jeweils gespeicherte Teil des Werks selbst Werkqualität aufweist bzw. Leistungsschutz genießt (§§ 72, 85 UrhG), Vervielfältigungen darstellen (EuGH, C-527/15, GRUR 2017, 610 Rn. 70 – **177**

Stichting Brein/Willems; zu möglichen Schranken s. Rn. 274 und 309). Und schließlich kommt es sogar beim „Browsing" im Internet zu Vervielfältigungshandlungen, wenn urheberrechtlich geschützte Webseiten angezeigt werden. Hier sorgt jedoch regelmäßig § 44a Nr. 2 UrhG für die Zulässigkeit (s. Rn. 309).

178 Dem Vervielfältigungsrecht unterfallen auch sämtliche zu privaten Zwecken vorgenommenen Vervielfältigungen, jedoch sind diese häufig durch Schranken, insb. § 53 Abs. 1 UrhG (s. Rn. 262), erlaubt.

179 § 16 Abs. 2 UrhG definiert, was **Bild- und Tonträger** sind. Darüber hinaus kommt der Norm aber keine eigenständige Bedeutung zu, denn die dort genannten Handlungen fallen als Vervielfältigungen ohne Weiteres bereits unter Abs. 1 (W/B/*Heerma*, § 16 Rn. 8).

180 **b) Verbreitungsrecht (§ 17 UrhG). – aa) Inhalt (§ 17 Abs. 1 UrhG).** Das Verbreitungsrecht ist das Recht, das Original oder Vervielfältigungsstücke des Werks der Öffentlichkeit anzubieten oder in Verkehr zu bringen (§ 17 Abs. 1 UrhG). Es bezieht sich ausschließlich auf körperliche Werkexemplare. Die öffentliche Wiedergabe des Werks (Abspielen, im Internet zugänglich machen etc.) ist dagegen eine unkörperliche Verwertung nach § 15 Abs. 2 UrhG.

181 Mittels des Verbreitungsrechts kann der Urheber beispielsweise die Absatzmärkte für Vervielfältigungsstücke seines Werks segmentieren. Besondere Bedeutung hat das Verbreitungsrecht, wenn der Urheber nicht gegen die rechtwidrige Vervielfältigung seines Werks vorgehen kann, beispielsweise, weil diese im Ausland vorgenommen wurde; er kann dann zumindest deren Verbreitung verhindern.

182 **Beispiel:**
A produziert und vertreibt in Italien Designmöbel nach Entwürfen von *Marcel Breuer* und *Ludwig Mies van der Rohe*. Die Entwürfe sind in Deutschland als Werke der angewandten Kunst (§ 2 Abs. 1 Nr. 4 UrhG) urheberrechtlich geschützt. Rechtsinhaber R kann gegen die in Italien stattfindende Vervielfältigung in Deutschland nicht vorgehen (s. Rn. 459). Mittels des Verbreitungsrechts kann er aber zumindest verhindern, dass die in Italien hergestellten Möbel in Deutschland in den Verkehr gebracht werden (BGH, I ZR 91/11, GRUR 2016, 490 – Marcel-Breuer-Möbel II).

183 Verbreitungshandlungen sind das **Anbieten** und das **Inverkehrbringen**. „Anbieten" meint das Anregen („Werbung") zum Erwerb, wobei es auf einen entsprechenden Erfolg nicht ankommt (BGH, I ZR 91/11, GRUR 2016, 490 Rn. 33

– Marcel-Breuer-Möbel II). Für ein Angebot genügt es, dass ein Vervielfältigungsstück erst nach Bestellung hergestellt wird (BGH GRUR 1991, 316, 317 – Einzelangebot). „Inverkehrbringen" umfasst neben der Veräußerung (Eigentumsübertragung), auch schon den Abschluss eines Kaufvertrages sowie weitere dem Zustandekommen des Kaufgeschäfts vorgelagerte Handlungen (EuGH, C-572/17, GRUR 2019, 161 Rn. 22 ff. – Imran Syed).

Beispiele: 184
Ggf. ist schon die Lagerung urheberrechtsverletzender Waren eine Verbreitung (EuGH, C-572/17, GRUR 2019, 161 – Imran Syed). Demgegenüber ist die Präsentation auf einer Messe nicht zwingend eine Verbreitungshandlung (BGH, I ZR 92/16, GRUR 2017, 793 – Mart-Stam-Stuhl).

Beide Verbreitungshandlungen müssen sich **an die Öffentlichkeit richten.** 185
Ähnlich wie bei § 15 Abs. 3 UrhG geht es darum, dass die Verbreitung außerhalb der internen Sphäre des Verbreitenden stattfindet (BGH GRUR 1991, 316, 317 – Einzelangebot). Die private Weitergabe an Dritte, mit denen eine persönliche Beziehung besteht, ist deshalb ebenso nicht erfasst wie rein unternehmens- oder konzerninterne Warenbewegungen (BGH, I ZR 42/04, GRUR 2007, 691 Rn. 27 – Staatsgeschenk).

bb) Erschöpfung (§ 17 Abs. 2 UrhG). Begrifflich fällt unter Verbreitung nicht 186
nur das erstmalige Inverkehrbringen eines Werkstücks, sondern auch jede Weiterverbreitung. Der Ersterwerber eines Romans könnte diesen beispielsweise auf dem Flohmarkt (= Öffentlichkeit) nicht ohne Zustimmung des Urhebers veräußern. Die Verkehrsfähigkeit des Werkstücks wäre zu Lasten des Werkeigentümers und des Rechtsverkehrs erheblich eingeschränkt. Zwar ist der Urheber „tunlichst angemessen an dem wirtschaftlichen Nutzen seines Werks zu beteiligen" (zu diesem Grundsatz BGH GRUR 1995, 673, 675 – Mauer-Bilder), doch ist dem hier dadurch hinreichend Genüge getan, dass er die Erstverbreitung des Werkstücks steuern und von der Zahlung einer Vergütung abhängig machen konnte (BGH GRUR 1995, 673, 676 – Mauer-Bilder). Es ist demnach interessengerecht, die urheberrechtliche Befugnis des Urhebers auf die **Erstverbreitung** eines Werkexemplars zu beschränken. Das Verbreitungsrecht unterliegt deshalb der **Erschöpfung** (§ 17 Abs. 2 UrhG). Mit dem ersten Inverkehrbringen erschöpft sich das Verbreitungsrecht in Bezug auf das konkrete Werkstück, sodass der Urheber dessen Weiterverbreitung urheberrechtlich nicht mehr verhindern kann.

187 Der Erschöpfung unterliegt **ausschließlich das Verbreitungsrecht**. Die anderen Verwertungsrechte sowie das Urheberpersönlichkeitsrecht bleiben davon unberührt. So lassen sich weder Vervielfältigung (§ 16 UrhG) noch öffentliche Wiedergabe (§ 15 Abs. 2, 3 UrhG) noch eine Werkentstellung (§ 14 UrhG) unter Verweis auf die Erschöpfung des Verbreitungsrechts rechtfertigen. Eine kleine, aber in der Praxis wichtige Ausnahme hat der BGH (I ZR 256/97, GRUR 2001, 51 – Parfumflakon) für das Vervielfältigungsrecht anerkannt, soweit dies notwendig ist, um eine Ware anzubieten und im Rahmen des Üblichen werblich darzustellen.

188 **Beispiel** (nach BGH, I ZR 256/97, GRUR 2001, 51 – Parfumflakon): F vertreibt Parfum, das in urheberrechtlich geschützten Flakons abgefüllt ist. In einem Prospekt wirbt er für das Parfum unter Abbildung des Flakons. – Das Abbilden ist eine an sich dem Urheber des als Werk der bildenden Kunst geschützten Flakons vorbehaltene Vervielfältigung (§ 16 Abs. 1 UrhG), jedoch in Anlehnung an das sog. Ankündigungsrecht im Markenrecht ausnahmsweise zulässig, da anderenfalls der (rechtmäßige) Vertrieb des Parfums behindert würde.

189 Das Verbreitungsrecht erschöpft sich stets nur in Bezug auf das **konkret in Verkehr gebrachte Werkexemplar**. Hinsichtlich etwaiger weiterer Vervielfältigungsstücke bleibt es dagegen erhalten (BGH GRUR 1993, 34, 36 – Bedienungsanweisung). Mangels Werkexemplar kann bei einer **unkörperlichen Verwertung niemals Erschöpfung** eintreten. Im Wege des Downloads „erworbene" Werke – Musik, Filme, E-Books – können deshalb nicht einfach weitergegeben werden, denn damit ist zwangsläufig eine Vervielfältigung (§ 16 UrhG) verbunden und dieses Recht erschöpft sich nicht (EuGH, C-263/18, GRUR 2020, 179 Rn. 34 ff. – NUV u.a./Tom Kabinet). Anderes gilt allerdings für Computerprogramme (BGH, I ZR 8/13, GRUR 2015, 772 Rn. 26 – UsedSoft III).

190 **Erschöpfung tritt ein**, wenn das Werkexemplar (→ 2.) mit Zustimmung des Berechtigten (→ 3.) im Gebiet der EU oder des EWR im Wege der Veräußerung erstmals in den Verkehr gebracht (→ 1.) wurde (§ 17 Abs. 2 UrhG).

191 **(1) Inverkehrbringen durch Veräußerung**. Gemeint ist die **endgültige Aufgabe der Verfügungsgewalt** über das Werkexemplar, wobei das zugrundeliegende Kausalgeschäft – Kauf, Tausch, Schenkung etc. – unerheblich ist (BGH GRUR 1995, 673, 676 – Mauer-Bilder). Überlassung auf Zeit – Vermietung, Verleih – genügt deshalb ebenso wenig wie eine Sicherungsübereignung, es sei denn, der Sicherungsfall tritt ein; anderes gilt aber für die Veräußerung unter Eigentumsvorbehalt (S/L/*Loewenheim*, § 17 Rn. 42, 44).

(2) Inverkehrbringen mit Zustimmung des Berechtigten. Das Inverkehrbringen muss mit Zustimmung des Berechtigten (Urheber oder Inhaber eines entsprechenden Nutzungsrechts) erfolgen. Diese kann im Voraus (Einwilligung) oder im Nachhinein (Genehmigung) erteilt werden (BGH, I ZR 98/06, GRUR 2009, 856 Rn. 64 – Tripp-Trapp-Stuhl). Dabei sind insbesondere die Grenzen des eingeräumten Verbreitungsrechts zu berücksichtigen. Wie alle Verwertungsrechte kann das Verbreitungsrecht (genauer: ein Nutzungsrecht an dem Verbreitungsrecht, näher Rn. 414) zeitlich, räumlich und sachlich beschränkt eingeräumt werden (§ 31 Abs. 1 Satz 2 UrhG).

192

Beispiele:
Verleger V darf den Roman des A nur ein Jahr verlegen. Keine Erschöpfung in Bezug auf die *nach* Ablauf dieser Frist in Verkehr gebrachten Exemplare. V darf nur in den USA verlegen. Keine Erschöpfung in der EU.

193

Die inhaltliche Beschränkung der Nutzungsrechte ist allerdings nicht beliebig möglich, sondern muss eine technisch und wirtschaftlich eigenständige Nutzungsart betreffen (näher Rn. 413). Auch lassen sich bloße Nutzungsbeschränkungen urheberrechtlich nicht durchsetzen.

194

Beispiel (nach BGH, I ZR 244/97, GRUR 2001, 153 – OEM-Software):
Computerprogrammhersteller M veräußert vergünstigte Kopien seines Betriebssystems an die Hersteller von Computern, verpflichtet diese aber, die Programme ausschließlich in Verbindung mit einem Computer weiterzugeben. Veräußert Hersteller H ein solches Programm ohne Hardware, begeht er zwar eine Vertragsverletzung gegenüber M. Erschöpfung tritt aber gleichwohl ein, da die Bindung an die Hardware urheberrechtlich nicht zu erreichen ist. Erwerbern der Computerprogramme droht also urheberrechtlich nichts.

195

(3) Im Gebiet der EU/des EWR. Im Interesse des freien Warenverkehrs genügt es, dass das Werkstück nach den vorgenannten Voraussetzungen in irgendeinem EU-/EWR-Staat in den Verkehr gebracht wurde. Entscheidend ist der Ort des Inverkehrbringens, nicht der Herstellung (BGH GRUR Int. 1981, 562, 564 – Schallplattenimport). Ein Inverkehrbringen in einem anderen Staat führt dagegen nicht zur Erschöpfung des inländischen Verbreitungsrechts (EuGH, C-479/04, GRUR Int. 2007, 237 Rn. 22 ff. – Laserdisken).

196

197 Beispiel:
A lässt seinen Roman ausschließlich in den USA verbreiten. In Deutschland tritt keine Erschöpfung ein, sodass A Import und Vertrieb verhindern kann. Anders wäre es, wenn A den Roman in Italien verbreiten ließe und dieser von dort nach Deutschland importiert wird.

198 c) **Vermietrecht (§ 17 Abs. 2 a. E. und Abs. 3 UrhG)**. Nach § 17 Abs. 2 a. E. UrhG bleibt dem Urheber das Recht der **Vermietung** eines Werkexemplars auch dann vorbehalten, wenn das Verbreitungsrecht an diesem Werkexemplar erschöpft ist. „Vermietung" ist die zeitlich begrenzte, unmittelbar oder mittelbar Erwerbszwecken dienende Gebrauchsüberlassung (§ 17 Abs. 3 Satz 1 UrhG; näher BGH GRUR 1989, 417 – Kauf mit Rückgaberecht). Dahinter steht die Erwägung, dass die Vermietung den Verkauf von Werkexemplaren beeinträchtigen kann und deshalb dem Urheber zur wirtschaftlichen Verwertung vorbehalten sein sollte (BGH GRUR 1989, 417, 418 – Kauf mit Rückgaberecht).

199 Das Vermietrecht gilt nicht bei der Überlassung von Bauwerken und Werken der angewandten Kunst (§ 17 Abs. 3 Satz 2 Nr. 1 UrhG). Anderenfalls wäre die Vermietung eines urheberrechtlich geschützten Hauses zustimmungsbedürftig. Das Vermietrecht gilt außerdem nicht für die Überlassung von Werken im Rahmen eines Arbeits- und Dienstverhältnisses, soweit sie zur Erfüllung der dort bestehenden Pflichten benutzt werden (§ 17 Abs. 3 Satz 2 Nr. 2 UrhG).

200 Das **Verleihen** eines Werkexemplars, hinsichtlich dessen Erschöpfung eingetreten ist, ist im Gegensatz zur Vermietung **stets zulässig** (§ 17 Abs. 2 a. E. UrhG; zum Begriff s. § 27 Abs. 2 Satz 3 UrhG). Das Verleihen durch eine der Öffentlichkeit zugängliche Einrichtung, insbesondere Bibliotheken, ist aber vergütungspflichtig (§ 27 Abs. 2 Satz 1 UrhG).

201 d) **Ausstellungsrecht (§ 18 UrhG)**. Dem Urheber ist es vorbehalten, sein **unveröffentlichtes** (§ 6 Abs. 1 UrhG) Werk der bildenden Künste oder Lichtbildwerk (einschließlich des Lichtbildes, § 72 UrhG) öffentlich zur Schau zu stellen (§ 18 UrhG). Mit der (rechtmäßigen) Veröffentlichung des Werks erlischt das Ausstellungsrecht (BGH GRUR 1995, 673, 676 – Mauer-Bilder). Und schließlich darf der Eigentümer eines Originals eines Werks der bildenden Künste oder eines Lichtbildwerks das Werk öffentlich ausstellen, auch wenn es noch nicht veröffentlicht ist, wenn nicht der Urheber dies bei der Veräußerung des Originals ausdrücklich ausgeschlossen hat (§ 44 Abs. 2 UrhG). Einen Anspruch auf Herausgabe des Werks, um es ausstellen zu können, gewährt das Ausstellungsrecht ebenso wenig (KG GRUR 1981, 742, 743 – Totenmaske I), wie das Zugangsrecht aus § 25 UrhG (s. Rn. 158).

3. Verwertung in unkörperlicher Form (§ 15 Abs. 2 UrhG). Die Verwertung in unkörperlicher Form ist die Vermittlung des geistigen Gehalts des Werks an die Öffentlichkeit („**öffentliche Wiedergabe**"): Ein Musikwerk wird durch Aufführung (§ 19 Abs. 2 UrhG) zu Gehör gebracht, ein Filmwerk durch Vorführung (§ 19 Abs. 4 UrhG) gezeigt oder ein Lichtbildwerk durch Einstellen auf einer Internetseite öffentlich zugänglich gemacht (§ 19a UrhG). Das UrhG nennt in § 15 Abs. 2 UrhG beispielhaft („insbesondere") verschiedene Formen der öffentlichen Wiedergabe und regelt diese dann näher in den §§ 19–22 UrhG, wobei wiederum ein Rückgriff auf einen unbenannten Fall in Betracht kommt (s. Rn. 161). **202**

Beim Recht der öffentlichen Wiedergabe zeigt sich die **unionsrechtliche Überformung des nationalen Urheberrechts** besonders deutlich. In einer Reihe von Entscheidungen hat der EuGH Kriterien aufgestellt, wann eine öffentliche Wiedergabe i. S. d. Art. 3 Abs. 1 InfoSoc-RL vorliegt. Zwar sind die Ergebnisse zumeist identisch, doch wendet der EuGH eine andere Methode als das nationale Recht an, indem er mehr eine wertende Gesamtbetrachtung anhand verschiedener Kriterien vornimmt, was bisweilen zu nur schwer voraussehbaren Ergebnissen führt. Im Folgenden wird zunächst das Regelungsmodell des UrhG und sodann das unionsrechtliche Konzept dargestellt. Im harmonisierten Bereich (s. Rn. 10) ist dessen Vorgaben ggf. durch unionsrechtskonforme Auslegung des nationalen Rechts Rechnung zu tragen (BGH, I ZR 267/15, GRUR 2019, 813 Rn. 37 – Cordoba II). Man kommt also nicht umhin, die unionsrechtlichen Vorgaben bei nahezu jeder Anwendung des nationalen Rechts „mitzudenken". Das gilt natürlich auch für die anderen Bereiche des Urheberrechts, die unionsrechtlich harmonisiert sind, etwa das Vervielfältigungs- und Verbreitungsrecht sowie die Schranken. **203**

Beispiel:
Nicht harmonisiert ist allerdings beispielsweise die persönliche Darbietung von Werken an ein unmittelbar anwesendes Publikum, d. h. Vortrag (§ 19 Abs. 1 UrhG) und Aufführung (§ 19 Abs. 2 UrhG), da das unionrechtliche Recht der öffentlichen Wiedergabe eine räumliche Distanz zwischen Wiedergebendem und Rezipienten voraussetzt (BGH, I ZR 11/16, GRUR 2018, 178 Rn. 26 – Vorschaubilder III). **204**

a) Begriff der Öffentlichkeit (§ 15 Abs. 3 UrhG). Sämtliche Rechte zur Verwertung eines Werks in unkörperlicher Form setzen voraus, dass die Wiedergabe **205**

öffentlich erfolgt (§ 15 Abs. 2 Satz 1 UrhG). Das ist nach der Legaldefinition des § 15 Abs. 3 UrhG der Fall, wenn sie für eine Mehrzahl von Personen bestimmt ist, die weder untereinander noch mit dem Wiedergebenden durch persönliche Beziehungen verbunden sind. Entscheidend ist dabei letztlich nicht die Anzahl der Personen, sondern deren persönliche Verbundenheit. So konnten nach bisheriger Rechtsprechung bereits zwei Personen die Öffentlichkeit repräsentieren (s. beiläufig BGH GRUR 1996, 875 – Zweibettzimmer im Krankenhaus [im konkreten Fall aber Öffentlichkeit verneint]); andererseits sollte eine Hochzeitsfeier mit 600 Gästen nicht notwendigerweise öffentlich sein (AG Bochum GRUR-RR 2009, 166 – Türkische Hochzeit). Nunmehr muss die Rechtsprechung des EuGH bei der Interpretation des Begriffs berücksichtigt werden (s. Rn. 241 ff.).

206 Persönliche Verbundenheit besteht jedenfalls bei **familiären und freundschaftlichen Beziehungen**; jenseits dessen kommt es darauf an, ob ein enger gegenseitiger Kontakt besteht, der bei den Beteiligten das Bewusstsein hervorruft, **persönlich untereinander verbunden** zu sein (BGH GRUR 1975, 33, 34 – Alters-Wohnheim).

207 Beispiele:
Feiern im Familien- oder Freundeskreis sind nicht öffentlich (OLG Frankfurt a. M. ZUM-RD 2015, 296, für die Mitglieder eines Dartclubs und einer Skatrunde). Ebenso als nicht öffentlich angesehen wurde die Werkwiedergabe in einem Krankenhausmehrbettzimmer, weil der gemeinsame Aufenthalt in einem relativ kleinen Raum in einem hohen Maß gegenseitige Rücksichtnahme und Vertrauen erfordere (BGH GRUR 1996, 875 – Zweibettzimmer im Krankenhaus). Demgegenüber wurde die Werkwiedergabe in Aufenthaltsräumen von Justizvollzugsanstalten als öffentlich angesehen, da sie an eine größere Gruppe zufällig und unfreiwillig zusammengetroffener Personen gerichtet ist (BGH GRUR 1984, 734 – Vollzugsanstalten). Gleiches gilt mit Blick auf die Größe des Personenkreises und die begrenzte Zeitdauer für die Teilnehmer an einem Lehrgang (BGH GRUR 1983, 562, 563 – Zoll- und Finanzschulen).

208 b) **Vortragsrecht** (§ 19 Abs. 1 UrhG); **Aufführungsrecht** (§ 19 Abs. 2 UrhG). Bei Vortrag und Aufführung werden Werke von **persönlich anwesenden Akteuren** (Sprecher, Sänger, Musiker, Schauspieler etc.) einem ebenfalls **persönlich anwesenden Publikum** dargeboten, wobei der Einsatz technischer Mittel, etwa einer Verstärkeranlage oder einer Videoeinwand, nicht schadet (BGH GRUR 1994, 45, 46 – Verteileranlagen).

Vortrag und Aufführung unterscheiden sich durch die dargebotene Werkart: **Sprachwerke** (§ 2 Abs. 1 Nr. 1 UrhG) werden vorgetragen (§ 19 Abs. 1 UrhG), **Musikwerke** (§ 2 Abs. 1 Nr. 2 UrhG) und **bühnenmäßige Darbietungen** eines Werks werden aufgeführt (§ 19 Abs. 2 UrhG). Die Darbietung eines vertonten Sprachwerks (Lied) ist damit zugleich Vortrag in Bezug auf den Text als auch Aufführung hinsichtlich der Musik. **209**

Beispiele: **210**
Rezitation eines Gedichts; Lesung aus einem Roman; wissenschaftlicher Vortrag; Rede; Konzert.

Beim Aufführungsrecht (§ 19 Abs. 2 UrhG) ist weiter zwischen der **Aufführung eines Musikwerks** (sog. „kleines Aufführungsrecht") und der **bühnenmäßigen Aufführung eines Werks** (sog. „großes Aufführungsrecht") zu unterscheiden. Ein Werk wird bühnenmäßig aufgeführt, wenn dem Publikum der gedankliche Inhalt des Werks durch ein für das Auge oder für Auge und Ohr bestimmtes bewegtes Spiel im Raum dargeboten wird, wie etwa bei einem Musical; eines Bühnenbilds oder Kostüme bedarf es dazu nicht (BGH, I ZR 204/05, GRUR 2008, 1081 Rn. 12 f. – Musical Starlights). Die bloße Begleitung einer Musikdarbietung durch Tanzelemente ist jedoch noch keine bühnenmäßige Aufführung (BGH GRUR 1960, 604, 605 – Eisrevue I). **211**

Vortrags- und Aufführungsrecht umfassen das Recht, die Darbietung zeitgleich einem Publikum außerhalb des Darbietungsraumes **wahrnehmbar zu machen**, § 19 Abs. 3 UrhG. Wie sich aus § 37 Abs. 3 UrhG ergibt, handelt es sich dabei um ein selbständig lizenzierbares Verwertungsrecht. **212**

Beispiele: **213**
Live-Übertragung des Konzerts auf den Platz vor dem Konzerthaus; Übertragung einer Vorlesung in einen weiteren Hörsaal.

c) **Vorführungsrecht** (§ 19 Abs. 4 UrhG). Bei der Vorführung werden Werke der bildenden Künste, Lichtbildwerke (einschließlich Lichtbilder, § 72 UrhG), Filmwerke (einschließlich Laufbilder, § 95 UrhG i. V. m. § 94 Abs. 1 UrhG) oder wissenschaftliche oder technische Darstellungen einem persönlich anwesenden Publikum mittels technischer Einrichtungen öffentlich wahrnehmbar gemacht. **214**

215 **Beispiele:**
Projektion von Dias (§ 2 Abs. 1 Nr. 5 UrhG) oder Konstruktionszeichnungen (§ 2 Abs. 1 Nr. 7 UrhG); Abspielen eines Filmwerks (§ 2 Abs. 1 Nr. 6 UrhG).

216 Das **Vorführungsrecht** bezieht sich nur auf die genannten Werkarten bzw. Schutzgegenstände. Das Abspielen einer Musik-CD (Musikwerk) unterfällt deshalb nicht § 19 Abs. 4 UrhG, sondern § 21 UrhG. **Schwierigkeiten** bereitet dies bei der Vorführung eines Filmes. Hinsichtlich des Filmwerks handelt es sich um eine Vorführung nach § 19 Abs. 4 UrhG, in Bezug auf die Filmmusik und das dem Film zugrunde liegende Drehbuch sowie ggf. des Romans dagegen um eine Wiedergabe durch Bild- oder Tonträger (§ 21 UrhG); beide Vorschriften kommen deshalb parallel zur Anwendung (S/L/*v. Ungern-Sternberg*, § 19 Rn. 59 f.).

217 **d) Recht der Wiedergabe durch Bild- oder Tonträger (§ 21 UrhG).** Wird ein Sprach- oder Musikwerk bzw. ein Bühnenstück dem unmittelbar anwesenden Publikum durch Abspielen eines Bild- oder Tonträgers (§ 16 Abs. 2 UrhG) dargeboten, statt wie bei Vortrag (§ 19 Abs. 1 UrhG) oder Aufführung (§ 19 Abs. 2 UrhG) durch ebenfalls persönlich anwesende Akteure, so handelt es sich um eine Wiedergabe durch Bild- oder Tonträger nach § 21 UrhG. An die Öffentlichkeit gerichtet muss die Wiedergabe des Bild- oder Tonträgers sein, nicht der Vortrag bzw. die Aufführung des Werks bei der Produktion dieses Trägers (S/L/*v. Ungern-Sternberg*, § 21 Rn. 12); auch im Studio ohne Publikum produzierte Bild- oder Tonträger sind von § 21 UrhG erfasst.

218 **Beispiele:**
Abspielen von Musik-CDs in Diskotheken, Restaurants, Kaufhäusern.

219 Hinter § 21 UrhG steht die Erwägung, dass mit dem Erwerb des Bild- oder Tonträgers zwar dessen privater Konsum und auch die Weiterverbreitung (§ 17 Abs. 2 UrhG) abgegolten ist, nicht aber die Vervielfachung des Rezipientenkreises, zu der die öffentliche Wiedergabe führt; diese zweite Verwertung (deshalb „Zweitverwertungsrecht") soll dem Urheber vorbehalten sein (*Schack*, Rn. 465).

220 Die **Wiedergabe eines Films** durch einen Bild- oder Tonträger unterfällt hinsichtlich des Filmwerks nicht dem § 21 UrhG, da das Filmwerk „vorgeführt" wird (§ 19 Abs. 4 UrhG) und § 21 UrhG darauf nicht verweist. § 21 kann aber hinsichtlich der im Film enthaltenen Sprach- und Musikwerke (s. Rn. 70) anwendbar sein (BGH GRUR 1994, 45 f. – Verteileranlagen, zur Filmmusik).

Das Recht der Wiedergabe durch Bild- und Tonträger umfasst die Übertragung der Wiedergabe außerhalb des Wiedergaberaumes (§ 21 Satz 2 UrhG i. V. m. § 19 Abs. 3 UrhG; s. Rn. 212). **221**

e) Senderecht (§§ 20–20d UrhG). Bei einer Sendung wird das Werk der Öffentlichkeit durch Funk zugänglich gemacht. Verwertungshandlung ist das **an die Öffentlichkeit gerichtete Ausstrahlen**, sodass Mitglieder der Öffentlichkeit das Werk empfangen könnten; ob sie das dann auch tun, ist unerheblich. Wie die exemplarische Aufzählung in § 20 UrhG zeigt, kommt es auf das technische Verfahren nicht an: terrestrisch oder via Satellit, drahtlos oder drahtgebunden, frei empfangbar oder verschlüsselt, analog oder digital, über ein eigenes Netz oder über das Internet (IP-TV); das Senderecht ist technologieneutral (D/S/*Dreier*, § 20 Rn. 7). **222**

Bei einer Sendung bestimmt der Sendende, wann die Mitglieder der Öffentlichkeit das Werk empfangen können, und dieser **Zeitpunkt der Empfangsmöglichkeit ist für alle gleich**. Wenn dagegen die Mitglieder der Öffentlichkeit entscheiden können, wann sie auf das Werk zugreifen, so handelt es sich um eine öffentliche Zugänglichmachung nach § 19a UrhG (OLG Stuttgart GRUR-RR 2008, 289 Rn. 10 – Music-on-demand-Dienst, s. Rn. 230). **223**

Beispiel: **224**
Die Ausstrahlung des „linearen" Radio- oder Fernsehprogramms sowie das Live-Streaming über das Internet sind Sendungen i. S. d. § 20 UrhG. Demgegenüber ist das Bereitstellen von Mediatheken durch die Rundfunkanstalten eine öffentliche Zugänglichmachung nach § 19a UrhG, denn dabei entscheiden die Nutzer, wann sie auf die zum Abruf bereitgehaltenen Werke zugreifen.

Das Senderecht ist ausgesprochen weit gefasst. Begrifflich ist deshalb auch die **Weiterleitung** eines gerade empfangenen Sendesignals über ein Kabel eine Sendung, und eine „Erschöpfung" des Senderechts gibt es nicht (BGH, I ZR 194/97, GRUR 2000, 699, 700 f. – Kabelweitersendung, s. auch §§ 20b–d UrhG). Probleme bereitet das insb. bei Gemeinschaftsantennenanlagen und bei Verteileranlagen (näher *Schack*, Rn. 453 ff.). **225**

Kompliziert wird es, wenn Funkwellen über die Staatsgrenzen hinausstrahlen. Erfolgt die Ausstrahlung von Deutschland aus, gilt nach dem sog. „Sendelandprinzip" jedenfalls das deutsche Urheberrecht, und zwar auch, wenn die Sendung gezielt nahezu ausschließlich für das Ausland ausgestrahlt wird (BGH, I **226**

ZR 175/00, GRUR 2003, 328 – Sender Felsberg). Ob daneben auch ausländisches Urheberrecht anwendbar sein kann und wie mit „einstrahlenden" Sendungen umzugehen ist, ist nicht abschließend geklärt. Für die **„Europäische Satellitensendung"** sieht § 20a UrhG in Umsetzung unionsrechtlicher Vorgaben die ausschließliche Geltung des Sendelandprinzips vor (näher L/S/*v. Ungern-Sternberg*, § 20a Rn. 4; ebenso § 20c Abs. 2 UrhG für ergänzende Online-Dienste der Sendeunternehmen).

227 f) **Recht der öffentlichen Zugänglichmachung (§ 19a UrhG).** Das Recht der öffentlichen Zugänglichmachung ist die Befugnis, ein Werk der Öffentlichkeit zum elektronischen Abruf zur Verfügung zu stellen. Darunter fällt insbesondere das „Online-Stellen" von Werken im Internet, etwa auf einer Homepage (Bsp.: BGH, I ZR 267/15, GRUR 2019, 813 – Cordoba II) oder beim „Filesharing" (s. Rn. 232).

228 Verwertungshandlung ist bereits die **Eröffnung der Zugriffsmöglichkeit** auf das Werk; ob die Mitglieder der Öffentlichkeit davon dann Gebrauch machen, also tatsächlich auf das zugänglich gemachte Werk zugreifen, ist deshalb (wie beim Senderecht) unerheblich (OLG Stuttgart GRUR-RR 2008, 289 Rn. 12 – Music-on-demand-Dienst). Auf die dabei genutzte **Technik** kommt es nicht an; umfasst sind alle drahtgebundenen (LAN, DSL etc.) und drahtlosen (WLAN, UMTS, LTE etc.) Möglichkeiten.

229 Der Zugriff auf das Werk muss der **Öffentlichkeit** eröffnet werden, d. h. Personen, die weder untereinander noch zum Bereitstellenden durch persönliche Beziehungen verbunden sind (§ 15 Abs. 3 UrhG). Daran fehlt es beispielsweise, wenn ein Werk ausschließlich den eigenen Familienmitgliedern zugänglich gemacht wird. Das kann durchaus auch durch Nutzung der „Cloud" oder anderer (technisch) öffentlich zugänglicher Ressourcen geschehen, solange der Zugriff auf das Werk nur den Familienmitgliedern möglich ist, was etwa durch eine hinreichend sichere Verschlüsselung der Daten erreicht werden kann, weil dadurch der Zugang zum Werk verhindert wird. Die notwendige Öffentlichkeit ist dagegen auch beim Einstellen eines Werks auf eine privat betriebene, frei zugängliche Homepage gegeben; dass diese tatsächlich kaum jemand besucht, schadet nicht; entscheidend ist die bloße Möglichkeit dazu. Beim Einstellen von Inhalten in soziale Netzwerke ist ebenso zu fragen, ob dadurch nur ein nicht die Öffentlichkeit bildender Personenkreis (d. h. insb. nur die Familie oder Freunde) erreicht wird (LG München I GRUR-RR 2018, 406 Rn. 28 – Mythos H); bloße „Facebook-Freunde" ohne sonstige soziale Beziehung repräsentieren aber regelmäßig schon die Öffentlichkeit (W/B/*Bullinger*, § 19a Rn. 6a).

230 Schließlich muss den Mitgliedern der Öffentlichkeit der Zugriff „zu Zeiten ihrer Wahl" („nicht-linear") eröffnet worden sein. Das grenzt zum („linearen") Senderecht ab, bei dem der Zugang zum Werk nur zu dem vom Sendenden gewählten (und für alle gleichen) Zeitpunkt möglich ist (OLG Stuttgart GRUR-RR 2008, 289 Rn. 10 f. – Music-on-demand-Dienst). Es genügt, dass die Abrufmöglichkeit kurze Zeit besteht (BGH, I ZR 1/15, GRUR 2016, 1275 Rn. 55 – Tannöd).

231 Das Recht der öffentlichen Zugänglichmachung ist ein Beispiel für die Anpassung des Urheberrechts an den technischen Fortschritt. Um eine Sendung (§ 20 UrhG) handelt es sich nicht, da dort die Ausstrahlung des Werks vom Sendenden vorgenommen und gesteuert wird und den potenziellen Empfängern nur gleichzeitigen Zugriff zum vom Sendenden bestimmten Zeitpunkt ermöglicht, hier hingegen der Download auf Veranlassung der Nutzer und zu von diesen bestimmten Zeitpunkten erfolgt. Eine Verbreitung (§ 17 Abs. 1 UrhG) des Werks liegt nicht vor, da hierfür körperliche Werkexemplare in Umlauf gebracht oder zumindest angeboten werden müssen (s. Rn. 180). Zwar sind das Herunterladen (Download) stets und das Einstellen (Upload) in der Regel Vervielfältigungen, doch folgen diese der Schaffung einer Möglichkeit zum Download nach bzw. gehen ihr voraus, ohne das zum Abruf Bereithalten als solches zu erfassen. Außerdem können die Vervielfältigungen durch Schranken (§ 53 Abs. 1 UrhG) gestattet sein (s. Rn. 262). Vor der Einführung des § 19a UrhG im Jahre 2003 musste man deshalb auf einen unbenannten Fall der öffentlichen Wiedergabe (§ 15 Abs. 2 UrhG) zurückgreifen (BGH, I ZR 39/08, GRUR 2011, 56 Rn. 23 – Session-ID).

232 Wer mittels **P2P-Filesharing** Daten aus „**Internet-Tauschbörsen**" herunterlädt, macht dabei zumeist zugleich seinerseits anderen Teilnehmern Daten zugänglich. Das ist ein Eingriff in das Recht aus § 19a UrhG, für den keine Schranke greift und der deshalb rechtswidrig ist (BGH, I ZR 186/16, GRUR 2018, 400 Rn. 26 ff. – Konferenz der Tiere). Spezielle Dienstleister sind in der Lage, die IP-Adressen der Internetanschlüsse zu ermitteln, über die Werke öffentlich zugänglich gemacht wurden. Mittels eines Auskunftsanspruchs gegenüber dem Internetanbieter (§ 101 Abs. 2 UrhG) lässt sich der Anschlussinhaber feststellen (BGH, I ZR 19/14, GRUR 2016, 176 Rn. 34 ff. – Tauschbörse I). Auch wenn er selbst die Rechtsverletzung nicht begangen hat, droht eine Haftung. So obliegt ihm eine sog. sekundäre Darlegungslast dahingehend, wer für die über seinen Anschluss begangene Rechtsverletzung verantwortlich sein könnte. Kommt er dieser nicht nach, haftet er selbst als Täter (BGH, I ZR 68/16, GRUR-RR 2017, 484 Rn. 11 ff. – Ego Shooter; BGH, I ZR 228/19, GRUR 2021, 714

Rn. 48 – Saints Row). Die Störerhaftung ist dagegen inzwischen regelmäßig durch § 8 Abs. 1 Satz 2 Telemediengesetz (TMG) ausgeschlossen. In Betracht kommt aber ein Anspruch auf Sperrung des Zugangs nach § 7 Abs. 4 TMG (BGH, I ZR 64/17, GRUR 2018, 1044 – Dead Island).

233 Das **Setzen eines Hyperlinks** auf ein Werk, das auf einer fremden Website rechtmäßig öffentlich zugänglich gemacht wurde, ist keine (erneute) öffentliche Zugänglichmachung, sondern lediglich ein elektronischer Verweis auf dieses Werk, es sei denn, dabei werden zugangsbeschränkende Maßnahmen, etwa eine „Paywall", umgangen (BGH, I ZR 39/08, GRUR 2011, 56 Rn. 24 ff. – Session-ID). Nach der Rechtsprechung des EuGH ist sogar die Einbettung im Wege des „Framings", bei der das Werk durch die spezielle Verlinkung als integraler Bestandteil der eigenen Website erscheint, keine öffentliche Zugänglichmachung (EuGH, C-348/13, GRUR 2014, 1196 – BestWater International/Mebes; der BGH hatte dies zuvor mit guten Gründen als unbenannten Fall der öffentlichen Wiedergabe eingeordnet, BGH, I ZR 46/12, GRUR 2013, 818 Rn. 26 – Die Realität I; zur Bedeutung technischer Schutzmaßnahmen gegen Framing s. jüngst EuGH, C-392/19, GRUR 2021, 706 – VG Bild-Kunst/SPK). Um eine solche handelt es sich aber, wenn das Werk von der fremden Website zunächst heruntergeladen und dann erneut ins Internet gestellt wird (BGH, I ZR 267/15, GRUR 2019, 813 Rn. 33 ff. – Cordoba II). Wer einen Hyperlink auf ein ohne Zustimmung des Rechtsinhabers ins Internet gestelltes Werk setzt, nimmt nach Auffassung des EuGH eine öffentliche Wiedergabe nach Art. 3 Abs. 1 InfoSoc-RL vor, wenn er Kenntnis von der Rechtswidrigkeit hatte oder diese hätte kennen müssen, wobei die Kenntnis vermutet wird, wenn er mit Gewinnerzielungsabsicht gehandelt hat (EuGH, C-160/15, GRUR 2016, 1152 Rn. 43 ff. – GS Media/Sanoma). Im Interesse der Funktionsfähigkeit des Internets hat der BGH diese Vermutung auf Suchmaschinen jedoch nicht angewandt (BGH, I ZR 11/16, GRUR 2018, 178 Rn. 56 ff. – Vorschaubilder III).

234 g) **Recht der Wiedergabe von Funksendungen und von öffentlicher Zugänglichmachung (§ 22 UrhG).** Das Recht der Wiedergabe von Funksendungen und von öffentlicher Zugänglichmachung bildet die Parallele zum Recht der Wiedergabe von Bild- und Tonträgern (§ 21 UrhG, s. Rn. 217). Statt eines Bild- oder Tonträgers wird hier eine empfangene Funksendung (§ 20 UrhG) bzw. eine abgerufene öffentliche Zugänglichmachung (§ 19a UrhG) einem persönlich anwesenden Publikum öffentlich wiedergegeben.

Beispiele: 235
Wiedergabe des laufenden Radio- oder Fernsehprogramms in einer Gaststätte oder in einem Gemeinschaftsraum im Krankenhaus (BGH GRUR 1996, 875 – Zweibettzimmer im Krankenhaus); „Public Viewing" eines Spielfilms; Wiedergabe eines Youtube-Videos mittels Beamer im Hörsaal.

Unerheblich ist, ob die Sendung oder Zugänglichmachung zeitgleich wiedergegeben oder zunächst zwischengespeichert und sodann von diesem Träger aus wiedergegeben wird (OLG Frankfurt GRUR 1989, 203, 204 – Wüstenflug). 236

Auch das Recht der Wiedergabe von Funksendungen und von öffentlicher Zugänglichmachung umfasst die Übertragung außerhalb des Wiedergaberaumes (§ 22 Satz 2 UrhG i. V. m. § 19 Abs. 3 UrhG, s. Rn. 212). 237

h) Öffentliche Wiedergabe nach Unionsrecht (Art. 3 Abs. 1 InfoSoc-RL). Die InfoSoc-RL regelt das Recht der öffentlichen Wiedergabe in ihrem Art. 3 Abs. 1 als das den Urhebern zustehende ausschließliche Recht, „die drahtgebundene oder drahtlose öffentliche Wiedergabe ihrer Werke einschließlich der öffentlichen Zugänglichmachung der Werke in der Weise, dass sie Mitgliedern der Öffentlichkeit von Orten und zu Zeiten ihrer Wahl zugänglich sind, zu erlauben oder zu verbieten." Auf Basis einer Reihe von Kriterien, „die unselbstständig und miteinander verflochten", und deshalb „einzeln und in ihrem Zusammenwirken mit den anderen Kriterien" anzuwenden sind, nimmt der EuGH eine „individuelle Beurteilung" des Einzelfalls vor; er geht dabei von zwei kumulativen Tatbestandsmerkmalen aus: der **„Handlung der Wiedergabe"** und deren **„Öffentlichkeit"** (EuGH, C-527/15, GRUR 2017, 610 Rn. 28–30 – Stichting Brein/Wullems). Auch Art. 17 DSM-RL (Haftung der Diensteanbieter für das Teilen von Online-Inhalten) knüpft an den unionsrechtlichen Begriff der „öffentlichen Wiedergabe" an. 238

aa) Handlung der Wiedergabe. Der EuGH versteht die Handlung der Wiedergabe im Ausgangspunkt geradezu konturenlos weit, indem er darunter „jede Übertragung geschützter Werke unabhängig vom eingesetzten technischen Mittel oder Verfahren" (EuGH, C-117/15, GRUR 2016, 684 Rn. 38 – Reha Training/GEMA) versteht. Tatsächlich betont der EuGH dann aber die **„zentrale Rolle des Nutzers"**, d. h. des Wiedergebenden; dieser müsse „in voller Kenntnis der Folgen seines Verhaltens" tätig werden, um Dritten Zugang zu einem geschützten Werk zu verschaffen, wobei es nicht darauf ankomme, ob die Dritten diese Möglichkeit des Zugangs zum Werk nutzen oder nicht (EuGH, C-527/15, GRUR 2017, 610 Rn. 31, 36 – Stichting Brein/Wullems). 239

240 **Beispiele:**
Zuführung des Antennensignals an die in Hotelzimmern aufgestellten Rundfunkgeräte (EuGH, C-306/05, GRUR 2007, 225 Rn. 32 ff. – SGAE/Rafael) bzw. Bereitstellen von Tonträgern nebst Abspielgeräten in Hotelzimmern (EuGH, C-162/10, GRUR 2012, 597 Rn. 56 ff. – Phonographic Performance [Ireland]) durch den Hotelier; Bereitstellen und Betreiben einer Filesharing-Plattform im Internet (EuGH, C-610/15, GRUR 2017, 790 Rn. 35–39 – Stichting Brein/Ziggo [The Pirate Bay]); Anbieten und Verkaufen von Geräten, auf denen eine Media-Player-Software sowie ein Add-On eines Drittanbieters installiert war, was den Zugriff auf illegale Streaming-Websites eröffnete (EuGH, C-527/15, GRUR 2017, 610 Rn. 35–42 – Stichting Brein/Wullems [Filmspeler]). In all diesen Fällen wurde auch die Öffentlichkeit und somit ein Eingriff in das Recht der öffentlichen Wiedergabe bejaht. Ebenfalls eine Handlung der Wiedergabe, jedoch nicht stets eine öffentliche, ist das Setzen von Hyperlinks (EuGH, C-466/12, GRUR 2014, 360 Rn. 17–20 – Nils Svensson/Retriever Sverige).

241 bb) **Öffentlichkeit der Wiedergabehandlung.** Die Wiedergabe ist öffentlich, wenn sie sich an eine „**unbestimmte Zahl möglicher Adressaten**" richtet, und das „recht viele" sind, wobei ersteres meint, dass „Personen allgemein" angesprochen werden, also nicht nur einer privaten Gruppe angehörende Personen, und letzteres, dass eine „allzu kleine oder gar unbedeutende Mehrzahl" von Personen nicht ausreicht (EuGH, C-117/15, GRUR 2016, 684 Rn. 41-43 – Reha Training/GEMA). Das Kriterium der „recht vielen" Personen relativiert sich dadurch, dass nicht nur die gleichzeitig erreichten Personen dazuzählen, sondern auch diejenigen, die nacheinander Zugang zu demselben Werk bekommen („**kumulative Wirkung**", EuGH, C-117/15, GRUR 2016, 684 Rn. 44 – Reha Training/GEMA).

242 Bisweilen zieht der EuGH weitere Kriterien heran, namentlich den **gewerblichen Charakter** der Wiedergabehandlung (EuGH, C-117/15, GRUR 2016, 684 Rn. 49 – Reha Training/GEMA) sowie die Bereitschaft des Publikums, die wiedergegebene Leistung zu konsumieren (EuGH, C-135/10, GRUR 2012, 593 Rn. 91 – SCF, „**Aufnahmebereitschaft**").

243 Eine Besonderheit besteht, wenn ein Werk betroffen ist, das bereits öffentlich wiedergegeben wurde. Eine (erneute) öffentliche Wiedergabe dieses Werks liegt nur dann vor, wenn das geschützte Werk entweder unter Verwendung eines **neuen technischen Verfahrens**, d. h. eines Verfahrens, das sich von dem zuvor verwendeten unterscheidet, **oder** für ein **neues Publikum** wiedergegeben wird (EuGH, C-527/15, GRUR 2017, 610 Rn. 33 – Stichting Brein/Wullems).

244
Beispiele:
Das Setzen eines Hyperlinks auf ein rechtmäßig und frei im Internet zugängliches Werk ist eine Handlung der Wiedergabe. Diese richtet sich auch an eine unbestimmte Vielzahl von Personen, nämlich sämtliche Internetnutzer. Da der Wiedergabehandlung aber bereits eine öffentliche Wiedergabe vorausging, muss nunmehr ein neues technisches Verfahren verwendet oder ein neues Publikum erreicht werden. Beides ist nicht der Fall. Die Wiedergabe erfolgt erneut im Internet und erreicht kein neues Publikum, weil bereits zuvor (potenziell) alle Internetnutzer auf das Werk zugreifen konnten. Deshalb keine Öffentlichkeit der Wiedergabe (EuGH, C-348/13, GRUR 2014, 1196 Rn. 14 ff. – BestWater International/Mebes). Anderes soll gelten, wenn das Werk auf der Ausgangsseite ohne Zustimmung des Rechtsinhabers öffentlich zugänglich war und der Linksetzende dies wusste oder hätte wissen müssen (EuGH, C-160/15, GRUR 2016, 1152 Rn. 39 ff. – GS Media/Sanoma).

245
cc) Bewertung. Das Konzept des EuGH ist einerseits ausgesprochen flexibel und damit geeignet, den Besonderheiten des Einzelfalls gerecht zu werden. Andererseits leiden Rechtssicherheit und Vorhersehbarkeit. Warum etwa die Wiedergabe von Radiosendungen im Wartezimmer einer Zahnarztpraxis keine öffentliche Wiedergabe sein soll (EuGH, C-135/10, GRUR 2012, 593 – SCF; dem musste der BGH, I ZR 14/14, GRUR 2016, 278 Rn. 20 – Hintergrundmusik in Zahnarztpraxen, folgen und seine frühere gegenteilige [zutreffende] Auffassung aufgeben; näher hierzu E/W/S/*Seifert/Wirth*, § 15 Rn. 9), obwohl das (zu Recht) für die Wiedergabe von Fernsehsendungen in Warte- und Trainingszimmern einer Reha-Einrichtung bejaht wurde (EuGH, C-117/15, GRUR 2016, 684 – Reha Training/GEMA), müsste zumindest näher begründet werden.

246
Sehr (zu?) weit geht es, bereits das Ausstatten von Hotelzimmern mit Tonträgern nebst Wiedergabegeräten, das Anbieten und Verkaufen von Medienabspielgeräten sowie letztlich auch das Betreiben einer Filesharing-Plattform (s. Rn. 240) als öffentliche Wiedergabe anzusehen, obwohl Erwägungsgrund 27 der InfoSoc-RL ausdrücklich klarstellt, dass das bloße Anbieten von „Einrichtung, die eine Wiedergabe ermöglichen oder bewirken", selbst keine Wiedergabe sein soll. Letztlich handelt es sich allenfalls um mittelbare Verletzungshandlungen, für die nach deutschem Recht die Störerhaftung in Betracht käme

(zur Störerhaftung bei einer öffentlichen Wiedergabe BGH, I ZR 11/16, GRUR 2018, 178 Rn. 72 ff. – Vorschaubilder III).

247 i) **Bearbeitungsrecht** (§ 23 UrhG). Dazu bereits Rn. 87.

IV. Beteiligungs- und Vergütungsansprüche

248 1. **Folgerecht** (§ 26 UrhG). Während die Urheber von Sprach- und Musikwerken typischerweise fortlaufend finanziell von Verwertungshandlungen (Vervielfältigung, öffentliche Wiedergabe) profitieren, sind die Schöpfer von Werken der bildenden Kunst auf die erstmalige Veräußerung ihrer Werke beschränkt. Gerade bei (noch) unbekannten Künstlern sind die dabei erzielbaren Erlöse häufig gering. Im Laufe der Zeit und oft erst nach dem Tode des Künstlers eintretende Wertsteigerungen kommen nicht ihm oder seinen Erben, sondern dem Werkeigentümer zugute (BT-Drs. IV/270, S. 52).

249 Als zumindest teilweise **Kompensation** wird der Urheber durch das sog. Folgerecht (§ 26 UrhG) für die Dauer des Urheberrechts an Erlösen aus der Weiterveräußerung seines Werks beteiligt. Obwohl das Verbreitungsrecht erschöpft ist (§ 17 Abs. 2 UrhG), partizipiert der Urheber am Handel mit seinem Werk und damit letztlich auch an Wertsteigerungen. Der Urheber (bzw. dessen Erben) erhält eine **prozentuale Beteiligung** (Staffelung in § 26 Abs. 2 Satz 1 UrhG) am **Veräußerungserlös**, d. h. am Nettoverkaufspreis (§ 26 Abs. 1 Satz 2 UrhG). Ob es zu einem Wertzuwachs kam, ist dabei egal. Bei einem Erlös von weniger als 400 Euro **entfällt der Anspruch** (§ 26 Abs. 1 Satz 4 UrhG). Außerdem ist der Folgerechtsanspruch auf 12.500 Euro je Weiterveräußerung beschränkt (§ 26 Abs. 2 Satz 2 UrhG). **Schuldner des Anspruchs** ist stets der Veräußerer (§ 26 Abs. 1 Satz 1 UrhG). Falls dies ein Privater ist, haftet im Außenverhältnis neben ihm der professionelle Erwerber oder Vermittler (§ 26 Abs. 1 Satz 3 UrhG). Das Folgerecht gilt für Werke der bildenden Kunst, ausgenommen jedoch Werke der Baukunst und angewandten Kunst (§ 26 Abs. 8 UrhG), sowie für Lichtbildwerke, § 26 Abs. 1 Satz 1 UrhG. Es erfasst nur die Veräußerung von **Originalen** solcher Werke. Das sind vom Urheber selbst (eigenhändig) oder unter seiner Leitung hergestellte Verkörperungen seiner Werke, die typischerweise fortlaufend nummeriert, signiert oder vom Künstler auf andere Weise als Original autorisiert wurden (BT-Drs. 16/1107, S. 6).

2. Vergütungsansprüche. Das subjektive Urheberrecht ist ein Ausschließlich- **250**
keitsrecht, mit dessen Hilfe der Urheber andere von der Nutzung seines Werks
ausschließen und die Erlaubnis zur Nutzung von der Zahlung eines Entgelts
abhängig machen kann. Dennoch sind Sachverhalte denkbar, in denen im Interesse Dritter oder der Allgemeinheit eine erlaubnisfreie Nutzung geboten ist.
Als Eigentumsrecht unterliegt auch das Urheberrecht der Sozialbindung
(Art. 14 Abs. 2 GG, Art. 17 Abs. 2 i.V.m. Abs. 1 Satz 3 GRCh, s. Rn. 8). Das Gesetz trägt dem durch eine partielle Einschränkung des Ausschließlichkeitsrechts zugunsten einer erlaubnisfreien Nutzung des Werks insb. durch die urheberrechtlichen Schranken (s. Rn. 253) Rechnung.

Bis 1965 kannte das Gesetz lediglich die Alternativen Ausschließlichkeitsrecht **251**
und erlaubnisfreie Nutzung (*Schack*, Rn. 475). Das UrhG hat daran im Grundsatz festgehalten, jedoch für den Fall der erlaubnisfreien Nutzung zunehmend
Vergütungsansprüche geschaffen. Die ausnahmsweise Beschränkung des Ausschließlichkeitsrechts wird (zumindest in wirtschaftlicher Hinsicht) kompensiert durch die Gewährung eines Vergütungsanspruchs. Im Prinzip handelt es
sich dabei um eine gesetzliche Lizenz (*Schack*, Rn. 476, 480).

Vergütungsansprüche finden sich an mehreren Stellen im UrhG. **Beispiele** **252**
sind die Vergütung für Vermietung und Verleihen (§ 17 UrhG), für unbekannte
Nutzungsarten (§ 32c UrhG, s. Rn. 432) sowie für Vervielfältigungen zum eigenen Gebrauch (§ 54 UrhG, s. Rn. 263). Einige erlaubnisfreie Nutzungen sind
nach wie vor vergütungsfrei (s. Rn. 303, 326).

5. Kapitel   Schranken des Urheberrechts

I. Grundlagen

253 Der **Schutzumfang** des subjektiven Urheberrechts ist nicht grenzenlos, sondern unterliegt Beschränkungen, den sog. **Schranken des Urheberrechts.** Diese sind notwendig, um berechtigte Interessen der Allgemeinheit oder spezieller Nutzungsgruppen an der erlaubnisfreien Nutzung des Werks angemessen zu berücksichtigen (BGH, I ZR 117/00, GRUR 2003, 956, 957 – Gies-Adler). Wie das Sacheigentum unterliegt auch das Urheberrecht der Ausgestaltung durch die Rechtsordnung sowie der Sozialbindung (Art. 14 Abs. 1 Satz 2, Abs. 2 GG; Art. 17 Abs. 2 i.V.m. Abs. 1 Satz 3 EU-GRCh; BVerfG, 1 BvR 765/66, GRUR 1972, 481 – Kirchen- und Schulgebrauch). Das Ausschließlichkeitsrecht des Urhebers reicht deshalb von vornherein nur so weit, wie es durch die Rechtsordnung gewährt wird (BGH, I ZR 198/13, GRUR 2016, 596 Rn. 75 – Verlegeranteil).

Um einen Sachverhalt urheberrechtlich zu beurteilen, bedarf es nicht nur der Prüfung, ob ein Werk oder Leistungsschutzrecht besteht, und ob das konkrete Verhalten in Verwertungsrechte eingreift, sondern stets auch, ob diese Rechte durch urheberrechtliche Schranken beschränkt sind.

254 Die meisten **Schranken** finden sich enumerativ in den §§ 44a bis 63a UrhG, weitere in § 17 Abs. 2 UrhG (Erschöpfung, s. Rn. 186), §§ 69d, 69e UrhG (Computerprogramme) und § 87c UrhG (Datenbanken). Im Gegensatz zu anderen Rechtsordnungen (etwa dem US-amerikanischen Recht mit der sog. *fair-use*-Doktrin) kennt das deutsche Urheberrecht **keine „Schrankengeneralklausel".** Dies hat (meist) den Vorteil der Rechtsklarheit, stößt aber aufgrund fehlender Flexibilität gelegentlich auf Probleme bei der sachgerechten Erfassung des technischen Fortschritts (*Schack,* Rn. 533 ff.).

I. Grundlagen

255 **Beispiele:**
Abbildung einer urheberrechtlich geschützten Produktverpackung zur Werbung für das Produkt (BGH, I ZR 256/97, GRUR 2001, 51 – Parfumflakon, s. Rn. 187), Anzeige von verkleinerten Vorschaubildern (sog. „Thumbnails") durch eine Bildersuchmaschine (BGH, I ZR 69/08, GRUR 2010, 628 – Vorschaubilder).

256 Zur **zeitlichen Beschränkung** des Urheberrechts s. Rn. 93 sowie bei den einzelnen Leistungsschutzrechten.

257 Sowohl bei der Auslegung und Anwendung von Schranken als auch bei einer Neueinführung durch den Gesetzgeber sind **staatsvertragliche** (Art. 9 Abs. 2 RBÜ, Art. 13 TRIPs-Abkommen, Art. 10 Abs. 1 WCT, Art. 16 Abs. 2 WPPT) und vor allem **unionsrechtliche** (Art. 5 Richtlinie 2001/29/EG [InfoSoc-Richtlinie]) **Vorgaben** zu beachten (Bsp.: BGH, I ZR 139/15, GRUR 2020, 853 Rn. 17 ff. – Afghanistan Papiere II).

258 Die urheberrechtlichen Schranken sind **im Grundsatz eng**, d. h. zugunsten des Urhebers, **auszulegen**, um dessen Ausschließlichkeitsrecht und die damit ermöglichte Werkverwertung nicht übermäßig zu beeinträchtigen (BGH, I ZR 177/13, GRUR 2015, 667 Rn. 19 – Möbelkatalog). Zugleich muss aber die **praktische Wirksamkeit der Schranke gewahrt** und ihre **Zielsetzung beachtet** werden, um den gebotenen angemessenen Rechts- und Interessenausgleich zwischen Rechtsinhaber einerseits und Werknutzern andererseits herzustellen (EuGH, C-469/17, GRUR 2019, 934 Rn. 51 – Funke Medien/Bundesrepublik Deutschland). Deshalb ist auch eine **erweiternde oder analoge Anwendung** von Schranken **nicht generell ausgeschlossen**, sondern insbesondere zur sachgerechten Behandlung des technischen Fortschritts ggf. sogar geboten (BGH, I ZR 255/00, GRUR 2002, 963, 966 – Elektronischer Pressespiegel).

259 Zur zumindest wirtschaftlichen **Kompensation** der Beschränkung des Ausschließlichkeitsrechts kennt das UrhG eine Reihe von Vergütungspflichten für die erlaubnisfreie Nutzung (s. Rn. 250). Bisweilen muss der Urheber die Beschränkung seiner Rechte aber auch entschädigungslos hinnehmen (z. B. bei § 44a und § 51 UrhG).

260 Dass Schranken bestimmte Nutzungen eines Werks gestatten, bedeutet – ebenso wie die Einräumung von Nutzungsrechten (§ 39 UrhG) – nicht, dass das Werk nach Belieben verändert werden dürfte (§ 62 Abs. 1 UrhG; **Änderungsverbot**). Manche Änderungen, die zur schrankengerechten Nutzung notwendig sind, gestattet aber § 62 Abs. 2–5 UrhG. Des Weiteren ist zumeist die **Quelle** deutlich anzugeben (§ 63 UrhG). Eine unterlassene oder nicht hinreichende Quellenangabe macht eine ansonsten zulässige Nutzungshandlung nicht rechtswidrig, jedoch kann der Urheber jedenfalls verlangen, dass diese Nutzung ohne die erforderliche Quellenangabe zukünftig unterbleibt (BGH, I ZR 267/15, GRUR 2019, 813 Rn. 67 – Cordoba II).

261 **Keine Schranken** im eigentlichen Sinne sind die §§ 42a, 5 Abs. 3 Satz 2 und 87 Abs. 5 UrhG, denn diese belassen dem Urheber bzw. Leistungsschutzberechtigten sein Ausschließlichkeitsrecht, verpflichten ihn aber zur Vergabe einer Lizenz an Interessenten (sog. **Zwangslizenz**). Der Urheber unterliegt also einem Kontrahierungszwang (*Schack*, Rn. 481).

II. Die einzelnen Schranken

262 **1. Vervielfältigungen zum privaten und sonstigen eigenen Gebrauch (§ 53 UrhG).** – **a) Überblick.** § 53 UrhG stellt **Vervielfältigungen** (§ 16 UrhG) zum **privaten** und **sonstigen eigenen Gebrauch** in weitem Umfang frei. Der Gesetzgeber hatte seinerzeit erkannt, dass im privaten Bereich vorgenommene Vervielfältigungen nicht effektiv zu kontrollieren und zu unterbinden sind (BGH GRUR 1997, 459, 463 – CB-infobank I). Auch sei eine solche Kontrolle im Hinblick auf den damit verbundenen Einbruch in die Privatsphäre nicht wünschenswert (BGH GRUR 1965, 104, 107 f. – Personalausweise).

263 Zum Ausgleich für die Beschränkung ihres Ausschließlichkeitsrechts gewähren die §§ 54 bis 54c UrhG den von der Schranke betroffenen Urhebern Ansprüche auf Zahlung einer angemessenen **Vergütung**. Diese Ansprüche werden von **Verwertungsgesellschaften** (bspw. der VG WORT für Sprachwerke, s. Rn. 455) kollektiv für die Urheber geltend gemacht (§ 54h UrhG). Die Vergütung speist sich aus Abgaben, die auf zur Vervielfältigung nutzbare Geräte (Kopierer, Computer, Drucken etc.) und Speichermedien (§ 54 UrhG) sowie von bestimmten Betreibern solcher Geräte (Schulen, Hochschulen, Bibliotheken, Copy-Shops etc., § 54c UrhG) erhoben werden. Indem diese Abgaben auf die Preise der Geräte bzw. Dienstleistungen (Copy-Shop) umgelegt werden, zahlen letztlich die von der Privatkopieschranke Begünstigten.

§ 53 UrhG regelt in Abs. 1 die Vervielfältigung zum **privaten** Gebrauch und in Abs. 2 die Vervielfältigung zum sonstigen **eigenen** Gebrauch. Die Abs. 4 bis 7 enthalten sodann Rückausnahmen für einige, an sich nach Abs. 1 oder Abs. 2 zulässige Vervielfältigungshandlungen. Diese dürfen bei der praktischen Anwendung des § 53 UrhG nicht übersehen werden. **264**

Bis auf eine Ausnahme (§ 53 Abs. 2 Satz 1 Nr. 2 UrhG) setzt § 53 UrhG nicht voraus, dass das zu vervielfältigende Werkstück im Eigentum des Vervielfältigenden steht (BGH GRUR 1997, 459, 462 – CB-infobank I). Zulässig ist ferner die Vervielfältigung eines Vervielfältigungsstücks, also die „Kopie von der Kopie" (S/L/*Loewenheim/Stieper*, § 53 Rn. 14). **265**

§ 53 UrhG beschränkt nur das Vervielfältigungsrecht (§ 16 UrhG), niemals andere Verwertungsrechte, wie etwa das Verbreitungsrecht (§ 17 Abs. 1 UrhG) oder das Recht der öffentlichen Wiedergabe (§ 15 Abs. 2 UrhG). **266**

Beispiel: **267**
A kopiert eine von B geliehene Musik-CD auf seinen Computer. Zulässig nach § 53 Abs. 1 Satz 1 UrhG. Sodann stellt er diese Kopie in eine Internet-Tauschbörse ein. Die darin liegende öffentliche Zugänglichmachung nach § 19a UrhG wird niemals durch § 53 UrhG gerechtfertigt. A begeht insoweit eine Urheberrechtsverletzung (BGH, I ZR 19/14, GRUR 2016, 176 Rn. 14 – Tauschbörse I).

b) Privater Gebrauch (§ 53 Abs. 1 UrhG). Privater Gebrauch ist der Gebrauch in der Privatsphäre zur Befriedigung rein persönlicher Bedürfnisse außerberuflicher und außererwerbswirtschaftlicher Art (BGH, I ZR 25/15, GRUR 2017, 266 Rn. 49 – World of Warcraft I). Zur Privatsphäre gehören die Familie und der (enge) Freundeskreis (*Schack*, Rn. 555). **268**

Beispiel: **269**
A überspielt eine Musik-CD auf ihren Computer und brennt davon eine CD für ihre Eltern und ihre beste Freundin. Eine Kopie für die Arbeitskollegin ist dagegen schon zweifelhaft.

Sobald die Vervielfältigung zumindest auch zu **beruflichen oder gewerblichen Zwecken** erfolgt, liegt kein Privatgebrauch mehr vor (BGH, I ZR 25/15, GRUR 2017, 266 Rn. 49 – World of Warcraft I). Weil bereits ein mittelbarer Erwerbszweck genügt, stellen zu **Ausbildungszwecken** angefertigte Kopien keinen nach § 53 Abs. 1 UrhG zulässigen Privatgebrauch dar (BGH, I ZR 76/12, GRUR **270**

2014, 549 Rn. 72 – Meilensteine der Psychologie). Hier kommen stattdessen § 53 Abs. 2 Satz 1 Nr. 4 UrhG und insb. § 60c Abs. 2 UrhG (Vervielfältigung für die eigene wissenschaftliche Forschung, s. Rn. 314) in Betracht.

271 Beispiele:
Jurastudentin S kopiert einen Aufsatz aus einer Fachzeitschrift sowie dieses Buch. Kein privater Gebrauch nach § 53 Abs. 1 UrhG, weil der Ausbildung und damit mittelbar beruflichen Zwecken dienend. Die Kopie des Aufsatzes ist nach § 53 Abs. 2 Satz 1 Nr. 4 lit. a UrhG zulässig, der Kopie des Buches steht jedenfalls § 53 Abs. 4 lit. b UrhG entgegen, solange dieses nicht mindestens zwei Jahre vergriffen ist. Außerdem kommt jeweils § 60c UrhG in Betracht, wobei es freilich auch danach nicht erlaubt ist, das Buch komplett zu kopieren (§ 60c Abs. 2 UrhG).
Pensionärin P studiert „zur Allgemeinbildung" Jura und kopiert sich einen Fachaufsatz. Hier dürfte privater Gebrauch nach § 53 Abs. 1 Satz 1 UrhG vorliegen, weil nicht wenigstens ein mittelbarer Erwerbszweck verfolgt wird. Jedenfalls greift wieder § 53 Abs. 2 Satz 1 Nr. 4 lit. a UrhG. Der Kopie des kompletten Buches stehen wieder § 53 Abs. 4 lit. b UrhG und § 60c Abs. 2 UrhG entgegen.

272 Die Vervielfältigung kann auf **beliebigen Trägern** und in **beliebigen analogen und digitalen Verfahren** erfolgen (BT-Drs. 15/38, S. 20).

273 Zulässig ist die Herstellung **einzelner** Vervielfältigungsstücke. Wie viele das konkret sind, ist nicht abschließend geklärt. Der BGH hat einmal sieben Exemplare nicht beanstandet (BGH GRUR 1978, 474, 476 – Vervielfältigungsstücke). Das kann aber allenfalls eine Faustregel sein, denn entscheidend muss sein, wie viele Vervielfältigungsstücke im konkreten Einzelfall zur Befriedigung des rein persönlichen Bedürfnisses notwendig sind und berechtigterweise für notwendig gehalten werden dürfen. Das werden häufig deutlich weniger, können aber auch einmal mehr als sieben Stücke sein (S/L/*Loewenheim/Stieper*, § 53 Rn. 26).

274 Die bei der Vervielfältigung verwendete Vorlage darf weder offensichtlich **rechtswidrig hergestellt** noch offensichtlich **rechtswidrig öffentlich zugänglich gemacht** worden sein (§ 53 Abs. 1 Satz 1 a. E. UrhG). Mit dem Wort „offensichtlich" wollte der Gesetzgeber die subjektive Sicht des Nutzers zum Maßstab machen (BT-Drs. 16/1828, S. 26). Dies ist mit der Entscheidung „ACI Adam/Thuiskopie" höchst zweifelhaft geworden, denn dort hat der EuGH ausgeführt, dass Art. 5 Abs. 2 lit. b InfoSoc-RL – die unionsrechtliche Grundlage des § 53

Abs. 1 Satz 1 UrhG – nicht für Vervielfältigungen auf Grundlage einer unrechtmäßigen Quelle gilt (EuGH, C-435/12, GRUR 2014, 546 Rn. 41; näher E/W/S/ *Wirth*, § 53 Rn. 7 f.). Gutgläubigkeit hinderte dann eine Rechtsverletzung nicht und begründete ggf. die verschuldensunabhängigen Unterlassungs- und Beseitigungsansprüche. Ob dagegen das für einen Schadensersatz notwendige Verschulden vorliegt, wäre eine andere Frage.

Beispiele: 275
Von erheblicher praktischer Bedeutung war und ist dies im Zusammenhang mit den sog. „Tauschbörsen" im Internet. Da das Recht der öffentlichen Zugänglichmachung (§ 19a UrhG) nicht unter die Schranken des § 53 UrhG fällt, sind die von den Teilnehmern zum Download angebotenen Musik- oder Filmwerke in aller Regel rechtswidrig öffentlich zugänglich gemacht (s. Rn. 232). Nach früherer Auslegung war die Privatkopie durch den Herunterladenden nur unzulässig, wenn das Zugänglichmachen *offensichtlich* rechtswidrig erfolgt war. Insbesondere bei aktuellen Werken, ggf. noch vor dem Verkaufs- oder Kinostart, war davon regelmäßig auszugehen. Angesichts zunehmend professioneller („seriöser") gestalteter Angebote sowie unter freier Lizenz verbreiteter Werke konnte man insoweit freilich auch zweifeln. Nunmehr könnte allein entscheidend sein, *dass* die Zugänglichmachung rechtswidrig war, ohne dass es auf die Erkennbarkeit ankäme.

Der zur Vervielfältigung Befugte muss die Vervielfältigung nicht selbst vornehmen, sondern darf die Vervielfältigungsstücke auch **von einem Dritten herstellen lassen** (§ 53 Abs. 1 Satz 2 UrhG). Sofern es **unentgeltlich** geschieht (Var. 1), gilt dies für sämtliche Werke und Verfahren. Der Ersatz von entstandenen Aufwendungen steht dabei der Unentgeltlichkeit nicht entgegen (D/S/*Dreier*, § 53 Rn. 16). Eine Vervielfältigung auf Papier durch ein fotomechanisches Verfahren (Fotokopie) bzw. in einem ähnlichen Verfahren (Var. 2) darf sogar gewerbsmäßig vorgenommen werden. 276

§ 53 Abs. 1 Satz 2 UrhG entwickelt erst dann Bedeutung, wenn der Dritte tatsächlich Hersteller ist. Regelmäßig kein Hersteller ist, wer nur technische Einrichtungen stellt, die der Vervielfältigende nutzt; es gilt dann unmittelbar § 53 Abs. 1 Satz 1 UrhG (näher BGH, I ZR 32/19, GRUR 2020, 738 Rn. 24 ff. – Internet-Radiorecorder). 277

Privatgebrauch ist ausdrücklich auf **natürliche Personen** beschränkt. Für **juristische Personen** kommt deshalb nur sonstiger eigener Gebrauch nach § 53 Abs. 2 UrhG in Betracht. 278

279 **c) Eigener Gebrauch (§ 53 Abs. 2 UrhG).** Sonstiger eigener Gebrauch ist nach Maßgabe des § 53 Abs. 2 UrhG zulässig. Im Gegensatz zum privaten Gebrauch kommt der eigene Gebrauch **auch juristischen Personen** zugute und umfasst auch **Vervielfältigung zu beruflichen oder gewerblichen Zwecken** (BGH GRUR 1978, 474, 475 f. – Vervielfältigungsstücke). Wiederum dürfen aber nur **einzelne** Vervielfältigungsstücke (s. Rn. 273) angefertigt werden. Außerdem muss die Vervielfältigung zu einem der drei in Satz 1 Nummern 2 bis 4 genannten Zwecke erfolgen und darf nicht nach Satz 2 ausgeschlossen sein.

280 **d) Rückausnahmen und Einschränkungen (§ 53 Abs. 4–7 UrhG).** Nach § 53 Abs. 4 bedürfen die Vervielfältigung von **Musiknoten** („grafische Aufzeichnungen von Werken der Musik") sowie die **im Wesentlichen vollständige Vervielfältigung** eines Buches oder einer Zeitschrift stets der Einwilligung des Berechtigten, es sei denn, (1) die Vervielfältigung wird durch **Abschreiben** (mit der Hand) vorgenommen oder (2) die Vervielfältigung erfolgt **zur Aufnahme in ein eigenes Archiv** nach Maßgabe des § 53 Abs. 2 Satz 1 Nr. 2 UrhG oder (3) die Vervielfältigung erfolgt **zum eigenen Gebrauch** (§ 53 Abs. 2 UrhG, dies umfasst den privaten Gebrauch i. S. d. § 53 Abs. 1 UrhG) und das Buch oder die Zeitschrift ist seit **mindestens zwei Jahren vergriffen.**

281 Ebenfalls stets nur mit Einwilligung des Berechtigten zulässig sind die Aufnahme öffentlicher Vorträge, die Aufführungen oder Vorführungen eines Werks auf Bild- oder Tonträger, die Ausführung von Plänen und Entwürfen zu Werken der bildenden Künste und der Nachbau eines Werks der Baukunst (§ 53 Abs. 7 UrhG).

282 Gemäß § 53 Abs. 6 Satz 1 UrhG dürfen die zulässigerweise angefertigten **Vervielfältigungsstücke weder verbreitet noch zu öffentlichen Wiedergaben verwendet** werden. Lediglich für das Verleihen von Vervielfältigungsstücken sieht Satz 2 kleinere Ausnahmen vor. Und schließlich gelten für **elektronische Datenbankwerke** (§ 4 Abs. 2 UrhG) Sonderregelungen (§ 53 Abs. 5 UrhG).

283 **2. Zitatrecht (§ 51 UrhG).** Veröffentlichte (§ 6 Abs. 1 UrhG) Werke bzw. Teile veröffentlichter Werke dürfen zum **Zweck des Zitats** in dem durch den besonderen Zweck gerechtfertigten Umfang vervielfältigt (§ 16 Abs. 1 UrhG), verbreitet (§ 17 Abs. 1 UrhG) oder öffentlich wiedergeben (§ 15 Abs. 2 UrhG) werden (§ 51 Satz 1 UrhG). Das Zitatrecht dient der **geistigen Auseinandersetzung mit fremden Werken** (BGH, I ZR 115/16, GRUR 2020, 843 Rn. 53 – Metall auf Metall IV). Neues entsteht häufig gerade durch die Benutzung und Weiterentwicklung des bereits Bekannten. Die Zitierfreiheit dient damit dem allgemeinen kulturellen und wissenschaftlichen Fortschritt (BGH GRUR 1986, 59, 60 – Geistchristentum).

Der Zitierende muss einen **Zitatzweck** verfolgen („... zum Zweck des Zitats ..."). **284**
Dazu muss er eine innere Verbindung zwischen einem fremden Werk und seinen eigenen Gedanken herstellen, sodass das Zitat als Belegstelle oder Erörterungsgrundlage für seine selbstständigen Ausführungen erscheint (BGH, I ZR 115/16, GRUR 2020, 843 Rn. 53 – Metall auf Metall IV). Eine besonders intensive Auseinandersetzung mit dem zitierten Werk ist dabei nicht notwendig (BGH, I ZR 69/14, GRUR 2016, 368 Rn. 31 – Exklusivinterview). Der Zitatzweck fehlt hingegen, wenn das Werk also nur um seiner selbst Willen angeführt oder abgebildet wird, oder wenn der Zitierende mit der Verwendung des fremden Werks lediglich den Zweck verfolgt, dieses dem Endnutzer leichter zugänglich zu machen oder sich selbst eigene Ausführungen zu ersparen (BGH, I ZR 69/08, GRUR 2010, 628, Rn. 26 f. – Vorschaubilder I).

Die Nutzung zum Zweck des Zitats ist nur in dem durch den besonderen Zweck **285**
gerechtfertigten Umfang erlaubt. Dazu bedarf es einer **Abwägung der Interessen** des Zitierenden mit denen des Zitierten (BGH GRUR 1986, 59, 60 – Geistchristentum). Dabei ist auch auf Art und Umfang der Beeinträchtigung der dem Rechtsinhaber zustehenden Verwertungsmöglichkeiten seines Werks zu achten (BGH, I ZR 69/14, GRUR 2016, 368 Rn. 33 – Exklusivinterview). Ein nach diesen Grundsätzen zu weit reichendes Zitat ist insgesamt und nicht etwa nur hinsichtlich des überschießenden Teils unzulässig (BGH, I ZR 212/10, GRUR 2012, 819 Rn. 29 – Blühende Landschaften).

Bis vor einiger Zeit war ein Zitat nur erlaubt, wenn das fremde Werk in ein **286**
seinerseits urheberrechtsschutzfähiges Werk aufgenommen bzw. von diesem angeführt wird (BGH GRUR 1994, 800, 802 f. – Museumskatalog; ebenso der Wortlaut des § 51 Satz 2 UrhG). Daran kann seit der Entscheidung „Painer/Standard" des EuGH (C-145/10, GRUR 2012, 166 Rn. 136) nicht mehr festgehalten werden; das **zitierende „Werk" muss somit selbst kein Werk i. S. d. § 2 Abs. 2 UrhG**, sondern lediglich dergestalt „selbständig" sein, dass es nicht nur eine Bearbeitung oder sonstige Umgestaltung des zitierten Werks ist (S/L/ *Spindler,* § 51 Rn. 46 f.).

Im Anschluss an die Generalklausel enthält **Satz 2** drei konkretisierte Tatbe- **287**
stände. Diese sind nicht abschließend („insbesondere"), sodass nötigenfalls auf Satz 1 zurückgegriffen werden kann. So können beispielsweise Filmzitate auf Satz 1 gestützt werden, sodass es der unter früherem Recht notwendigen ana-

logen Anwendung des Satzes 2 Nr. 2 (BGH GRUR 1987, 362 – Filmzitat) nicht mehr bedarf (BT-Drs. 16/1828, S. 25).

288 § 51 Satz 2 Nr. 1 UrhG gestattet die Aufnahme einzelner Werke in ein selbständiges wissenschaftliches Werk zur Erläuterung des Inhalts („**Großzitat**"). Wissenschaftlich meint dabei, nach Rahmen, Form und Gehalt durch eine eigene Geistestätigkeit die Wissenschaft durch Vermittlung von Erkenntnis fördernd und der Belehrung dienend (OLG München ZUM 1989, 529, 531). „Einzelne" Werke meint „einige wenige" Werke desselben Urhebers, wobei sich die genaue Anzahl immer nur im konkreten Fall bestimmen lässt und auch Art und Umfang des zitierenden Werks zu berücksichtigen sind (BGH GRUR 1968, 607, 611 – Kandinsky).

289 Beispiele:
Werden in ein kunstwissenschaftliches Buch über den „Blauen Reiter" Werke von Künstlern der Gruppe aufgenommen, kann dies nach § 51 Satz 2 Nr. 1 UrhG zulässig sein. Dabei 69 Werke von *Wassily Kandinsky* aufzunehmen, überstieg aber die Grenze der „einzelnen" Werke und war deshalb unzulässig (BGH GRUR 1968, 607 – Kandinsky). Entsprechendes wurde für die Aufnahme von 24 Comic-Zeichnungen in ein kulturwissenschaftliches Buch über deren Zeichner entschieden (KG ZUM-RD 1997, 135).

290 § 51 Satz 2 Nr. 2 UrhG („**Kleinzitat**") ist im Vergleich zum Großzitat (Nr. 1) einerseits enger, weil das anführende Werk ein **Sprachwerk** (§ 2 Abs. 1 Nr. 1 UrhG) sein muss und nur die Anführung von **Stellen**, also im Verhältnis zu dessen Gesamtumfang kleinen Ausschnitten eines Werks, erlaubt ist, wobei allerdings in besonderen Fällen auch längere Ausschnitte erlaubt sein können (BGH GRUR 1986, 59 f. – Geistchristentum; sog. „großes Kleinzitat"). Andererseits ist das Kleinzitat weiter, indem es hinsichtlich des aufnehmenden Werks nicht auf wissenschaftliche Werke beschränkt ist, sondern Sprachwerke beliebigen Inhalts umfasst, und außerdem nicht auf die Anführung nur „einzelner" Stellen beschränkt ist.

291 § 51 Satz 2 Nr. 3 UrhG („**Musikzitat**") gestattet, einzelne Stellen eines erschienenen (§ 6 Abs. 2 UrhG) Musikwerks in einem anderen Musikwerk anzuführen, um sich mit diesem auseinanderzusetzen.

292 Beispiel:
Die Nutzung eines Musikwerks als „Handy-Klingelton" ist mangels Verfolgung eines Zitatzwecks nicht nach § 51 UrhG erlaubt (OLG Hamburg GRUR-RR 2002, 249, 254 – Handy-Klingeltöne).

3. Karikatur, Parodie und Pastiche (§ 51a UrhG). Die Nutzung eines Werks zum **293** Zwecke der Karikatur, der Parodie und des Pastiches geht regelmäßig über das nach § 23 Abs. 1 Satz 2 UrhG Erlaubte hinaus, denn diese Nutzungsformen sind gerade darauf angelegt, die individuellen Züge des Originalwerks zu übernehmen und diese zu verändern, beispielsweise, um damit Humor oder eine „Verspottung" auszudrücken (zur Parodie s. EuGH, C-201/13, GRUR 2014, 972 – Vrijheidsfonds/Vandersteen), oder um – wie bei den Pastiches – damit künstlerisch Neues zu schaffen. Karikaturen und Parodien konnten bislang als „freie Benutzung" (§ 24 Abs. 1 UrhG a. F.) erlaubt sein (Bsp.: BGH, I ZR 9/15, GRUR 2016, 1157 Rn. 23–40 – auf fett getrimmt); insofern kann im Grundsatz auf die bisherige Rechtsprechung zurückgegriffen werden. Pastiches waren dem deutschen Urheberrecht dagegen unbekannt (BGH, I ZR 115/16, GRUR 2020, 843 Rn. 65 – Metall auf Metall IV). Hier ist derzeit völlig offen, wie weit die neue Schranke reicht. In der Begründung zu § 51a UrhG (BT-Drs. 19/27426, S. 92) werden als Beispiel Nutzungen im „Social Web" wie Remixe, Memes, GIFs, Mashups, Fan Art, Fan Fiction, Cover und Sampling genannt. Gegen eine allzu weite Auslegung dürfte freilich, auch unter Berücksichtigung der Kunst- und Meinungsfreiheit, das vom EuGH stets (und zu Recht) betonte Anliegen der InfoSoc-RL, ein hohes Schutzniveau für Urheber zu schaffen (EuGH, C-263/18, GRUR 2020, 179 Rn. 48 – NUV ua./Tom Kabinet), sprechen.

4. Werke an öffentlichen Plätzen (§ 59 UrhG). Werke, die sich bleibend an öf- **294** fentlichen Wegen, Straßen oder Plätzen befinden, dürfen von jedermann mit Mitteln der Malerei oder Grafik, durch Lichtbild oder Film vervielfältigt (§ 16 UrhG), beispielsweise abgemalt, fotografiert oder gefilmt, und die entstandenen Vervielfältigungsstücke ihrerseits vervielfältigt, verbreitet (§ 17 UrhG) und öffentlich wiedergegeben (§ 15 Abs. 2 UrhG) werden (§ 59 UrhG), und zwar zu beliebigen, auch kommerziellen Zwecken (BGH, I ZR 242/15, GRUR 2017, 390 Rn. 21 – East Side Gallery). Diese sog. **Panoramafreiheit** trägt dem Interesse der Allgemeinheit an der Freiheit des Straßenbildes Rechnung; ihr liegt die Erwägung zugrunde, dass Werke, die sich dauernd an öffentlichen Straßen oder Plätzen befinden, in gewissem Sinne Gemeingut geworden sind (BGH, I ZR 192/00, GRUR 2003, 1035, 1037 – Hundertwasser-Haus).

§ 59 UrhG gilt nur für Werke, die sich **bleibend an öffentlichen Wegen, Straßen** **295** **oder Plätzen befinden.** „Wege, Straßen oder Plätze" ist lediglich beispielhaft und umfasst jedenfalls alle Orte, die sich unter freiem Himmel befinden. Ein Werk befindet sich **an** einem solchen Ort, wenn es von dort aus wahrgenommen werden kann; das Werk selbst muss nicht öffentlich zugänglich sein. Und **öffentlich** sind diese Orte, wenn sie für jedermann frei zugänglich sind, einerlei, ob sie in öffentlichem oder privatem Eigentum stehen (BGH, I ZR 247/15, GRUR 2017, 798 Rn. 22–24 – AIDA Kussmund). Das Werk muss sich ferner nicht durchweg am selben, sondern kann sich auch an wechselnden öffentlichen Orten befinden (BGH, I ZR 247/15, GRUR 2017, 798 Rn. 27–30 – AIDA Kussmund).

296 Beispiel:
Ein Kreuzfahrtschiff, das in öffentlichen Gewässern fährt, befindet sich an einem öffentlichen Ort. Wenn von dort aus die auf dem Bug angebrachte urheberrechtlich geschützte Zeichnung eines „Kussmunds" (von *Feliks Büttner*) sichtbar ist, darf diese auch fotografiert werden (BGH, I ZR 247/15, GRUR 2017, 798 – AIDA Kussmund).

297 **Bleibend** meint, für die Dauer des (natürlichen) Bestehens des Werks und nicht nur vorübergehend im Sinne einer zeitlich befristeten Ausstellung, sodass ein planmäßig nur für verhältnismäßig kurze Zeit an einem öffentlichen Ort aufgestelltes Werk auch dann **nicht bleibend** dort ist, wenn es beim Abbau zerstört wird (BGH, I ZR 102/99, GRUR 2002, 605, 606 f. – Verhüllter Reichstag).

298 Beispiel:
Die planmäßig auf zwei Wochen beschränkte Verhüllung des Berliner Reichstagsgebäudes 1995 durch die Künstler *Christo* und *Jeanne-Claude* war nicht bleibend, auch wenn das Werk im Zuge des Abbaus zerstört wurde (BGH, I ZR 102/99, GRUR 2002, 605 – Verhüllter Reichstag).
📖 → Musterklausur

299 Die Panoramafreiheit erstreckt sich nur auf die **Aussicht**, die man von einem **öffentlichen Ort aus mit eigenen Augen** ohne besondere Hilfsmittel hat, sodass Aufnahmen aus der Luft oder aus einer Wohnung eines gegenüberliegenden Hauses (BGH, I ZR 192/00, GRUR 2003, 1035, 1037 – Hundertwasser-Haus) ebenso wenig umfasst sind, wie der Einsatz besonderer Hilfsmittel, etwa einer Leiter, oder die Beseitigung blickschützender Vorrichtungen, etwa einer Hecke (BGH, I ZR 247/15, GRUR 2017, 798 Rn. 35 – AIDA Kussmund). Bei Bauwerken erstreckt sich die Panoramafreiheit außerdem nur auf die Außenansicht (§ 59 Abs. 1 Satz 2 UrhG).

300 Die Panoramafreiheit gestattet Vervielfältigungen nur „mit Mitteln der Malerei oder Grafik, durch Lichtbild oder durch Film", d. h. zweidimensionale Vervielfältigungen. Dreidimensionale Werke (Skulpturen, Bauwerke etc.) dürfen deshalb nicht als verkleinertes Modell oder aus anderen Materialien dreidimensional nachgebildet werden, und auch die Umsetzung eines zweidimensionalen Werks, beispielsweise eines Gemäldes, in die dritte Dimension, etwa durch körperliche Ausformung des Werkinhalts des Gemäldes, kann nicht auf § 59 Abs. 1 UrhG gestützt werden (BGH, I ZR 242/15, GRUR 2017, 390 Rn. 30 – East Side Gallery). Und schließlich darf die Vervielfältigung nicht „an einem Bauwerk" vorgenommen werden (§ 59 Abs. 2 UrhG), was es beispielsweise ausschließt, ein eigentlich unter die Panoramafreiheit des Abs. 1 fallendes Wandgemälde auf der Außenwand eines anderen Gebäudes zu reproduzieren (BGH, I ZR 242/15, GRUR 2017, 390 Rn. 31 – East Side Gallery).

5. Unwesentliches Beiwerk (§ 57 UrhG). Ein Werk darf vervielfältigt (§ 16 Abs. 1 UrhG), verbreitet (§ 17 Abs. 1 UrhG) und öffentlich wiedergegeben (§ 15 Abs. 2 UrhG) werden, wenn es bloßes **Beiwerk** zu Vervielfältigung, Verbreitung oder öffentlicher Wiedergabe eines anderen Gegenstands ist (§ 57 UrhG). Das ist nur dann der Fall, wenn das Werk weggelassen oder ausgetauscht werden könnte, ohne dass dies dem durchschnittlichen Betrachter auffiele, oder ohne dass die Gesamtwirkung des Hauptgegenstands in irgendeiner Weise beeinflusst wird; sobald dem Werk eine auch nur geringe oder nebensächliche Bedeutung zukommt, ist es kein bloßes Beiwerk (BGH, I ZR 177/13, GRUR 2015, 667 Rn. 27 – Möbelkatalog).

301

Beispiele:
Wird bei einer Innenraumszene eines Spielfilms ein an der Wand hängendes Gemälde gezeigt, das ohne jede inhaltliche Bedeutung für die Filmhandlung ist, liegt § 57 UrhG nahe (BT-Drs. IV/270, S. 75). Dagegen ist ein Gemälde, das durch seine auffällige Farbigkeit in einem Arrangement von schwarz/weißen Büromöbeln einen „deutlichen kontrastierenden Farbakzent" setzt, kein bloßes Beiwerk. Das Fotografieren dieser Szene sowie die Verwendung der Fotografie in einem Möbelkatalog waren ohne Zustimmung des Urhebers des Gemäldes unzulässig (BGH, I ZR 177/13, GRUR 2015, 667 – Möbelkatalog).

302

6. Berichterstattung über Tagesereignisse (§ 50 UrhG). Im Zuge der Berichterstattung über Tagesereignisse kommt es nicht selten vor, dass dabei urheberrechtlich geschützte Werke wahrnehmbar gemacht werden, sei es unvermeidlich als Hintergrund oder gerade als Gegenstand der Berichterstattung. Um hier nicht die an sich notwendigen Einwilligungen sämtlicher Urheber einholen zu müssen, erklärt § 50 UrhG die mit der Berichterstattung verbundene

303

Vervielfältigung, Verbreitung oder öffentliche Wiedergabe der betroffenen Werke unter bestimmten Voraussetzungen für vergütungsfrei zulässig.

304 **Beispiel:**
Bei einem Fernsehbericht über einen Festakt, eine Ausstellungseröffnung oder eine Filmpremiere sind die musikalische Untermalung (OLG Frankfurt GRUR 1985, 380 – Operneröffnung), die ausgestellten Gemälde (BGH GRUR 1983, 28 – Presseberichterstattung und Kunstwiedergabe II) oder die gezeigten Filme wahrnehmbar.

305 Die Berichterstattung muss ein **Tagesereignis** betreffen. Das ist jedes zur Zeit des Eingriffs in das Urheberrecht aktuelle Geschehen, das für die Öffentlichkeit von Interesse ist, wobei ein Geschehen solange aktuell ist, wie ein Bericht darüber von der Öffentlichkeit noch als Gegenwartsberichterstattung wahrgenommen wird; das kann auch ein zeitlich zurückliegendes Ereignis sein, sobald es wieder Gegenstand einer aktuellen Auseinandersetzung ist und damit abermals das Interesse der Öffentlichkeit weckt (BGH, I ZR 228/15, GRUR 2020, 859 Rn. 36 – Reformistischer Aufbruch II). Anders als § 49 UrhG ist die Vorschrift nicht auf politische oder wirtschaftliche Ereignisse beschränkt, sondern erlaubt eine Berichterstattung über alltägliche Vorgänge einschließlich solcher der Boulevardpresse (BGH, I ZR 285/99, GRUR 2002, 1050, 1051 – Zeitungsbericht als Tagesereignis). **Berichterstattung** ist eine Handlung, mit der Informationen über das Tagesereignis bereitgestellt werden (BGH, I ZR 228/15, GRUR 2020, 859 Rn. 37 – Reformistischer Aufbruch II).

306 Die Werknutzung muss sich im Rahmen des durch den **Zweck** der Berichterstattung **gebotenen Umfangs** halten. So dürfen bei einer Ausstellungseröffnung einzelne Gemälde bzw. bei einem Filmfestival oder einer Opernpremiere einzelne Szenen gezeigt werden. Dagegen war es unzulässig, die anlässlich eines zweistündigen Festakts zur Neueröffnung der Frankfurter Alten Oper aufgeführten Musikwerke in voller Länge im Rundfunk zu übertragen (OLG Frankfurt GRUR 1985, 380 – Operneröffnung [zum Leistungsschutzrecht der Orchestermusiker]). Für weitere Bsp. s. BGH, I ZR 228/15, GRUR 2020, 859 Rn. 47 ff. – Reformistischer Aufbruch II und BGH, I ZR 139/15, GRUR 2020, 853 Rn. 46 ff. – Afghanistan Papiere II. Nach neuester Rechtsprechung setzt § 50 UrhG nicht voraus, dass es dem Berichterstatter unmöglich oder unzumutbar war, vor der Berichterstattung die Zustimmung des Rechtsinhabers einzuholen (BGH, I ZR 228/15, GRUR 2020, 859 Rn. 44–46 – Reformistischer Aufbruch II).

II. Die einzelnen Schranken

7. Vorübergehende Vervielfältigungen (§ 44a UrhG). Der Umgang mit digital „verkörperten" Schutzgegenständen bringt aus **technischen Gründen** zwangsläufig eine **Vielzahl von Vervielfältigungen** (§ 16 Abs. 1 UrhG) mit sich: So werden die Datenpakete auf ihrem Weg durch Datennetze, etwa das Internet, immer wieder zwischengespeichert, bis sie ihr Ziel erreichen. Und auch die Wahrnehmbarmachung für die menschlichen Sinne, also die Rückkonvertierung der digitalen Daten in analoge (Schall- oder Licht-)Reize ist notwendigerweise mit Vervielfältigungen, beispielsweise im Arbeitsspeicher des Wiedergabegeräts, verbunden. Bei der rein analogen Werknutzung, beispielsweise dem Abspielen einer Schallplatte oder dem Betrachten eines Papierfotos, stellt sich das Problem dagegen nicht. **307**

Um die Entwicklung und den Einsatz neuer Technologien zu ermöglichen und zu gewährleisten, und um die Interessen der Beteiligten in einen angemessenen Ausgleich zu bringen (EuGH, C-360/13, GRUR 2014, 654 Rn. 24 – PRCA/NLA), stellt § 44a UrhG **vorübergehende** Vervielfältigungshandlungen frei, sofern diese **flüchtig** oder **begleitend** sind, einen **integralen und wesentlichen Teil eines technischen Verfahrens** darstellen, **keine eigenständige wirtschaftliche Bedeutung** haben, und deren **alleiniger Zweck** es ist, entweder (Nr. 1) eine **Übertragung** in einem Netz oder (Nr. 2) eine **rechtmäßige Nutzung** eines Urheberrechts oder sonstigen Schutzgegenstands zu ermöglichen. **308**

> **Beispiele:**
> Die Schranke legitimiert die beim „Browsen" im Internet erforderlichen Vervielfältigungen, einschließlich der Zwischenspeicherung im Cache (EuGH, C-360/13, GRUR 2014, 654 – PRCA/NLA). Demgegenüber hat der EuGH die beim Streaming stattfindende Vervielfältigung für nicht durch Art. 5 Abs. 1 lit. b InfoSoc-RL (= § 44a Nr. 2 UrhG) gerechtfertigt erachtet, wenn die Inhalte ohne Zustimmung des Rechtsinhabers, also rechtswidrig ins Internet gestellt wurden (EuGH, C-527/15, GRUR 2017, 610 Rn. 65 ff. – Stichting Brein/Wullems). **309**

8. Forschung, Unterricht und Lehre (§ 47, §§ 60a–60h UrhG). In § 47 UrhG sowie vor allem in den §§ 60a bis 60h UrhG finden sich zahlreiche Schranken für die Nutzung in **Forschung, Unterricht und Lehre**. Die Schranken sind **nicht abdingbar** (§ 60g Abs. 1 UrhG; Ausnahme in Abs. 2). Die Nutzung ist zumeist **vergütungspflichtig** (§ 60h UrhG). **310**

a) Unterricht und Lehre (§§ 60a, 47 UrhG). Zur Veranschaulichung des Unterrichts und der Lehre an Bildungseinrichtungen (definiert in § 60a Abs. 4 UrhG) **311**

5. Kapitel Schranken des Urheberrechts

dürfen zu nicht kommerziellen Zwecken Werke in bestimmtem Umfang und für einen bestimmten Personenkreis vervielfältigt (§ 16 Abs. 1 UrhG), verbreitet (§ 17 Abs. 1 UrhG) und öffentlich wiedergegeben (§ 15 Abs. 2 UrhG) werden (§ 60a Abs. 1 und Abs. 2 UrhG). Abs. 3 enthält einige Rückausnahmen.

312 Beispiele:
Professorin P kopiert für ihre Lehrveranstaltung einige Seiten aus einem Fachbuch, die sie an die Teilnehmenden verteilt (§ 17 Abs. 1 UrhG) und ihnen auf einer digitalen Lernplattform zur Verfügung stellt (§ 19a UrhG). Zulässig nach § 60a Abs. 1, Abs. 2 UrhG.
Schullehrer S möchte für seinen Schulunterricht aus einem Schulbuch kopieren. Unzulässig wegen § 60a Abs. 3 Nr. 2 UrhG.

313 Schulen und bestimmte weitere Einrichtungen dürfen **Schulfunksendungen** aufzeichnen und im Unterricht verwenden (§ 47 UrhG).

314 **b) Wissenschaftliche Forschung (§§ 60c, 60d UrhG).** Wissenschaftliche Forschung ist in besonderer Weise auf den Zugang zu geschützten Inhalten und den Austausch über diese Inhalte angewiesen. Die §§ 60c, 60d UrhG stellen deshalb (teils sehr weitreichend) verschiedene Nutzungen frei. So dürfen beispielsweise für die eigene wissenschaftliche Forschung bis zu 75% eines Werks vervielfältigt (§ 16 Abs. 1 UrhG) werden (§ 60c Abs. 2 UrhG), einzelne Aufsätze aus Fachzeitschriften sogar komplett (§ 60c Abs. 3 UrhG). § 60d UrhG erleichtert die automatisierte Auswertung großer Datenmengen, das sog. Text und Data Mining.

315 Beispiel:
Studentin S benötigt für ihre Seminararbeit im Urheberrecht einige Kapitel aus diesem Buch sowie einige Aufsätze. Das Schreiben einer juristischen Seminararbeit ist wissenschaftliche Forschung, sodass S die Vervielfältigungen auf Grundlage des § 60c UrhG anfertigen kann (BT-Drs. 18/12329, S. 39). § 53 Abs. 1 UrhG (Privatkopie) greift dagegen nicht, da mit dem Studium (mittelbar) Erwerbszwecke verfolgt werden. Hinsichtlich der Aufsätze kommt aber § 53 Abs. 2 Satz 1 Nr. 4 lit. a UrhG (sonstiger eigener Gebrauch) in Betracht; hinsichtlich der Buchkapitel aber nicht, da es sich dabei nicht um „kleine Teile" eines Werks handelt.

316 **c) Bibliotheken (§ 60e UrhG), Archive, Museen und Bildungseinrichtungen (§ 60f UrhG), Hersteller von Unterrichts- und Lehrmedien (§ 60b).** Diesen Einrichtungen sind im Interesse der Unterstützung und Erleichterung ihrer Tätigkeit bestimmte Nutzungen erlaubt.

Beispiel: **317**
Bibliothek B möchte ein beschädigtes Buch aus ihrem Bestand restaurieren. Sie bittet Bibliothek H, die das Werk ebenfalls im Bestand hat, um Kopien der fehlenden Seiten. H darf die Vervielfältigungen nach § 60e Abs. 1 UrhG anfertigen, und die in der Überlassung an B liegende Verbreitung (§ 17 Abs. 1 UrhG) ist nach § 60e Abs. 2 Satz 1 UrhG gestattet.

9. **Text und Data Mining (§ 44b UrhG).** Werden digital vorliegende Werke automatisiert analysiert, beispielsweise, um bestimmte Korrelationen zu entdecken oder sonstige Erkenntnisse zu gewinnen, so kann dies zu Eingriffen in das Vervielfältigungsrecht (§ 16 Abs. 1 UrhG) der Urheber dieser Werke führen. Unter bestimmten Voraussetzungen wird dies jedoch durch § 44b UrhG gestattet (s. auch § 60d UrhG). **318**

10. **Rechtspflege und öffentliche Sicherheit (§ 45 UrhG).** Im Interesse der von urheberrechtlichen Ansprüchen unabhängigen Durchführung von gerichtlichen oder behördlichen Verfahren sowie der öffentlichen Sicherheit dürfen einzelne Vervielfältigungsstücke hergestellt (§ 16 Abs. 1 UrhG) sowie verbreitet (§ 17 Abs. 1 UrhG), öffentlich ausgestellt (§ 18 UrhG) und öffentlich wiedergegeben (§ 15 Abs. 2 UrhG) werden (§ 45 Abs. 1, 3 UrhG). Entsprechendes gilt zum Zwecke der Rechtspflege und der öffentlichen Sicherheit für Bildnisse (§ 45 Abs. 2 UrhG). **319**

Beispiele: **320**
Nutzung von Werken (auch noch nicht veröffentlichter) vor Gericht als Beweismittel (OLG Frankfurt NJW-RR 2000, 119); Steckbrief oder Fahndungsfoto (LG Berlin, 15 S 21/13, GRUR-RR 2014, 380).

11. **Menschen mit Behinderungen (§§ 45a–45d UrhG).** Die §§ 45a–45d UrhG sollen Menschen mit bestimmten Behinderungen den Zugang zu Werken erleichtern oder überhaupt erst ermöglichen. So dürfen unter bestimmten Voraussetzungen beispielsweise gedruckte Werke in ein Hörbuch oder in Braille-Schrift umgesetzt werden und diese Fassungen Seh- oder Hörbeeinträchtigten zugänglich gemacht werden. **321**

12. **Sammlungen für den religiösen Gebrauch (§ 46 UrhG).** Nach § 46 UrhG dürfen Werke bzw. Werkteile zu einer Sammlung (Gesangbuch, Notenheft etc.) **322**

für den Gebrauch bei religiösen Feiern (Gottesdienst, Trauung, Trauerfeier etc.) zusammengestellt und genutzt werden. Die Nutzung ist vergütungspflichtig (§ 46 Abs. 4 UrhG).

323 13. **Öffentliche Reden (§ 48 UrhG).** Bei **öffentlichen Versammlungen gehaltene** sowie **öffentlich zugänglich gemachte** (§ 19a UrhG) bzw. **gesendete** (§ 20 UrhG) **Reden über Tagesfragen** dürfen öffentlich wiedergegeben (§ 15 Abs. 2 UrhG, d. h. insb. gesendet oder im Internet zugänglich gemacht) sowie in Zeitungen, Zeitschriften, anderen Druckschriften und Datenträgern, die im wesentlichen Tagesinteressen Rechnung tragen, vervielfältigt (§ 16 Abs. 1 UrhG) und verbreitet (§ 17 Abs. 1 UrhG) werden (§ 48 Abs. 1 Nr. 1 UrhG). Sogar ohne Beschränkung auf bestimmte Medien und einen tagesaktuellen Bezug dürfen **Reden, die bei öffentlichen Verhandlungen vor staatlichen, kommunalen oder kirchlichen Organen gehalten** worden sind, vervielfältigt, verbreitet und öffentlich wiedergegeben werden (§ 48 Abs. 1 Nr. 2 UrhG).

324 Beispiele:
Unter Nr. 1 fällt z. B. die Neujahrsansprache der Bundeskanzlerin, unter Nr. 2 eine Rede vor dem Bundestag, einem Landtag oder im Stadtrat.

325 14. **Zeitungsartikel und Rundfunkkommentare (§ 49 UrhG).** Nach § 49 Abs. 1 Satz 1 UrhG ist es gestattet, **einzelne Zeitungsartikel oder Rundfunkkommentare** (jeweils einschließlich etwaiger Abbildungen) **über politische, wirtschaftliche oder religiöse Tagesfragen** in andere Zeitungen oder vergleichbare Informationsblätter zu übernehmen sowie öffentlich wiederzugeben.

326 15. **Öffentliche Wiedergabe (§ 52 UrhG).** Veröffentlichte (§ 6 Abs. 1 UrhG) Werke dürfen auf näher bestimmte Arten öffentlich wiedergegeben werden, sofern dies keinem Erwerbszweck des Veranstalters dient, kein Entgelt (auch nicht mittelbar) verlangt wird und kein beteiligter ausübender Künstler eine besondere, d. h. über eine etwaige arbeitsvertragliche Entlohnung hinausreichende, Vergütung erhält (§ 52 Abs. 1 Satz 1 UrhG). Unter bestimmten Voraussetzungen ist dies sogar vergütungsfrei (§ 52 Abs. 1 Satz 3, 4 UrhG).

327 Beispiel:
Musikalische Umrahmung einer Feierstunde (AG Frankenthal BeckRS 2016, 16185).

328 16. **Bildnisse (§ 60 UrhG).** Dem **Besteller** (Auftraggeber) eines Bildnisses (Gemälde, Fotografie, Skulptur) sowie dem auf einem bestellten Bildnis **Abgebil-**

deten ist die **Vervielfältigung** (§ 16 Abs. 1 UrhG) sowie die unentgeltliche und nichtgewerbliche **Verbreitung** (§ 17 Abs. 1 UrhG) des Bildnisses gestattet (§ 60 Abs. 1 Satz 1 UrhG). Handelt es sich bei dem Bildnis um ein Werk der bildenden Kunst (etwa eine Maske), ist nur die Vervielfältigung durch Fotografieren erlaubt (§ 60 Abs. 1 Satz 2 UrhG). Die Vervielfältigung eines Bildnisses kann auch nach Maßgabe des § 53 UrhG zulässig sein; § 60 UrhG ist insoweit nicht lex specialis (BGH, I ZR 35/13, GRUR 2014, 974 Rn. 46 ff. – Porträtkunst). **Keinesfalls** unter § 60 UrhG fällt die **öffentliche Wiedergabe**, sodass es unzulässig ist, ein von einem Fotografen angefertigtes Passbild zu scannen und ins Internet zu stellen, sofern nicht dafür (ggf. konkludent) die nötigen Rechte (insb. das Recht der öffentlichen Zugänglichmachung nach § 19a UrhG) eingeräumt wurden (OLG Köln GRUR 2004, 499 – Portraitfoto im Internet).

17. Verwaiste Werke (§§ 61–61c UrhG). Durch die lange Schutzdauer (s. Rn. 93) **329** passiert es, dass Werke noch geschützt sind und ein Interesse an der Verwertung besteht, jedoch die Rechtsinhaber nicht bekannt sind, und deshalb die erforderlichen Nutzungsrechte nicht beschafft werden können, sog. „verwaiste Werke". Wenn auch durch sorgfältige Suche der Rechtsinhaber nicht festgestellt werden kann, dürfen Werke nach Maßgabe des § 61 UrhG von bestimmten Einrichtungen vervielfältigt (§ 16 Abs. 1 UrhG, insb. digitalisiert) und öffentlich zugänglich gemacht (§ 19a UrhG) werden.

Für lediglich „**vergriffene**", d. h. nicht mehr lieferbare (noch geschützte) **Werke** **330** gelten die §§ 61–61c UrhG nicht. Eine Regelung für vergriffene Sprachwerke treffen die §§ 51 ff. VGG (näher *S/L/Spindler*, § 51 VGG Rn. 1). Außerdem sind bei seit mindestens zwei Jahre vergriffenen Werken Vervielfältigungen zum privaten oder sonstigen eigenen Gebrauch in größerem Umfang erlaubt (§ 53 Abs. 2 Satz 1 Nr. 4 lit. b, Abs. 4 a. E. UrhG). §§ **61d f.** UrhG betrifft schließlich die Zugänglichmachung von nicht verfügbaren Werken durch Kulturerbe-Einrichtungen.

Weitere Schranken betreffen die **Vervielfältigung durch Sendeunternehmen** **331** (§ 55 UrhG), die **Benutzung eines Datenbankwerks** (§ 55a UrhG), die **Vervielfältigung und öffentliche Wiedergabe in Geschäftsbetrieben** (§ 56 UrhG) sowie die **Werbung für die Ausstellung und den öffentlichen Verkauf von Werken** (§ 58 UrhG).

6. Kapitel Verwandte Schutzrechte

I. Grundlagen

332 Wer ein Werk vorträgt oder aufführt (Sänger, Musiker, Schauspieler), einen Tonträger oder eine Datenbank herstellt oder wissenschaftliche Ausgaben anfertigt, erbringt häufig eine ganz erhebliche Leistung, für die er aber in aller Regel kein Urheberrecht erhält, weil die Ergebnisse der genannten Tätigkeiten zumeist nicht zu einer persönlichen geistigen Schöpfung i. S. d. § 2 Abs. 2 UrhG führen. Um solche Tätigkeiten dennoch angemessenen zu belohnen, gewährt das UrhG dem Erbringer bestimmter künstlerischer, unternehmerischer, wissenschaftlicher oder organisatorischer Leistungen sog. **Leistungsschutzrechte** (synonym „verwandte Schutzrechte"). Es handelt sich dabei ebenfalls um Ausschließlichkeitsrechte (s. Rn. 4), mit deren Hilfe Dritte von der Nutzung und Verwertung der erbrachten Leistung ausgeschlossen werden können. Ihre Regelung im UrhG rechtfertigt sich daraus, dass Leistungsschutzrechte typischerweise auf ein Werk bezogen sind und dessen Vermittlung oder Zugänglichmachung dienen.

333 Die **Leistungsschutzrechte** unterscheiden sich in ihrem **Aufbau** zumeist recht deutlich vom Urheberrecht. Während dieses den Urheber umfassend in seinen geistigen und persönlichen Beziehungen zum Werk und in der Nutzung des Werks schützt (§ 11 Satz 1 UrhG, s. Rn. 130), gewähren die meisten Leistungsschutzrechte ihrem Inhaber nur die konkret im Gesetz genannten Rechte. Lediglich für den Schutz wissenschaftlicher Ausgaben (§ 70 UrhG), nachgelassener Werke (§ 71 UrhG) und den Lichtbildschutz (§ 72 UrhG) verweist das UrhG pauschal auf die Vorschriften über das Urheberrecht.

334 Mit Ausnahme der Leistungsschutzrechte für Verfasser wissenschaftlicher Ausgaben (§ 70 UrhG) und Lichtbildner (§ 72 UrhG) tritt bei den Leistungsschutzrechten die **persönlichkeitsrechtliche Komponente** entweder deutlich in den Hintergrund oder fehlt sogar völlig. Der Rechtsinhaber kann die aus den Leistungsschutzrechten fließenden Verwertungsrechte deshalb frei übertragen (z. B. §§ 71 Abs. 2, 79 Abs. 1 UrhG), ist also im Gegensatz zum Urheberrecht nicht auf die Einräumung von Nutzungsrechten (§ 31 UrhG) angewiesen, kann davon aber Gebrauch machen.

Urheberrechte einerseits und Leistungsschutzrechte andererseits sowie ihre jeweiligen Inhaber sind **streng zu unterscheiden**. Sie stehen selbständig nebeneinander. So sind für die Verwertung beispielsweise einer Musikaufnahme die Urheberrechte an Text und Musik sowie die Leistungsschutzrechte der ausübenden Künstler und des Tonträgerherstellers zu lizenzieren; alle Rechtsinhaber können unabhängig voneinander gegen Verletzungen (nur) ihrer Rechte vorgehen (Bsp.: BGH, I ZR 225/12, GRUR 2015, 1189 Rn. 11 – Goldrapper). Auch können zugunsten derselben Person parallel Urheber- und (ggf. auch mehrere) Leistungsschutzrechte bestehen (Bsp.: OLG Hamburg GRUR 2002, 335 – Kinderfernseh-Sendereihe).

335

Beispiel:
X kopiert eine Musik-CD, ohne dass eine Schranke des Urheberrechts eingreift. Er verletzt damit das Urheberrecht des Urhebers des Musikwerks (§ 2 Abs. 1 Nr. 2 UrhG) sowie ggf. des Sprachwerks (§ 2 Abs. 1 Nr. 1 UrhG), daneben aber auch das Leistungsschutzrecht des Tonträgerherstellers (§ 85 Abs. 1 UrhG) sowie die Leistungsschutzrechte der ausübenden Künstler (§§ 73 ff. UrhG).

336

II. Künstlerische Leistungen

Ausübende Künstler (Musiker, Sänger, Schauspieler) i. S. d. § 73 UrhG **interpretieren ein Werk**, indem sie es vortragen (Sprachwerk, § 19 Abs. 1 UrhG) oder aufführen (Musikwerk, pantomimisches oder choreographisches Werk, § 19 Abs. 2, 3 UrhG). Sie erbringen dabei zwar eine eigene künstlerische Leistung, erwerben in aller Regel mangels persönlicher geistiger Schöpfung jedoch kein eigenes Urheberrecht. Stattdessen gewährt ihnen das UrhG relativ weit reichende Leistungsschutzrechte. So hat der ausübende Künstler die ausschließlichen Rechte, seine Darbietung auf Bild- oder Tonträger **aufzunehmen** (§ 77 Abs. 1 UrhG), diese zu **vervielfältigen** und zu **verbreiten** (§ 77 Abs. 2 UrhG) sowie in bestimmten Formen **öffentlich wiederzugeben** (§ 78 Abs. 1 UrhG). Außerdem kommen ihm persönlichkeitsrechtliche Befugnisse zu, nämlich der **Anspruch auf Namensnennung** (§ 74 UrhG, vergleichbar § 13 UrhG) und der **Schutz vor Beeinträchtigungen** seiner Leistung (§ 75 UrhG, vergleichbar § 14 UrhG). Ferner gewährt ihm § 78 Abs. 2 UrhG für bestimmte freigestellte Hand-

337

lungen eine angemessene **Vergütung**. Leistungsschutz besteht für 50 bzw. 70 Jahre (§ 82 Abs. 1 UrhG).

338 Dargeboten werden muss ein **Werk**, wobei es nicht entscheidend ist, ob dieses tatsächlich geschützt ist, sondern nur, dass es die Anforderungen des § 2 UrhG erfüllt, sodass beispielsweise auch gemeinfreie Werke dargeboten werden können (BT-Drs. IV/270, S. 90), oder eine **Ausdrucksform der Volkskunst**. Darbietende können neben **Sängern, Musikern, Schauspielern** und **Tänzern** beispielsweise auch **Synchronsprecher** (BGH, I ZR 145/11, GRUR 2012, 1248 Rn. 38 – Fluch der Karibik: dargeboten wird das Sprachwerk des Synchronautors) und **Fernsehmoderatoren** (soweit die Moderationen Werkqualität aufweisen, BGH GRUR 1981, 419 – Quizmaster) sein. Mangels Darbietung eines Werks oder einer Ausdrucksform der Volkskunst genießen keinen Leistungsschutz etwa Zirkus- und Varietékünstler (BT-Drs. IV/270, S. 90) sowie Sportler (*Schack*, Rn. 748 f.).

339 Leistungsschutz als ausübender Künstler und Urheberrechtsschutz können **parallel** zugunsten derselben Person bestehen, beispielsweise wenn ein Komponist sein eigenes Werk aufführt (OLG Hamburg GRUR 2002, 335 – Kinderfernseh-Sendereihe); bei der Aufführung einer Improvisation entstehen beide Schutzrechte sogar im selben Zeitpunkt (LG München I GRUR Int. 1993, 82, 83 – Duo Gismonti-Vasconcelos).

III. Wissenschaftlich sichtende und verlegerische Leistung

340 1. **Wissenschaftliche Ausgaben** (§ 70 UrhG). Ein Leistungsschutzrecht erhält, wer urheberrechtlich nicht bzw. nicht mehr geschützte Werke oder Texte durch wissenschaftlich sichtende Tätigkeit erschließt, sofern sich das Ergebnis von den bisher bekannten Ausgaben der Werke oder Texte unterscheidet. Notwendig ist eine „**sichtende, ordnende und abwägende Arbeit** [...] unter Verwendung wissenschaftlicher Methoden" (BGH GRUR 1975, 667, 668 – Reichswehrprozeß).

341 Beispiel:
W rekonstruiert einen Prozess vor dem Reichsgericht anhand zeitgenössischer Berichte aus Tageszeitungen (BGH GRUR 1975, 667, 668 – Reichswehrprozeß).

Auf das Leistungsschutzrecht für wissenschaftliche Ausgaben finden die Vorschriften über das **Urheberrecht entsprechende Anwendung**, sodass ein vergleichbarer Schutz der verwertungs- und persönlichkeitsrechtlichen Interessen gewährleistet ist. Die Schutzdauer ist dagegen auf 25 Jahre verkürzt, beginnend ab Erscheinen der wissenschaftlichen Ausgabe (§ 70 Abs. 3 UrhG). **342**

2. Nachgelassene Werke (§ 71 UrhG). Wer ein bislang nicht erschienenes (§ 6 Abs. 2 UrhG) Werk nach Erlöschen des Urheberrechts (§§ 64 ff. UrhG) erstmals erlaubterweise erscheinen lässt (§ 6 Abs. 2 UrhG) oder öffentlich wiedergibt (§ 15 Abs. 2 UrhG), erlangt das ausschließliche Recht zur Verwertung (§ 15 Abs. 1, 2 UrhG) dieser Leistung. Dem Herausgeber soll damit eine Entschädigung für den oft erheblichen Aufwand an Arbeit und Kosten gewährt werden, der mit dem Auffinden und Herausgeben eines bisher unbekannten oder nur durch mündliche Überlieferung bekannten Werks verbunden ist, sowie im Allgemeininteresse Anreiz zu solcher Tätigkeit gegeben werden (BGH, I ZR 19/07, GRUR 2009, 942 Rn. 11 – Motezuma). **343**

> **Beispiele:** **344**
> W verlegt erstmals eine bislang nicht erschienene Partitur einer Oper von *Georges Bizet* (BGH GRUR 1975, 447 – TE DEUM).
> Kein Leistungsschutzrecht ist für das Wiederauffinden der Partitur zu *Antonio Vivaldis* Oper Motezuma entstanden, da nicht nachgewiesen werden konnte, dass das Werk nicht bereits im 18. Jahrhundert im Zuge der Aufführungen erschienen war (BGH, I ZR 19/07, GRUR 2009, 942 – Motezuma).
> Leistungsschutz wurde dem Land Sachsen-Anhalt für das Entdecken der ca. 3.800 Jahre alten Himmelsscheibe von Nebra zugesprochen (LG Magdeburg GRUR 2004, 672 – Himmelsscheibe von Nebra).

IV. Unternehmerische Leistungen

Das UrhG gewährt Leistungsschutzrechte auch für bestimmte, meist mit nicht unerheblichen finanziellen Aufwendungen und Anstrengungen verbundene **unternehmerische Leistungen** mit Bezügen zum Urheberrecht. Die Leistungsschutzberechtigten erhalten dadurch eigene Ausschließlichkeitsrechte, aus denen sie gegen unberechtigte Nutzungen vorgehen können, ohne insoweit auf von den Urhebern abgeleitete Rechte angewiesen zu sein. **345**

346 **1. Tonträgerhersteller (§ 85 UrhG).** Schutzgegenstand des Tonträgerherstellerrechts ist die zur Festlegung der Tonfolge auf dem Tonträger erforderliche **wirtschaftliche, organisatorische und technische Leistung** des Tonträgerherstellers (BGH, I ZR 112/06, GRUR 2009, 404 Rn. 14 – Metall auf Metall). Es ermöglicht diesem, unabhängig von Rechten der Urheber der aufgenommenen Werke und der mitwirkenden ausübenden Künstler, aus eigenem Recht gegen die unerlaubte Vervielfältigung, Verbreitung und öffentliche Zugänglichmachung seiner Tonträger vorzugehen. **Inhaber des Leistungsschutzrechts** ist derjenige, der die wirtschaftliche, organisatorische und technische Leistung erbringt, das Tonmaterial erstmalig auf einem Tonträger aufzuzeichnen (BGH, I ZR 112/06, GRUR 2009, 404 Rn. 8 – Metall auf Metall). Das Verbreitungsrecht des Tonträgerherstellers unterliegt der **Erschöpfung** (BGH GRUR 1981, 587 – Schallplattenimport). Es erlischt 70 Jahre nach Erscheinen des Tonträgers (§ 85 Abs. 3 Satz 1 UrhG).

347 Grundsätzlich greift bereits die Entnahme **kürzester Fragmente** in die wirtschaftliche, organisatorische und technische Leistung des Tonträgerherstellers und damit in dessen Vervielfältigungsrecht ein; es kommt insoweit deshalb – anders als beim Urheberrecht, beispielsweise des Komponisten oder Texters (s. Rn. 176) – nicht darauf an, dass das entnommene Fragment selbst Schöpfungshöhe erreicht. Anderes gilt nur, wenn einem Tonträger ein Audiofragment in Ausübung der Kunstfreiheit entnommen wird, um es in geänderter und beim Hören nicht wiedererkennbarer Form in einem neuen Werk zu nutzen (EuGH, C-476/17, GRUR 2019, 929 Rn. 29 ff. – Pelham/Hütter).

348 Beispiel:
Ein ausgesprochen lehrreiches Beispiel für das Tonträgerherstellerrecht sowie den Einfluss der Grundrechte und des Unionsrechts ist der seit mehr als 20 Jahren geführte Rechtsstreit um die ungenehmigte Übernahme einer zweisekündigen Rhythmussequenz aus dem Musikstück „Metall auf Metall" der Band *Kraftwerk* im Wege des Samplings und dessen Nutzung in wiederholter („geloopter") Form in dem von *Sabrina Setlur* gesungenen Titel „Nur mir". Vier (!) BGH-Entscheidungen (zuletzt I ZR 115/16, GRUR 2020, 843 – Metall auf Metall IV), eine des BVerfG (1 BvR 1585/13, GRUR 2016, 690) und eine des EuGH (C-476/17, GRUR 2019, 929) ergingen bisher in dieser Sache, die (Stand Juni 2021) immer noch nicht abgeschlossen ist. Für den Gesetzgeber war die EuGH-Entscheidung Anlass, § 24 UrhG zu streichen (BT-Drs. 19/27426, S. 1.).

2. Filmhersteller (§ 94 UrhG). Der Filmhersteller hat das ausschließliche Recht, **349** den Filmträger (Filmstreifen, Magnetband, DVD etc.) zu verwerten (vervielfältigen, verbreiten, senden etc.). Zwar muss sich der Filmhersteller von den Urhebern der in dem Film enthaltenen Werke (s. Rn. 70) und von etwaigen Leistungsschutzberechtigen (beispielsweise Schauspieler als ausübende Künstler) die notwendigen Nutzungsrechte einräumen lassen, um nicht selbst rechtswidrig zu handeln. Er ist aber nicht auf diese abgeleiteten Rechte angewiesen, um beispielsweise gegen illegale Kopien seines Films vorzugehen, sondern kann sich dazu auf sein Filmherstellerrecht stützen (Bsp.: BGH GRUR 2018, 400 – Konferenz der Tiere). Die Schutzdauer beträgt 50 Jahre (§ 94 Abs. 3 UrhG).

Filmhersteller ist die natürliche oder juristische Person, die die wirtschaftliche **350** Verantwortung und die organisatorische Tätigkeit bei der Produktion des Filmwerks übernimmt (BGH GRUR 1993, 472 – Filmhersteller). Das Leistungsschutzrecht entsteht mit der **erstmaligen Fixierung** des Filmwerks auf einem Filmträger (OLG Düsseldorf GRUR 1979, 53, 54 – Laufbilder). Geschützt ist nicht der Filmträger (Filmstreifen, DVD, Masterband) als materielles Gut, sondern die darin verkörperte organisatorische und wirtschaftliche Leistung des Filmherstellers (BGH, I ZR 42/05, GRUR 2008, 693 Rn. 16 – TV-Total). Da diese Leistung letztlich in jedem Teil des Films steckt, ist bereits die **Nutzung kleinster Teile ein Eingriff** in das Leistungsschutzrecht (BGH, I ZR 42/05, GRUR 2008, 693 Rn. 19 ff. – TV-Total).

Ist die auf dem Filmträger aufgezeichnete Bild- und Tonfolge kein Filmwerk **351** i. S. d. § 2 Abs. 1 Nr. 6 UrhG, so spricht man von „**Laufbildern**", für die § 94 UrhG entsprechend gilt (§ 95 UrhG, s. Rn. 363). Und schließlich sind die **Einzelbilder** eines Filmwerks oder einer Laufbildfolge jeweils für sich als Lichtbildwerke (§ 2 Abs. 1 Nr. 5 UrhG) oder als Lichtbild (§ 72 UrhG) geschützt (BGH, I ZR 86/12, GRUR 2014, 363 Rn. 20 – Peter Fechter).

3. Sendeunternehmen (§ 87 UrhG). Sendeunternehmen (Radio- und TV-Sender) **352** erhalten für die häufig mit erheblichem organisatorisch-technischem und wirtschaftlichem Aufwand verbundene Veranstaltung ihrer Sendung ein Leistungsschutzrecht (BT-Drs. IV/270, S. 97), das ihnen eine Reihe von Verwertungshandlungen in Bezug auf diese Sendung ausschließlich zuordnet (§ 87 Abs. 1 UrhG). So sind insbesondere Weitersendung und öffentliches Zugänglichmachen sowie Aufzeichnung auf Bild- oder Tonträger sowie deren Vervielfältigung und Verbreitung nur mit Zustimmung des Sendeunternehmens zulässig. Der Inhalt der Funksendung (urheberrechtlich geschützt oder ungeschützt, eigenes oder fremdes Material) ist ebenso unerheblich wie die Art (per

Funk oder per Kabel) der Ausstrahlung (*Schack*, Rn. 705). Die Schutzdauer beträgt 50 Jahre (§ 87 Abs. 3 UrhG).

353 **Beispiele:**
G stellt in seinem Biergarten eine Leinwand auf und zeigt dort die TV-Live-Übertragung eines Fußballspiels. Zulässig, sofern G keinen Eintritt nimmt (§ 87 Abs. 1 Nr. 3 UrhG).
Außerhalb der Fußballsaison möchte G Spielfilme aus dem laufenden Fernsehprogramm zeigen. Unzulässig, denn hier ist neben § 87 Abs. 1 UrhG auch § 22 UrhG zu beachten, da eine Funksendung wiedergegeben werden soll, die ein Filmwerk enthält, was auch bei Unentgeltlichkeit allein dem Filmurheber vorbehalten ist.

354 **4. Veranstalter (§ 81 UrhG).** Dem Veranstalter von Darbietungen ausübender Künstler (s. Rn. 337) stehen die gleichen Verwertungsrechte (§§ 77, 78 Abs. 1 UrhG) zu wie den ausübenden Künstlern (§ 81 UrhG). Wie dort muss es sich um die Veranstaltung der Darbietung eines Werks oder einer Ausdrucksform der Volkskunst handeln, sodass es gerade für den wirtschaftlich besonders relevanten Bereich der Sportveranstaltung (Fußball etc.) keinen immaterialgüterrechtlichen Schutz gibt (BGH GRUR 1990, 702, 705 – Sportübertragungen). In Betracht kommen – je nach Fallgestaltung – nur vertragliche Ansprüche, Ansprüche aus dem Hausrecht oder § 823 Abs. 1 BGB (Recht am eingerichteten und ausgeübten Gewerbebetrieb) oder Ansprüche aus dem UWG (BGH, I ZR 60/09, GRUR 2011, 436 – hartplatzhelden.de). Die Schutzdauer beträgt 25 Jahre (§ 82 Abs. 2 UrhG).

355 **5. Schutz des Datenbankherstellers (§§ 87a–87e UrhG).** Datenbanken werden, wenn sie die erforderliche Schöpfungshöhe erreichen, als Datenbankwerk nach § 4 Abs. 2 UrhG (s. Rn. 79) geschützt. Hiervon zu unterscheiden ist das **Leistungsschutzrecht des Datenbankherstellers** für Datenbanken (Definition in § 87a Abs. 1 UrhG) nach den §§ 87a ff. UrhG. Es handelt sich hierbei um einen bloßen Investitionsschutz (EuGH, C-202/12, GRUR 2014, 166 Rn. 36 – Innoweb/Wegener). Zentrale Schutzvoraussetzung des § 87a UrhG ist das Tätigen einer **nach Art oder Umfang wesentlichen Investition**. Eine schöpferische Leistung ist nicht erforderlich. Inhaber des Leistungsschutzrechts ist derjenige, der die wesentliche Investition getätigt hat (§ 87a Abs. 2 UrhG). Der Leistungsschutz dauert 15 Jahre (§ 87d UrhG).

Beispiele: Topografische Landkarten (BGH, I ZR 138/13, GRUR 2016, 930 – TK 50 II), Musik-Charts (BGH, I ZR 290/02, GRUR 2005, 857 – HIT BILANZ), Fußballspielpläne (EuGH, C-444/02, GRUR 2005, 254 – Fixtures-Fußballspielpläne II), juristische Fachdatenbanken (EuGH, C-545/07, GRUR 2009, 572 – Apis/Lakorda).	**356**

An derselben Datenbank ist **parallel** Urheberrechtsschutz nach § 4 Abs. 2 UrhG und Leistungsschutz nach § 87a UrhG möglich, der auch verschiedenen Personen zustehen kann (BGH I ZR 130/04 GRUR 2007, 688 Rn. 27 – Gedichttitelliste I). **357**

Beispiel: U erstellt im Auftrag seines Arbeitgebers A unter Aufwendung erheblicher Mittel des A eine Urteilsdatenbank zum Urheberrecht. Er wählt dabei die Entscheidungen nach bestimmten Kriterien (Praxisrelevanz etc.) aus. U erwirbt ein Urheberrecht nach § 4 Abs. 2 UrhG, A ein Leistungsschutzrecht nach § 87a Abs. 1 UrhG.	**358**

6. Presseverleger (§§ 87f–87k UrhG). Presseverleger haben das ausschließliche **359** Recht, ihre Presseveröffentlichungen (z. B. eine Ausgabe einer Tageszeitung) im Ganzen oder in Teilen für die Online-Nutzung durch Anbieter von Diensten der Informationsgesellschaft öffentlich zugänglich zu machen und hierzu zu vervielfältigen (§ 87g Abs. 1 UrhG). Dies soll es ihnen ermöglichen, aus eigenem Recht (und nicht nur aus von den Urhebern der Inhalte abgeleitetem Recht) gegen die Nutzung ihrer Leistung durch Dritte, gemeint sind insb. Internet-Suchmaschinen und „News-Aggregatoren", vorzugehen (BT-Drs. 17/11470, S. 6). Wirtschaftlich geht es darum, die Verleger an den (Werbe-)Einnahmen dieser Dienste zu beteiligen (*Schack,* Rn. 718a).

V. Lichtbilder (§ 72 UrhG) und Laufbilder (§ 95 UrhG)

1. Lichtbilder (§ 72 UrhG). Lichtbilder, die mangels hinreichender Individualität keine Lichtbildwerke i. S. d. § 2 Abs. 1 Nr. 5 UrhG sind, genießen in entsprechender Anwendung der für diese geltenden Vorschriften Schutz (§ 72 Abs. 1 UrhG), lediglich die Schutzdauer ist mit 50 Jahren ab Erscheinen bzw. Herstel- **360**

lung kürzer (§ 72 Abs. 3 UrhG). Notwendig ist zwar auch hier eine **persönliche geistige Leistung**, jedoch muss diese nicht schöpferisch sein. Auszuscheiden sind deshalb lediglich rein technische Reproduktionsvorgänge, etwa Fotokopien; notwendig ist vielmehr, dass das Lichtbild als solches originär, d. h. als „Urbild" geschaffen wird (BGH, I ZR 104/17, GRUR 2019, 284 Rn. 23 – Museumsfotos). Letztlich ist aber nahezu jede Fotografie (mindestens) als Lichtbild geschützt.

361 Beispiele:
Fotos zubereiteter Speisen, wie eines Schinkenkrustenbratens (BGH, I ZR 166/07, GRUR 2010, 616 Rn. 19 – marions-kochbuch.de); sämtliche Einzelbilder eines Filmwerks i. S. d. § 2 Abs. 1 Nr. 6 UrhG oder einer Laufbildfolge i. S. d. § 95 UrhG (BGH, I ZR 86/12, GRUR 2014, 363 Rn. 20 – Peter Fechter, im Falle hinreichender Individualität sogar als Lichtbildwerk geschützt).

362 Bis vor Kurzem waren auch **Reproduktionsfotografien von gemeinfreien Werken** (jedenfalls) leistungsschutzrechtlich als Lichtbilder nach § 72 UrhG geschützt, sodass eine Rechtsverletzung beging, wer solche Fotos ohne Erlaubnis des Lichtbildners ins Internet stellte (BGH, I ZR 104/17, GRUR 2019, 284 – Museumsfotos). Nunmehr schließt § 68 UrhG in Umsetzung von Art. 14 DSM-RL für Vervielfältigungen gemeinfreier „visueller Werke" den Leistungsschutz aus. Schutz der Fotografie als Werk nach Maßgabe des § 2 UrhG bleibt dagegen möglich.

363 2. **Laufbilder (§ 95 UrhG).** Für den Hersteller von Bildfolgen, die nicht die notwendige Individualität aufweisen und deshalb keine Filmwerke (§ 2 Abs. 1 Nr. 6 UrhG) sind, finden nach § 95 UrhG gleichwohl die meisten der für den Filmhersteller geltenden Vorschriften (§§ 88 ff. UrhG) und damit insbesondere dessen Leistungsschutzrecht aus § 94 UrhG entsprechende Anwendung. Näher dazu Rn. 349.

364 Beispiele:
Das bloße Aufzeichnen einer Darbietung ausübender Künstler, das sich im „Abfilmen" des Geschehens erschöpft, führt lediglich zu Laufbildschutz, während ein inszeniertes Musikvideo ein Filmwerk sein kann (KG ZUM 2003, 863 – Beat Club). Eine Naturdokumentation ist eine Laufbildfolge, wenn sie sich in der bloß schematischen Aneinanderreihung von Aufnahmen erschöpft, hingegen Filmwerk, wenn die Auswahl, Anordnung und Sammlung des Stoffs schöpferisch ist (BGH GRUR 1984, 730, 732 – Filmregisseur).

7. Kapitel Rechtsverletzungen

I. Überblick

365 Urheberrechte und Leistungsschutzrechte nützen in der Praxis wenig, wenn ihre Verletzung nicht sanktioniert werden kann. Das UrhG hält für den Verletzungsfall verschiedene Möglichkeiten bereit. Von zentraler Bedeutung sind die zivilrechtlichen Ansprüche. So kann der Verletzte insbesondere Unterlassung und Beseitigung der Rechtsverletzung, im Fall einer schuldhaften Verletzung auch Schadensersatz verlangen. Bestimmte Rechtsverletzungen sind außerdem Straftaten oder Ordnungswidrigkeiten.

II. Zivilrecht

366 **1. Überblick.** Zentrale Anspruchsgrundlage bei Verletzungen des Urheberrechts, der Leistungsschutzrechte sowie ausschließlicher Nutzungsrechte (§ 31 Abs. 3 UrhG) ist § 97 UrhG. In dessen Abs. 1 finden sich der Unterlassungsanspruch und der Beseitigungsanspruch, in Abs. 2 Satz 1 der Schadensersatzanspruch. Die folgenden Paragrafen geben dem Verletzten weitere Ansprüche gegen den Verletzer, beispielsweise auf Vernichtung, Rückruf oder Überlassung der rechtswidrig hergestellten oder verbreiteten Vervielfältigungsstücke und dazu dienender Vorrichtungen (§ 98 UrhG) sowie auf Erteilung von Auskünften (§ 101 UrhG). Schließlich ist auch die in der Praxis sehr wichtige Abmahnung inzwischen gesetzlich geregelt (§ 97a UrhG).

367 Daneben kommen auch Anspruchsgrundlagen aus anderen Gesetzen in Betracht (§ 102a UrhG). Von Bedeutung ist hier insbesondere **§ 812 Abs. 1 Satz 1 Alt. 2 BGB (Eingriffskondiktion)**. Die widerrechtliche Nutzung eines Urheber- oder Leistungsschutzrechts greift in dessen Zuweisungsgehalt ein und verpflichtet zur Herausgabe des Erlangten (BGH GRUR 1995, 673, 676 – Mauer-Bilder); auf Verschulden kommt es dafür nicht an. Erlangt ist der Gebrauchsvorteil; da dieser nicht in natura herausgegeben werden kann, ist Wertersatz zu leisten (§ 818 Abs. 2 BGB). Dieser kann nach der Lizenzanalogie (s. Rn. 375) berechnet werden (BGH, I ZR 148/13, GRUR 2015, 780 Rn. 32 – Motorradteile).

368 **2. Gemeinsame Voraussetzungen. – a) Geschützte Rechte.** Sämtliche Ansprüche setzen die widerrechtliche Verletzung eines „nach diesem Gesetz" geschützten Rechts voraus. Dies sind sämtliche durch das UrhG gewährten absoluten Rechte (BGH, I ZR 124/11, GRUR 2015, 672 Rn. 68 – Videospiel-Konsolen II), und damit insbesondere das **subjektive Urheberrecht** mit den aus ihm folgenden Verwertungs- und Urheberpersönlichkeitsrechten (s. Rn. 127) sowie die **verwandten Schutzrechte** (s. Rn. 332). Umfasst sind aber auch **ausschließliche Nutzungsrechte** (§ 31 Abs. 3 UrhG), da diese ihrem Inhaber ebenfalls ein Ausschließlichkeitsrecht einräumen (s. Rn. 421), sowie das Verwertungsverbot des § **96 UrhG** (BGH GRUR 1993, 550, 553 – The Doors). Nicht zu den geschützten Rechten im Sinne des § 97 UrhG zählen hingegen Vergütungs- und sonstige Zahlungsansprüche (beispielsweise das Folgerecht), denn diese richten sich stets nur gegen eine bestimmte Person und sind deshalb keine absoluten Rechte, ebenso wenig einfache Nutzungsrechte (§ 31 Abs. 2 UrhG), da diese nur die Benutzung erlauben, jedoch kein Ausschließlichkeitsrecht gewähren (s. Rn. 420). Ebenfalls nicht unter § 97 UrhG, sondern unter § 823 Abs. 2 BGB fallen Verletzungen des § 95a UrhG (BGH, I ZR 124/11, GRUR 2015, 672 Rn. 68 – Videospiel-Konsolen II).

369 **b) Widerrechtliche Verletzung.** Das geschützte Recht muss widerrechtlich verletzt worden sein. Das ist nicht der Fall, wenn sich die Nutzung innerhalb der Grenzen (räumlich, zeitlich und inhaltlich) eines einfachen oder ausschließlichen Nutzungsrechts hält (s. Rn. 419), einer Schranke (s. Rn. 253) unterfällt oder durch eine Einwilligung des Rechtsinhabers (Bsp.: BGH, I ZR 69/08, GRUR 2010, 628 Rn. 33 – Vorschaubilder I) gestattet ist.

370 **3. Unterlassungs- und Beseitigungsansprüche (§ 97 Abs. 1 UrhG).** In der Praxis von zentraler Bedeutung sind die Unterlassungs- und Beseitigungsansprüche. Dem Inhaber eines Immaterialgüterrechts ist in aller Regel zunächst daran gelegen, die Rechtsverletzung zu beenden (Beseitigungsanspruch) sowie die erneute Rechtsverletzung zu unterbinden (Verletzungsunterlassungsanspruch) bzw. eine bevorstehende (erstmalige) Rechtsverletzung zu verhindern (vorbeugender Unterlassungsanspruch). Um diese Ansprüche auszulösen, muss nur der objektive Tatbestand einer Urheberrechtsverletzung erfüllt sein, also ein geschütztes Recht (s. Rn. 368) widerrechtlich verletzt (s. Rn. 369) worden sein bzw. dies drohen. Eines Verschuldens bedarf es dagegen nicht (BGH, I ZR 88/13, GRUR 2016, 493 Rn. 16 – Al Di Meola), sodass regelmäßig auch irrtümliche

(z. B. Irrtum über die Reichweite einer Schranke oder die Annahme, Inhaber eines Nutzungsrechts zu sein) und sogar unwissentliche Eingriffe in geschützte Rechte Unterlassungs- und Beseitigungsansprüche auslösen.

a) **Beseitigungsanspruch.** Der Beseitigungsanspruch ist auf die Beendigung des rechtswidrigen Zustands gerichtet und setzt (nur) eine noch andauernde widerrechtliche Rechtsverletzung voraus (BGH, I ZR 76/13, GRUR 2015, 258 Rn. 64 – CT-Paradies). Welche Beseitigungsmaßnahmen zu ergreifen sind, hängt von der Art und dem Umfang der Rechtsverletzung ab (BGH GRUR 1995, 668, 671 – Emil Nolde). So muss beispielsweise ein rechtswidrig vervielfältigter (§ 16 Abs. 1 UrhG) und verbreiteter (§ 17 Abs. 1 UrhG) Roman aus dem Verkauf genommen oder eine illegale Musik-Datei aus einer „Tauschbörse" entfernt werden. Die Beseitigungsmaßnahmen können aber auch weiter reichen. Wer etwa rechtswidrig ein Lichtbild (§ 72 UrhG) für seinen eBay-Verkauf benutzt und dieses dadurch öffentlich zugänglich gemacht (§ 19a UrhG) hat, muss dieses Angebot löschen, im Rahmen des Möglichen und Zumutbaren aber außerdem auf den Betreiber der Plattform einwirken, dass dieser das unter „beendete Auktionen" weiterhin zugängliche Lichtbild löscht (BGH, I ZR 76/13, GRUR 2015, 258 Rn. 70 – CT-Paradies). **371**

b) **Verletzungsunterlassungsanspruch.** Der Verletzungsunterlassungsanspruch setzt neben der widerrechtlichen Rechtsverletzung eine **Wiederholungsgefahr** (§ 97 Abs. 1 Satz 1 UrhG) voraus. Diese Wiederholungsgefahr wird allerdings aufgrund der bereits eingetretenen Rechtsverletzung vermutet (BGH, I ZR 55/12, GRUR 2013, 1235 Rn. 17 – Restwertbörse II). Diese Vermutung entfällt grundsätzlich nicht schon durch bloße Aufgabe des rechtsverletzenden Verhaltens, sondern kann (außergerichtlich) regelmäßig nur durch Abgabe einer **strafbewehrten Unterlassungserklärung** ausgeräumt werden (BGH, I ZR 219/05, GRUR 2008, 996 Rn. 33 – Clone-CD, s. Rn. 387). **372**

c) **Vorbeugender Unterlassungsanspruch.** Ein Unterlassungsanspruch besteht bereits vor einer Rechtsverletzung, sofern diese hinreichend konkret droht (§ 97 Abs. 1 Satz 2 UrhG). An die Stelle der Wiederholungsgefahr tritt hier die Erstbegehungsgefahr. Dazu bedarf es allerdings ernsthafter und greifbarer tatsächlicher Anhaltspunkte dafür, dass der Anspruchsgegner sich in naher Zukunft in der näher bezeichneten Weise rechtswidrig verhalten werde (BGH, I ZR 92/16, GRUR 2017, 793 Rn. 33 – Mart-Stam-Stuhl). Die Anforderungen an die Darlegung einer Erstbegehungsgefahr sind dabei recht streng. So gab beispielsweise die Präsentation eines als „Prototyp" bezeichneten Stuhls auf einer Messe keine hinreichend konkreten Anhaltspunkte dafür, dass der Hersteller diesen **373** in naher Zukunft im Inland verbreiten will (BGH, I ZR 92/16, GRUR 2017, 793 Rn. 34 ff. – Mart-Stam-Stuhl).

374 **4. Schadensersatzanspruch (§ 97 Abs. 2 UrhG).** Unterlassungs- und Beseitigungsanspruch sind verschuldensunabhängig. Handelt der Verletzer schuldhaft, d. h. vorsätzlich oder fahrlässig (§ 276 Abs. 2 BGB), ist er dem Verletzten außerdem zum Schadensersatz verpflichtet (§ 97 Abs. 2 Satz 1 UrhG).

375 Zur **Bezifferung der Schadensersatzsumme** sind im Immaterialgüterrecht drei Berechnungsmethoden anerkannt, zwischen denen der Verletzte frei wählen kann. Er kann den ihm tatsächlich **entstandenen Schaden**, einschließlich des entgangenen Gewinns (§ 252 BGB), geltend machen. Die Berechnung bereitet in der Praxis indes meist erhebliche Schwierigkeiten, da eine konkrete Vermögenseinbuße häufig kaum festzustellen bzw. entgangener Gewinn schlecht hinreichend sicher darzulegen ist. Alternativ kann der Verletzte deshalb als Schaden den Betrag verlangen, den der Verletzer im Falle eines Lizenzerwerbs hätte zahlen müssen (§ 97 Abs. 2 Satz 3 UrhG), sog. **Lizenzanalogie**. Der Verletzer kann dem nicht entgegenhalten, dass er niemals eine kostenpflichtige Lizenz erworben hätte; entscheidend ist, was vernünftige Vertragspartner als Vergütung vereinbart hätten (BGH, I ZR 187/17, GRUR 2019, 292 Rn. 18 – Foto eines Sportwagens). Als dritte Variante kann der Verletzte den vom Verletzer erzielten Gewinn als Schaden geltend machen, den sog. **Verletzergewinn** (§ 97 Abs. 2 Satz 2 UrhG). Zur Bestimmung des Verletzergewinns sind vom Verkaufserlös die auf das rechtsverletzende Produkt (CD, DVD, Buch) bezogenen Herstellungs- und Vertriebskosten, nicht aber die Gemeinkosten des Unternehmens abzuziehen (BGH, I ZR 246/98, GRUR 2001, 329, 331 – Gemeinkostenanteil). Das Unionsrecht verpflichtet die Mitgliedstaaten nicht, einen „Strafschadensersatz" vorzusehen (EuGH, C-367/15, GRUR 2017, 264 Rn. 27 f. – OTK/SFP).

376 Der Schadensersatzanspruch umfasst bei Urhebern, Verfassern wissenschaftlicher Ausgaben, Lichtbildnern und ausübenden Künstlern auch den Ersatz **immaterieller Schäden**, wenn und soweit dies der Billigkeit entspricht (§ 97 Abs. 2 Satz 4 UrhG), was voraussetzt, dass es sich um einen schwerwiegenden Eingriff handelt und die Beeinträchtigung nicht in anderer Weise befriedigend ausgeglichen werden kann (BGH, I ZR 148/13, GRUR 2015, 780 Rn. 38 – Motorradteile). Typischerweise nicht um den Ersatz eines immateriellen, sondern eines materiellen Schadens geht es im Falle **fehlender Urheberbenennung**; der Anspruch wird hier verbreitet ebenfalls anhand der Lizenzanalogie bemessen, sodass der Verletzte im Ergebnis zweimal die angemessene Lizenzgebühr verlangen kann (vgl. BGH, I ZR 148/13, GRUR 2015, 780 Rn. 39 f. – Motorradteile).

377 Bei der Verletzung von Rechten zur öffentlichen Wiedergabe von Musikwerken, die von der Gesellschaft für musikalische Aufführungs- und mechanische Vervielfältigungsrechte (GEMA) wahrgenommen werden, besteht die Besonderheit, dass die **GEMA** pauschal die doppelte Tarifgebühr als Schaden geltend machen kann, um dadurch ihre erheblichen Verwaltungs- und Überwachungskosten zu finanzieren sowie einen Anreiz zur vorherigen Einholung der notwendigen Rechte zu geben (BGH GRUR 1986, 376, 380 – Filmmusik). Einen allgemeinen „Verletzerzuschlag", etwa als zivilrechtliche „Strafe" für die rechtswidrige Nutzung oder im Präventionsinteresse, gibt es aber nicht (OLG Braunschweig, 2 U 7/11, GRUR 2012, 920, 924).

378 5. Aktivlegitimation. Gläubiger der Verletzungsansprüche ist, wessen Recht verletzt wurde, der „Verletzte". Das ist der **Urheber**, der **Leistungsschutzberechtigte**, aber auch der Inhaber eines **ausschließlichen Nutzungsrechts** (§ 31 Abs. 3 UrhG, s. Rn. 421), soweit dessen Nutzungsrecht betroffen ist. Mangels eigenen Ausschließlichkeitsrechts nicht aktivlegitimiert ist hingegen der Inhaber eines einfachen Nutzungsrechts oder einer sonstigen Nutzungserlaubnis (Bsp.: OLG Celle, 13 W 17/12 GRUR-RR 2012, 455); hier kommt aber eine gewillkürte Prozessstandschaft zugunsten des Inhabers des Ausschließlichkeitsrechts in Betracht (BGH GRUR 1981, 652 f. – Stühle und Tische).

379 6. Passivlegitimation. – a) Täter und Teilnehmer. Schuldner der Verletzungsansprüche ist, wer die rechtsverletzende Handlung vorgenommen hat (**Täter**) sowie derjenige, der dem Täter dazu Hilfe geleistet oder ihn angestiftet hat (**Teilnehmer**, § 830 Abs. 2 BGB). Maßgeblich hierfür sind die im Strafrecht entwickelten Grundsätze (BGH, I ZR 186/16, GRUR 2018, 400 Rn. 25 – Konferenz der Tiere). Bloße Hilfspersonen ohne Herrschaft über die Rechtsverletzung, beispielsweise Boten, Briefträger oder Zusteller, haften nicht (BGH, I ZR 88/13, GRUR 2016, 493 Rn. 20 – Al Di Meola). Zur Haftung des Unternehmensinhabers s. § 99 UrhG.

380 b) Störer. Auf Unterlassung und Beseitigung, nicht aber auf Schadensersatz, kann außerdem der **Störer** in Anspruch genommen werden. Störer ist, wer – ohne Täter oder Teilnehmer zu sein – in irgendeiner Weise willentlich und adäquat-kausal zur Verletzung eines geschützten absoluten Rechts beiträgt und dabei zumutbare Prüfpflichten verletzt (BGH, I ZR 220/15, GRUR 2017, 617 Rn. 11 – WLAN-Schlüssel). Die Störerhaftung setzt weder Verschulden noch Kenntnis in Bezug auf die konkrete Rechtsverletzung voraus.

381 Bis vor kurzem spielte die Störerhaftung eine ganz erhebliche Rolle im „Online"-Bereich. So haftete beispielsweise der **Inhaber eines Internetanschlusses**

als Störer, der sein WLAN nicht hinreichend verschlüsselte, wenn dann Dritte darüber Urheberrechtsverletzungen begangen hatten (Bsp.: BGH, I ZR 121/08, GRUR 2010, 633 – Sommer unseres Lebens). Auch innerhalb der Familie oder einer Wohngemeinschaft kam eine Störerhaftung des Anschlussinhabers für Rechtsverletzungen durch Familienangehörige, Mitbewohner oder Gäste in Betracht (BGH, I ZR 86/15, GRUR 2016, 1289 – Silver Linings Playbook). Inzwischen schließt aber § 8 Abs. 1 Satz 2 TMG die bisherige Störerhaftung in solchen Fällen weitgehend aus. Damit der Verletzte nicht völlig ohne Rechtsschutzmöglichkeit dasteht, gibt ihm § 7 Abs. 4 TMG unter bestimmten Voraussetzungen einen Anspruch auf Einrichtung sog. **„Netzsperren"** gegen den Anbieter des bei der Rechtsverletzung genutzten Telemediendienstes (das kann auch ein privater Internetanschlussinhaber sein und ist nicht auf WLANs beschränkt), um eine Wiederholung der Rechtsverletzung zu verhindern (BGH, I ZR 64/17, GRUR 2018, 1044 – Dead Island, dort auch zur früheren Rechtslage).

382 7. Rechtsdurchsetzung. – a) Gerichtlich. – aa) Überblick. Der Verletzte kann seine Ansprüche gerichtlich im Wege der **Klage** (Hauptsacheverfahren) oder mittels eines Antrags auf Erlass einer **einstweiligen Verfügung** (Verfügungsverfahren) durchsetzen. Das Verfügungsverfahren regelt die Angelegenheit zwar nur vorläufig und ist auf die Geltendmachung von Unterlassungsansprüchen beschränkt, doch erlangt der Verletzte damit ungleich schneller (u. U. innerhalb von Stunden) als im Hauptsacheverfahren einen vollstreckbaren Titel. Fast alle Unterlassungsansprüche werden deshalb gerichtlich (zunächst) im Verfügungsverfahren geltend gemacht, wenn sie nicht außergerichtlich zu klären sind (s. Rn. 387).

383 bb) **Rechtsweg und Zuständigkeit.** Für Ansprüche bei Urheberrechtsverletzungen ist der **ordentliche Rechtsweg** (AG, LG, OLG, BGH) eröffnet (§ 104 Satz 1 UrhG). Die Zuständigkeit der Gerichte richtet sich nach ZPO und GVG. Für die **örtliche Zuständigkeit** ist neben dem Wohn- oder Geschäftssitz des Beklagten (§§ 12, 13, 17 ZPO) als sog. allgemeinem Gerichtsstand insbesondere der Ort der unerlaubten Handlung (§ 32 ZPO) von Bedeutung. Da dieser sowohl den Handlungs- als auch den Erfolgsort umfasst (BGH, I ZR 43/14, GRUR 2016, 1048 Rn. 17 – An Evening with Marlene Dietrich) und Immaterialgüterrechte aufgrund ihrer fehlenden materiellen Verkörperung grundsätzlich überall verletzt werden können, sind oft zahlreiche, nicht selten sogar sämtliche Gerichte örtlich zuständig. Unter diesen kann der Kläger frei wählen (§ 35 ZPO), sog. „fliegender Gerichtsstand". Lediglich für „private" Rechtsverletzungen durch natürliche Personen ist nach § 104a Abs. 1 UrhG stets das Wohnsitzgericht zuständig. § 105 UrhG ermöglicht die (örtliche) Konzentration urheberrechtlicher

Streitigkeiten bei bestimmten Amts- oder Landgerichten. **Sachlich zuständig** in der ersten Instanz sind bei einem Streitwert bis 5.000 Euro die Amtsgerichte, ansonsten die Landgerichte (§§ 23 Nr. 1, 71 Abs. 1 GVG).

cc) Besonderheiten des Verfügungsverfahrens. Dem Rechtsinhaber ist meist vor allem daran gelegen, die Rechtsverletzung möglichst schnell zu unterbinden. Wenn er dieses Ziel nicht schon mit der Abmahnung (s. Rn. 387) erreicht, kann er beim zuständigen Gericht (s. Rn. 383) einen **Antrag auf Erlass einer einstweiligen Verfügung** (§§ 935, 940 ZPO) stellen. Dazu bedarf es zusätzlich zum durchzusetzenden Unterlassungsanspruch (§ 97 Abs. 1 UrhG, dem sog. **Verfügungsanspruch**) der Eilbedürftigkeit einer gerichtlichen Entscheidung (sog. **Verfügungsgrund**). Dazu müssen die schutzwürdigen Interessen des Antragstellers an einer sofortigen Entscheidung die des Antragsgegners überwiegen (OLG Naumburg GRUR-RR 2013, 135 – Dringlichkeit). Zumeist ist das aber der Fall, wenn der Verletzte zeitnah gegen die noch andauernde Rechtsverletzung vorgeht (OLG Köln BeckRS 2016, 9601 Rn. 8, 10). **384**

Wird über den Antrag mündlich verhandelt, ergeht die Entscheidung **durch Urteil**, anderenfalls **durch Beschluss** (§ 936 i. V. m. § 922 Abs. 1 Satz 1 ZPO). Da dem Antragsgegner im Falle der Beschlussverfügung noch kein rechtliches Gehör gewährt wurde, kann dieser jederzeit **Widerspruch** gegen den Beschluss erheben, über den dann nach mündlicher Verhandlung durch Urteil entschieden wird (§§ 924, 925 ZPO). Gegen die Urteile im Verfügungsverfahren ist **Berufung**, jedoch **keine Revision** zulässig (§ 542 Abs. 2 ZPO). **385**

Eine einstweilige Verfügung ist zwar sofort vollstreckbar, jedoch noch nicht von dauerhaftem Bestand. Der Antragsgegner kann jederzeit beantragen, die Verfügung wegen veränderter Umstände aufzuheben (§ 927 ZPO), sowie, den Antragsteller zur Erhebung einer Klage im Hauptsacheverfahren zu verpflichten (§ 926 ZPO). Endgültige Rechtssicherheit bringt deshalb erst eine Entscheidung im Hauptsacheverfahren. Halten die Parteien nach dem Verfügungsverfahren eine weitere gerichtliche Klärung für entbehrlich, wird eine rechtskräftige Entscheidung durch das sog. **Abschlussverfahren** nachgebildet. Damit verzichtet der Antragsgegner im Anschluss an das Verfügungsverfahren auf seine Rechtsbehelfe gegen die einstweilige Verfügung und erkennt diese als abschließende Regelung des Streits an. Die einstweilige Verfügung steht dann in ihren Wirkungen einem Unterlassungsurteil gleich, ohne dass noch ein Hauptsacheverfahren geführt werden müsste (BGH, I ZR 146/07, GRUR 2009, 1096 Rn. 14 ff. – Mescher weis). **386**

387 **b) Außergerichtlich.** Dem gerichtlichen Verfahren (Klage oder Antrag auf Erlass einer einstweiligen Verfügung) geht zumeist eine **Abmahnung** (§ 97a UrhG) voraus. Damit fordert der Rechtsinhaber den Verletzer auf, eine **strafbewehrte Unterlassungserklärung** abzugeben. In dieser verpflichtet sich der Verletzer vertraglich gegenüber dem Rechtsinhaber, die konkrete (sowie „kerngleiche") Rechtsverletzung zukünftig zu unterlassen (Unterlassungsverpflichtung) und bei einem Verstoß gegen diese Verpflichtung eine Vertragsstrafe an den Rechtsinhaber zu zahlen (Strafbewehrung). Mit Abgabe der strafbewehrten Unterlassungserklärung entfällt die für den gesetzlichen Unterlassungsanspruch notwendige **Wiederholungsgefahr**, ohne dass gerichtliche Hilfe in Anspruch genommen werden muss.

388 Der Verletzer hat dem Rechtsinhaber die für die **berechtigte Abmahnung** erforderlichen Aufwendungen zu ersetzen (§ 97a Abs. 3 Satz 1 UrhG). Dies sind typischerweise die Rechtsanwaltskosten für die Abmahnung. Da sich diese anhand des Gegenstandswertes bemessen (§ 2 Abs. 1 RVG) und dieser bei urheberrechtlichen Streitigkeiten nicht selten im fünfstelligen Bereich liegt, kommen dabei leicht ganz erhebliche Kosten zusammen. Gleichwohl ist die Abmahnung typischerweise auch für den Verletzer von Vorteil, weil die Kosten einer dadurch vermiedenen gerichtlichen Durchsetzung regelmäßig noch höher liegen.

389 Für die Abmahnung einer **natürlichen Person**, die ein geschütztes Recht zu ausschließlich privaten Zwecken verletzt hat und deswegen vom Verletzten nicht schon einmal auf Unterlassung in Anspruch genommen wurde, ist der Gegenstandswert grundsätzlich auf 1.000 Euro gedeckelt (§ 97a Abs. 3 Satz 2–4 UrhG), sodass die Abmahnung mit höchstens 147,56 Euro zu Buche schlägt.

390 Der Rechtsinhaber ist **nicht verpflichtet**, vor Einleitung eines gerichtlichen Verfahrens **abzumahnen**, sondern kann auch sofort klagen oder einen Antrag auf Erlass einer einstweiligen Verfügung stellen. Allerdings läuft er in diesem Fall Gefahr, dass der Verletzer den Unterlassungsanspruch sofort anerkennt, woraufhin der Rechtsinhaber, obwohl er in der Sache voll obsiegt, sämtliche Kosten des Rechtsstreits zu tragen hat (§ 93 ZPO). In der Praxis empfiehlt sich deshalb in aller Regel, zunächst eine Abmahnung auszusprechen. Oft genügt das bereits, um die Rechtsverletzung abzustellen.

 Eine Abmahnung sollte man keinesfalls ignorieren, sondern zum Anlass nehmen, die Rechtslage sorgfältig zu prüfen.

c) Verjährung. Die urheberrechtlichen Ansprüche verjähren nach den allgemeinen **Vorschriften des BGB** (§ 102 UrhG). Die Verjährungsfrist beträgt **drei Jahre** (§ 195 BGB). Die Regelverjährungsfrist des § 199 Abs. 1 BGB beginnt zu laufen mit dem Schluss des Jahres („**Jahresultimoverjährung**"), in dem (kumulativ) der Anspruch entstanden ist und der Gläubiger von den den Anspruch begründenden Umständen und der Person des Schuldners Kenntnis erlangt oder ohne grobe Fahrlässigkeit erlangen müsste (§ 199 Abs. 1 BGB). Spätestens zehn Jahre nach Entstehung ist der Anspruch verjährt (§ 199 Abs. 3 BGB). Unabhängig davon haftet der Verletzer zehn Jahre auf Herausgabe einer durch die unerlaubte Handlung eingetretenen Bereicherung (§ 102 Satz 2 UrhG i. V. m. §§ 852, 818 ff. BGB, sog. „Restschadensersatzanspruch").

391

Beispiel:
V verwendet für seinen Internetauftritt eine Fotografie der F, für die er eigentlich hätte 500 Euro zahlen müssen. F erfährt davon am 3.4.2016. 2021 will F Ansprüche geltend machen. – Der Anspruch auf Schadensersatz ist mit Ablauf des 31.12.2019 verjährt (§§ 195, 199 BGB). F kann deshalb weder die 500 Euro im Wege der Lizenzanalogie noch den 100%igen Zuschlag wegen unterlassener Urheberbenennung als Schadensersatz geltend machen. Ihr bleibt aber der Anspruch aus § 102 Satz 2 UrhG i. V. m. §§ 852, 818 ff. BGB. Dieser kann ebenfalls anhand der Lizenzanalogie bemessen werden (BGH, I ZR 148/13, GRUR 2015, 780 Rn. 31 ff. – Motorradteile). Dieser Anspruch verjährt erst mit Ablauf des 3.4.2026.

392

8. Schutz technischer Maßnahmen und Informationen zur Rechtewahrnehmung (§§ 95a, 95c UrhG). Nach § 95a UrhG ist es verboten, wirksame technische Maßnahmen zum Schutz eines Werks zu umgehen. Die Vorschrift zielt auf das „Knacken" eines Kopierschutzes oder eines sonstigen Digital-Rights-Management-(DRM-)Systems (Bsp.: BGH, I ZR 124/11, GRUR 2015, 672 Rn. 46 ff. – Videospiel-Konsolen II). Wirksam ist eine solche technische Maßnahme nicht erst, wenn sie unüberwindbar ist, denn eine solche Maßnahme bedürfte keines rechtlichen Schutzes gegen Umgehung, sondern es genügt, dass sie einen durchschnittlichen Benutzer von Verletzungen des Urheberrechts abhalten kann (OLG Hamburg, 5 U 165/08, GRUR-RR 2010, 153, 154 – FTA-Receiver). Das Umgehungsverbot gilt unabhängig davon, ob die beabsichtigte Nutzung aufgrund urheberrechtlicher Schranken zulässig wäre, geht diesen also vor (BVerfG, 1 BvR 2182/04, GRUR 2005, 1032, 1033). Dies folgt im Umkehrschluss aus § 95b UrhG, der abschließend Schranken aufzählt, deren Inanspruchnahme der Rechtsinhaber trotz technischer Schutzmaßnahmen er-

393

möglichen muss. Die digitale Privatkopie (§ 53 Abs. 1 UrhG), etwa von Musikstücken oder Filmen, zählt beispielsweise nicht dazu. Ein subjektives „Recht auf Privatkopie" gibt es nicht (*Schack*, Rn. 554).

394 Ebenfalls unzulässig ist es, von Rechtsinhabern stammende elektronische Informationen für die Rechtewahrnehmung (digitale Wasserzeichen) wissentlich zu entfernen oder zu verändern (§ 95c Abs. 1 UrhG) sowie derartig veränderte Werke zu verbreiten oder öffentlich wiederzugeben (§ 95c Abs. 3 UrhG).

395 Verstöße gegen §§ 95a, 95c UrhG können Schadensersatzansprüche nach § 823 Abs. 2 BGB (Schutzgesetzverletzung) sowie Unterlassungs- und Beseitigungsansprüche nach § 1004 BGB begründen; § 97 UrhG ist hingegen, da es sich nicht um absolute Rechte handelt, nicht anwendbar (BGH, I ZR 124/11, GRUR 2015, 672 Rn. 39, 68 – Videospiel-Konsolen II).

III. Strafrecht

396 Verletzungen von Urheber- oder Leistungsschutzrechten können auch strafrechtliche Konsequenzen nach sich ziehen, mit – bei gewerblichem Handeln – bis zu fünf Jahren Freiheitsstrafe. Gewichtige Verurteilungen erfolgen eher selten (aus jüngerer Zeit aber BGH, 5 StR 164/16, GRUR 2017, 273 – kinox.to, BGH, 1 StR 213/10, GRUR 2013, 62 – Italienische Bauhausmöbel und BGH, 2 StR 109/03, GRUR 2004, 421 – Tonträgerpiraterie durch CD-Export). Die Rechtsdurchsetzung erfolgt in der Praxis ganz überwiegend zivilrechtlich und ist sehr effektiv.

397 Nicht jede Urheberrechtsverletzung ist auch strafbedroht. Anders als § 97 UrhG knüpft das Gesetz nicht pauschal an eine Rechtsverletzung an, sondern definiert in den §§ 106 bis 108b UrhG abschließend (Bestimmtheitsgrundsatz und Analogieverbot) die strafbaren Verhaltensweisen. Strafbar sind zudem ausschließlich vorsätzliche Urheberrechtsverletzungen (§ 15 StGB).

398 1. **§ 106 Abs. 1 UrhG.** Strafbar macht sich, wer unberechtigt ein Werk, eine Bearbeitung oder sonstige Umgestaltung **vervielfältigt** (§ 16 Abs. 1 UrhG), **verbreitet** (§ 17 Abs. 1 UrhG) oder **öffentlich wiedergibt** (§ 15 Abs. 2 UrhG). Die Vorschrift hat auch Bedeutung bei sog. Plagiaten in der Wissenschaft.

> **Beispiel:**
> Doktorand D übernimmt für seine Arbeit bewusst längere Passagen wörtlich aus der Monographie der U, ohne diese als Zitat zu kennzeichnen. D macht sich nach § 106 Abs. 1 UrhG strafbar, da er das Werk der U vervielfältigt hat (§ 16 UrhG, gegebenenfalls liegt auch eine Verbreitung vor), ohne dass die Schranke des § 51 UrhG eingreift.

399

2. **§ 107 UrhG.** Strafbar sind weiter bestimmte Handlungen im Zusammenhang mit dem Anbringen der **zutreffenden** (!) **Urheberbezeichnung** auf einem **Werk der bildenden Künste**, also bestimmte Verletzungen des 13 UrhG (s. Rn. 136). So macht sich nach Nr. 1 strafbar, wer auf dem **Original** eines solchen Werks die (zutreffende) Urheberbezeichnung ohne Einwilligung des Urhebers anbringt oder ein derart bezeichnetes Original verbreitet. Der umgekehrte Fall, d. h. das Unterlassen der zutreffenden Urheberbenennung, ist zwar ebenfalls eine Verletzung des Urheberpersönlichkeitsrechts aus § 13 UrhG, jedoch nicht strafbar. Nach Nr. 2 ist es strafbar, eine **Vervielfältigung** oder Umgestaltung eines Werks derart mit der zutreffenden Urheberbezeichnung zu versehen, dass der **Anschein eines Originals** (statt nur eines Vervielfältigungsstücks des Originals) erweckt wird.

400

Wer hingegen ein **Werk im Stil eines Dritten** schafft (s. Rn. 43) und mit dessen Signatur versieht, somit eine unzutreffende Urheberbezeichnung anbringt, verstößt weder gegen § 107 Abs. 1 Nr. 2 UrhG noch gegen § 106 UrhG. Hier kommen (versuchter) Betrug (§ 263 StGB) und Urkundenfälschung (§§ 267 ff. StGB) in Betracht. Aus dem Spektrum möglicher Kunstfälschungen stellt § 107 UrhG somit nur einen unbedeutenden Ausschnitt unter Strafe.

401

3. **Weitere Strafvorschriften.** § 108 UrhG stellt bestimmte Eingriffe in **verwandte Schutzrechte** unter Strafe. § 108a UrhG **erhöht den Strafrahmen** bei den §§ 106 bis 108 UrhG für den Fall des **gewerbsmäßigen Handelns** von drei auf fünf Jahre Freiheitsstrafe. Strafbar sind gem. § 108b Abs. 1 UrhG unerlaubte Eingriffe in **technische Schutzmaßnahmen** (§ 95a UrhG, s. Rn. 393) und in zur **Rechtewahrnehmung erforderliche Informationen** (§ 95c UrhG, s. Rn. 394) sowie nach § 108b Abs. 2 UrhG Herstellung, Vertrieb etc. darauf bezogener Gegenstände (Software zur Umgehung des Kopierschutzes). Ausgenommen ist in beiden Fällen der private Gebrauch des Täters oder mit dem Täter persönlich verbundener Personen. Hier bleibt es allein bei den zivilrechtlichen Sanktionen. Fast alle Straftaten (Ausnahme: § 108a StGB) werden nur **auf Antrag verfolgt** (§ 109 UrhG).

402

IV. Das Urheberrechts-Diensteanbieter-Gesetz (UrhDaG)

403 **1. Problemlage.** Mit dem Urheberrechts-Diensteanbieter-Gesetz (UrhDaG-E) wird die wohl wichtigste Regelung der DSM-RL, Art. 17 DSM-RL, umgesetzt. Die Norm regelt die Haftung von Onlineplattformen wie YouTube für die von Usern hochgeladenen Inhalte. Die Regelung wurde intensiv öffentlich diskutiert. Sie war und ist höchst umstritten. Zum Schutz von Urheberinteressen soll den Plattformen die Möglichkeit genommen werden, sich auf die Haftungsprivilegien für Provider nach dem TMG zu berufen. Gleichzeitig sollen sogenannte „Upload-Filter" verhindert werden. Die Nutzer sollen weiterhin die Möglichkeit haben, Content zu generieren und diesen über Internetplattformen zugänglich zu machen (zur Diskussion vgl. die Begr. RegE, BT-Drs. 19/27426, S. 42 f.).

404 Ausgangspunkt der neuen Regelung ist die Pflicht, die überaus komplizierte Regelung des Art. 17 DSM-RL (unbedingt lesen!) umzusetzen. Zur Umsetzung der DSM-RL ist mit dem UrhDaG ein neues Gesetz geschaffen worden. Dieses kreiert neben den Haftungskategorien des TMG für Diensteanbieter (§§ 7 ff. TMG) eine neue Haftungskategorie für **Plattformbetreiber**, die nutzergenerierte Inhalte zugänglich machen. Um die Funktionsweise des UrhDaG zu gewährleisten, wird mit den §§ 51 ff. VGG in Umsetzung von Art. 12 DSM-RL den Werknutzern die Möglichkeit gegeben, kollektive Lizenzen mit erweiterter Wirkung zu erwerben.

405 Von besonderer Bedeutung für die Zulässigkeit der öffentlichen Zugänglichmachung **nutzergenerierter Inhalte**, die sich mit vorbekannten Werken auseinandersetzen (Bsp.: Parodien, Kritiken, Memes, s. Rn. 293), ist die grundrechtlich gewährleistete Meinungs- und Informationsfreiheit (vgl. hierzu BT-Drs. 19/27426, S. 136). Das deutsche Recht trug dem bisher durch die Zulässigkeit der freien Benutzung (§ 24 UrhG a. F.) und das Zitatrecht (§ 51 UrhG) Rechnung.

406 **2. Das Regelungskonzept des UrhDaG.** § 1 Abs. 1 UrhDaG bestimmt, dass ein Diensteanbieter nach § 2 UrhDaG Werke öffentlich wiedergibt (§ 15 Abs. 2 UrhG), wenn er der Öffentlichkeit Zugang zu urheberrechtlich geschützten Werken verschafft, die von Nutzern des Dienstes hochgeladen worden sind.

Beispiel: 407
Nutzerin N lädt ein urheberrechtlich geschütztes Filmwerk auf die Videoplattform Y hoch. Die Nutzer von Y können auf dieses Video zugreifen. Nach Maßgabe von §§ 1 Abs. 1, 2 Abs. 1 UrhDaG greift der Diensteanbieter selbst dadurch in das Recht der öffentlichen Wiedergabe (§ 15 Abs. 2 UrhG) des Rechtsinhabers ein.

Den Kreis der haftenden Diensteanbieter bestimmt § 2 UrhDaG. Entscheidend 408
ist, dass sie „es als Hauptzweck ausschließlich oder zumindest auch verfolgen, eine große Menge an von Dritten hochgeladenen urheberrechtlich geschützten Inhalten zu speichern und öffentlich zugänglich zu machen" (§ 2 Abs. 1 Nr. 1 UrhDaG-E).

Nach § 4 UrhDaG ist der Rechtsinhaber verpflichtet, „bestmögliche Anstren- 409
gungen" zu unternehmen, Lizenzrechte zu erwerben. Stets zulässig ist die öffentliche Wiedergabe für Zitate, Karikaturen, Parodien und Pastiches (§ 5 UrhDaG, § 51 f. UrhG). Zudem ist nach § 10 UrhDaG das Hochladen kurzer Filmsequenzen (bis zu 15 Sekunden), kleiner Bilddateien oder kurzer Texte (bis 160 Zeichen) mutmaßlich erlaubt, sofern damit keine kommerziellen Zwecke verfolgt werden.

Der **Rechtsinhaber** (Urheber, Leistungsschutzberechtigter) kann vom Dien- 410
steanbieter **verlangen**, dass sein urheberrechtlich geschütztes Werk auf der Plattform **gesperrt wird** (§ 7 Abs. 1 UrhDaG; Einschränkungen für Startup-Diensteanbieter und kleine Diensteanbieter in § 7 Abs. 4 und 5 UrhDaG). Liegt ein solches Sperrverlangen vor, muss die Plattform bereits beim Hochladen den Nutzer auf dieses hinweisen. Der Nutzer hat bei nutzergenerierten Inhalten die Möglichkeit, die Nutzung als nach § 5 UrhDaG gesetzlich erlaubt zu kennzeichnen (sog. **Pre-Flagging**, § 11 Abs. 1 Nr. 3 i.V.m. § 9 Abs. 2 Nr. 3 UrhDaG).

Zentral für den Diensteanbieter ist die **Haftungsbeschränkung** nach § 1 Abs. 2 411
UrhDaG: Erfüllt er seine Pflichten nach § 4 UrhDaG (Lizenzerwerb) und §§ 7 bis 11 UrhDaG (insb. Blockierung [Sperrung oder Entfernung] nicht erlaubter Nutzungen) „nach Maßgabe hoher branchenüblicher Standards unter Beachtung des Grundsatzes der Verhältnismäßigkeit", so ist eine urheberrechtliche Verantwortlichkeit ausgeschlossen.

Die **Umsetzung** dieser Regeln **in der Praxis** ist diffizil: Die Internet-Plattform 412
muss eine Datenbank betreiben, in der die Urheber ihre urheberrechtlich geschützten Daten als Referenzdaten einspeisen. Beim Hochladen durch den

Nutzer muss sodann ein Abgleich mit dieser Datenbank erfolgen. Ist ein vertragliches Nutzungsrecht eingeräumt worden (§ 4 UrhDaG) oder liegt eine geringfügige gesetzlich erlaubte Nutzung (§ 10 UrhDaG) vor, kann die öffentliche Wiedergabe sofort erfolgen. Anderenfalls ist der Nutzer über das Sperrverlangen zu informieren. Er kann dann bei nutzergenerierten Inhalten manuell die Nutzung als erlaubt kennzeichnen (§ 11 Abs. 1 UrhDaG). Für Streitigkeiten ist nicht nur ein gerichtlicher Rechtsschutz vorgesehen. Die Diensteanbieter müssen ein internes oder externes Beschwerdeverfahren anbieten (§§ 14 f. UrhDaG). Zudem werden Nutzer und Rechtsinhaber zu einer außergerichtlichen Streitbeilegung angehalten (§§ 16 f. UrhDaG).

8. Kapitel Urheberrechte im Rechtsverkehr

I. Überblick

Das **Urheberrecht** ist unter Lebenden **grundsätzlich** (Ausnahmen: Erfüllung eines Vermächtnisses und Erbauseinandersetzung, s. Rn. 454) **nicht übertragbar** (§ 29 Abs. 1 UrhG). Das ist letztlich unausweichliche Konsequenz der unlösbaren Verklammerung von verwertungs- und urheberpersönlichkeitsrechtlichen Befugnissen zu einem einheitlichen Urheberrecht (monistische Theorie, s. Rn. 127). **413**

Die Verwertung des Urheberrechts erfolgt deshalb durch die **Einräumung von Nutzungsrechten** (§ 31 Abs. 1 Satz 1 UrhG). Dabei wird allerdings nicht das Urheberrecht oder ein Teil davon (translativ) auf den Erwerber übertragen, sondern es entsteht (konstitutiv) ein Nutzungsrecht in dessen Hand. Dieses „belastet" das vollständig beim Urheber verbleibende Urheberrecht, ähnlich einem Pfandrecht oder Nießbrauch an einer Sache (*Schack*, Rn. 593 f.). **414**

Solche **Nutzungsrechte** (oft auch als „**Lizenzen**" bezeichnet) haben nicht lediglich schuldrechtlichen Charakter im Sinne einer bloßen Nutzungserlaubnis (derartige schuldrechtliche Gestattungen sind aber möglich, s. § 29 Abs. 2 UrhG sowie Rn. 436), sondern sie sind **selbständige dingliche Rechte** (BGH, I ZR 153/06, GRUR 2009, 946 Rn. 20 – Reifen Progressiv). Sie können weiter übertragen und es können an ihnen weitere Nutzungsrechte eingeräumt werden (§§ 34, 35 UrhG, s. Rn. 445). **415**

Bei der Einräumung und Übertragung von Nutzungsrechten ist – wie auch sonst im Privatrecht – zwischen Verfügungsgeschäft (Einräumung oder Übertragung eines Nutzungsrechts) und Verpflichtungsgeschäft (Rechtsgrund für die Verfügung) zu unterscheiden (**Trennungsprinzip**). Streitig ist die Anwendung des **Abstraktionsprinzips** (für die Anwendung *Jänich*, S. 266 f.; dagegen S/L/*Ohly*, § 31 Rn. 13 ff. m. w. N.). **416**

Verpflichtungen und Verfügungen über Nutzungsrechte bedürfen nach dem UrhG grundsätzlich **keiner Form**, sind deshalb sogar konkludent möglich (BGH, I ZR 69/08, GRUR 2010, 628 Rn. 28 – Vorschaubilder I). Der Schriftform **417**

(§ 126 Abs. 1 BGB) bedürfen aber zumeist Verträge über unbekannte Nutzungsarten (§ 31a Abs. 1 Satz 1 UrhG, s. Rn. 432) und bestimmte Verträge über künftige Werke (§ 40 Abs. 1 Satz 1 UrhG).

418 Ein **gutgläubiger Erwerb** von Nutzungsrechten ist **nicht möglich** (BGH, I ZR 129/08, GRUR 2011, 418 Rn. 15 – UsedSoft I). Wer von einem „Nichturheber" ein Nutzungsrecht eingeräumt bekommt, steht deshalb mit leeren Händen da, ebenso im Falle einer Nutzungsrechtseinräumung an einem tatsächlich nicht geschützten „Werk". Der Nachweis einer lückenlosen Rechtekette bis zum Urheber bereitet in der Praxis bisweilen ganz erhebliche Schwierigkeiten (Bsp.: OLG Frankfurt a. M., 11 U 14/13, ZUM-RD 2014, 573). Wirksam eingeräumte Nutzungsrechte genießen allerdings gewissen Schutz ihres Fortbestands (§ 33 UrhG, s. Rn. 429). Filmherstellern kommt ein Schutz gegen Vorausverfügungen der Mitwirkenden zu (§§ 89 Abs. 2, 92 Abs. 2 UrhG).

II. Einräumung von Nutzungsrechten

419 **1. Einfache und ausschließliche Nutzungsrechte (§ 31 Abs. 2 und 3 UrhG).** Das UrhG kennt zwei Arten von Nutzungsrechten: **einfache** (§ 31 Abs. 2 UrhG) und **ausschließliche** (§ 31 Abs. 3 UrhG). Beiden ist gemeinsam, dass sie ihren Inhaber zur Nutzung des Werks im vereinbarten Umfang berechtigen (§ 31 Abs. 1 Satz 1 UrhG).

420 Bei einem **einfachen Nutzungsrecht** (§ 31 Abs. 2 UrhG) hat es damit aber auch sein Bewenden. Der Urheber ist nicht gehindert, Dritten identische Nutzungsrechte einzuräumen oder selbst entsprechende Verwertungshandlungen vorzunehmen. Das einfache Nutzungsrecht ist also **kein Ausschließlichkeitsrecht**. Sein Inhaber kann deshalb nicht aus eigenem Recht gegen Beeinträchtigungen seines Nutzungsrechts vorgehen (s. Rn. 368). Das einfache Nutzungsrecht ist mithin lediglich eine (dingliche) Nutzungserlaubnis.

421 Erst das **ausschließliche Nutzungsrecht** (§ 31 Abs. 3 UrhG) verleiht seinem Inhaber eine eigene ausschließliche Rechtsposition, die sich – wenn nichts anderes vereinbart ist (§ 31 Abs. 3 Satz 2 UrhG) – dann sogar gegen den Urheber durchsetzt. Allein der Inhaber des ausschließlichen Nutzungsrechts ist zur Nutzung des Werks in der eingeräumten Art und Weise berechtigt. Gegen eine Beeinträchtigung seines ausschließlichen Nutzungsrechts kann der Inhaber deshalb auch selbst vorgehen (s. Rn. 368).

2. Inhalt und Umfang von Nutzungsrechten (§ 31 Abs. 1 UrhG).

Der Urheber **422** kann Inhalt und Umfang der einzuräumenden Nutzungsrechte weitgehend frei bestimmen und damit für den angestrebten Vertragszweck „maßschneidern". Nutzungsrechte können für einzelne oder alle **Nutzungsarten** (§ 31 Abs. 1 Satz 1 UrhG) sowie **räumlich, zeitlich** und **inhaltlich** beschränkt (§ 31 Abs. 1 Satz 2 UrhG) eingeräumt werden. Dies trägt beiden Seiten Rechnung: Der Verwerter muss nur so viele Rechte erwerben, wie er zu nutzen beabsichtigt, und der Urheber kann sein Werk durch entsprechende Aufspaltung der Nutzungsrechte umfassend auswerten.

Beispiel: **423**
Der Urheber eines Filmwerks kann A die Rechte zur Auswertung im Kino, B die Rechte zur Auswertung auf DVD und C die Streaming-Rechte einräumen. Würde nun C ebenfalls DVDs produzieren und vertreiben, beginge er Urheberrechtsverletzungen. Ob dagegen der Urheber oder der B (oder beide) vorgehen kann, hängt von der Art der dem B eingeräumten Rechte (einfach oder ausschließlich) ab.

Einfach zu handhaben sind **räumliche** (z. B. nur Deutschland) und **zeitliche** **424** (z. B. zwei Jahre) **Beschränkungen**. Schwieriger ist dies bei **inhaltlichen Beschränkungen**. Im Interesse der Rechtssicherheit kann der Urheber nicht jede denkbare Abrede zum Inhalt des Nutzungsrechts machen. Gegenstand einer inhaltlichen Beschränkung können nur urheberrechtliche **Nutzungsarten** (§ 31 Abs. 1 Satz 1 UrhG) sein. Der Urheber kann deshalb beispielsweise zwar bestimmen, ob sein Roman im gewöhnlichen Buchhandel oder nur als Buchclubausgabe vertrieben wird (BGH GRUR 1959, 200 – Heiligenhof), nicht aber, dass dabei ein bestimmter Preis verlangt wird (BGH GRUR 1992, 310 – Taschenbuch-Lizenz). Nur ersteres bezieht sich auf die Nutzung des Werks, während letzteres lediglich eine der Werknutzung nachgelagerte Verkaufsmodalität darstellt. Die beabsichtigte Nutzungsart muss außerdem **üblich, technisch und wirtschaftlich eigenständig** und damit **klar abgrenzbar** sein (BGH, I ZR 25/15, GRUR 2017, 266 Rn. 46 – World of Warcraft I).

Beispiele: **425**
Abgrenzung nach dem Vertriebsweg (OLG Zweibrücken ZUM-RD 2015, 20: Printausgabe/Online-Ausgabe einer Zeitung), der äußeren Aufmachung des Werkexemplars (BGH GRUR 1992, 310 – Taschenbuch-Lizenz: Taschenbuch/Hardcover-Ausgabe), des Gebrauchszwecks (BGH, I ZR 25/15, GRUR

> 2017, 266 Rn. 46 – World of Warcraft I: ausschließlich private Nutzung eines Computerspiels; BGH, I ZR 226/06, GRUR 2010, 62 – Nutzung von Musik für Werbezwecke).

426 **3. Übertragungszwecktheorie (§ 31 Abs. 5 UrhG).** Inhalt, Art (einfach oder ausschließlich) und Umfang der eingeräumten Nutzungsrechte bestimmen sich primär nach den **vertraglichen Abreden** zwischen den beiden Parteien (§§ 133, 157 BGB). Bei Unklarheiten entscheidet der von beiden zugrunde gelegte **Vertragszweck**. Nach § 31 Abs. 5 UrhG räumt der Urheber Nutzungsrechte **im Zweifel** nur in dem Umfang ein, den der Vertragszweck unbedingt erfordert. Dies trägt dem das Urheberrecht beherrschenden Grundsatz Rechnung, dass die urheberrechtlichen Befugnisse möglichst weitgehend beim Urheber verbleiben, damit dieser an den Erträgnissen seines Werks in angemessener Weise beteiligt wird (BGH, I ZR 174/01, GRUR 2004, 938 f. – Comic-Übersetzungen III). § 31 Abs. 5 UrhG gilt auch für die Leistungsschutzrechte (BGH, I ZR 152/11, GRUR 2013, 618 Rn. 30 – Internet-Videorecorder II).

427 § 31 Abs. 5 UrhG ist eine **Auslegungsregel** und damit nur anwendbar, wenn über den Umfang der Rechtseinräumung tatsächlich Zweifel bestehen; sie hindert insbesondere nicht daran, im Vertrag sämtliche nur denkbaren Rechte (auch ohne Rücksicht auf ein aktuelles Nutzungsinteresse) ausdrücklich aufzuzählen (vgl. BGH, I ZR 73/10, GRUR 2012, 1031 Rn. 17 f. – Honorarbedingungen Freie Journalisten). Hier kommt zum Schutz des Urhebers vor unangemessenen Verträgen im Einzelfall aber ein Rückgriff auf § 32 Abs. 1 Satz 3 UrhG, §§ 138, 242 BGB und das AGB-Recht in Betracht.

428 Bei **Filmwerken** kehrt § 89 Abs. 1 UrhG die Vermutung des § 31 Abs. 5 UrhG zugunsten des Filmherstellers um. Dieser erwirbt im Zweifel das ausschließliche Recht, das Filmwerk sowie Übersetzungen und andere filmische Bearbeitungen oder Umgestaltungen des Filmwerks auf alle Nutzungsarten zu nutzen.

429 **4. Sukzessionsschutz (§ 33 UrhG).** Nutzungsrechte können nicht gutgläubig erworben werden und sind grundsätzlich abhängig vom Bestand des Urheberrechts (s. Rn. 418). Für einen Teilbereich gewährt jedoch § 33 UrhG dem Inhaber eines Nutzungsrechts Schutz vor späteren Verfügungen, die sein Nutzungsrecht beeinträchtigen. Satz 1 betrifft den Fall, dass nach der Rechtseinräumung weitere, **kollidierende Nutzungsrechte an Dritte** vergeben werden, Satz 2 erfasst die Situation, dass die **Person des Lizenzgebers wechselt** oder der Lizenzgeber auf **sein Recht verzichtet**. In allen Fällen bleibt das ursprünglich eingeräumte Nutzungsrecht erhalten. Die Rechtsprechung dehnt den Sukzessionsschutz

II. Einräumung von Nutzungsrechten

des § 33 UrhG auf wirtschaftlich vergleichbare Fälle des Wegfalls der Hauptlizenz aus (BGH, I ZR 70/10, GRUR 2012, 916 Rn. 21 ff. – M2Trade).

Beispiele: 430
A ist Inhaber eines einfachen Nutzungsrechts zur Vervielfältigung eines Musikwerks des K. Später räumt K dem X ein ausschließliches Nutzungsrecht zur Vervielfältigung dieses Musikwerks ein. Das einfache Nutzungsrecht zugunsten des A bleibt nach § 33 Satz 1 UrhG bestehen und gilt auch gegenüber X. A darf also weiterhin das Musikwerk vervielfältigen.
L ist Inhaber sämtlicher Verwertungsrechte an den Werken des K. Er räumt N ein einfaches Recht zur Vervielfältigung ein. Später überwirft sich L mit K und verzichtet auf seine Nutzungsrechte. Danach räumt L dem X ein Vervielfältigungsrecht ein. Das Nutzungsrecht des N bleibt nach § 33 Satz 2 UrhG vom Verzicht des L unberührt; insofern ist unerheblich, dass L nunmehr keine Rechte mehr einräumen kann. X geht dagegen leer aus, denn § 33 UrhG ermöglicht keinen gutgläubigen Erwerb (s. Rn. 418), sondern schützt lediglich (in gewissem Umfang) bereits bestehende Nutzungsrechte.

5. Unbekannte Nutzungsarten (§ 31a UrhG). Der technische Fortschritt bringt 431 es mit sich, dass neue Formen der Werknutzung entstehen, die zum Zeitpunkt der Nutzungsrechtseinräumung nicht vorhersehbar sind und deshalb nicht in die Rechtseinräumung aufgenommen werden können. Bis zum Jahr 2008 war es dennoch nicht möglich, zukünftig möglicherweise erst entstehende, gegenwärtig aber noch nicht bekannte Nutzungsarten zu lizenzieren (§ 31 Abs. 4 UrhG a. F.).

Heute sind Verträge über **unbekannte Nutzungsarten zulässig.** Sie bedürfen 432 lediglich der Schriftform (§ 31a Abs. 1 Satz 1 UrhG, § 126 BGB). Der notwendige Schutz des Urhebers wird nun dadurch gewährleistet, dass er (nicht aber seine Erben, § 31a Abs. 2 Satz 3 UrhG) die Rechtseinräumung für die ehemals unbekannte Nutzungsart sowie die Verpflichtung dazu frei widerrufen kann (§ 31a Abs. 1 Satz 3 UrhG). Er kann also bezüglich jeder nach der Rechtseinräumung entstehenden Nutzungsart erneut darüber entscheiden, ob sein Vertragspartner von ihr Gebrauch machen darf. Der Nutzungsrechtsinhaber muss ihm deshalb mitteilen, dass er das Werk auf eine neue Nutzungsart verwerten will, woraufhin der Urheber drei Monate Zeit zum Widerspruch hat (§ 31a Abs. 1 Satz 4 UrhG). Wird das Werk auf die neue Nutzungsart verwertet, tritt außerdem neben die vertraglich geschuldete Vergütung eine gesetzliche Vergütung für die neue Nutzungsart nach § 32c UrhG.

433 Nutzungsart im Sinne des § 31a UrhG ist – insoweit vergleichbar mit § 31 UrhG – jede konkrete **technisch und wirtschaftlich eigenständige Verwertungsform** eines Werks, wobei es nach der Rechtsprechung des BGH (I ZR 285/02, GRUR 2005, 937, 939 – Der Zauberberg) hierbei aber entscheidend darauf ankommt, ob im Vergleich zu bisherigen Nutzungsarten (1) eine wirtschaftlich eigenständige Vermarktungsmöglichkeit im Sinne einer zusätzlichen und vertieften Verwertung des Werks möglich ist, (2) zusätzliche Märkte erschlossen werden und (3) zusätzliche Einnahmen generiert werden, an denen der Urheber angemessen zu beteiligen ist. So liegt es beispielsweise bei der Zweitauswertung eines Kinofilms auf Videokassette (BGH GRUR 1986, 62 – GEMA-Vermutung I). Diese Voraussetzungen sind dagegen regelmäßig nicht erfüllt, wenn lediglich eine bereits bekannte oder bestehende Werknutzung durch technische Verbesserungen (insb. durch den Übergang von analoger zu digitaler Technik) substituiert wird (BGH, I ZR 285/02, GRUR 2005, 937, 939 – Der Zauberberg).

434 Beispiele:
Verwertung auf DVD statt auf Videokassette (BGH, I ZR 285/02, GRUR 2005, 937 – Der Zauberberg) oder auf Musik-CD statt auf Schallplatte (OLG Hamburg GRUR-RR 2002, 153 – Der Grüne Tisch sowie OLG Köln ZUM 2001, 166 – The Kelly Family) sind keine neuen Nutzungsarten, sondern nur technische Verbesserungen. Demgegenüber ist die Verwertung eines Musikwerks als „Handy-Klingelton" eine neue Nutzungsart (OLG Hamburg GRUR-RR 2002, 249, 251 – Handy-Klingeltöne).

435 **Unbekannt** ist eine Nutzungsart, wenn sie zum Zeitpunkt des Vertragsschlusses **noch nicht als wirtschaftlich bedeutsam und verwertbar** angesehen wurde, mag auch die technische Möglichkeit (theoretisch) bekannt gewesen sein (BGH GRUR 1995, 212, 213 – Videozweitauswertung III).

436 **6. Schuldrechtliche Gestattung und (schlichte) Einwilligung.** Anstatt Nutzungsrechte einzuräumen, kann der Urheber die Nutzung des Werks auch lediglich **schuldrechtlich gestatten** (§ 29 Abs. 2 UrhG) bzw. in die Rechtsverletzung (rechtfertigend) **einwilligen** (BGH, I ZR 69/08, GRUR 2010, 628, Rn. 33 ff. – Vorschaubilder I). Wiederum entscheidet die Auslegung des Vertrags unter Berücksichtigung des Übertragungszweckgedankens, was gewollt wurde. Die rechtliche Stellung des nur schuldrechtlich Berechtigten ist viel schwächer, als die eines Nutzungsrechtsinhabers. Insbesondere erwirbt er kein dinglich wirkendes Recht und unterliegt nicht dem Sukzessionsschutz.

III. Besonderheiten der Urheberverträge

Gegenstand des **Urhebervertragsrechts** sind die einer Einräumung oder Weiterübertragung von Nutzungsrechten als Kausalgeschäft zugrunde liegenden Verpflichtungsverträge. Abgesehen von Teilen des Verlagsvertrages hält das deutsche Recht dafür keine gesetzliche Regelung von Vertragstypen bereit. Im UrhG selbst finden sich lediglich einige zwingende Normen zum Schutz des wirtschaftlich häufig schwächeren Urhebers vor nachteiligen Verträgen. **437**

Grundlage des Urhebervertragsrechts sind deshalb zunächst die Regelungen des **BGB**, beispielsweise die Vorschriften über das Zustandekommen (§§ 145 ff. BGB) und die Auslegung (§§ 133, 157 BGB) von Verträgen sowie das Leistungsstörungsrecht (§§ 280 ff. BGB). Allgemeine Geschäftsbedingungen (**AGB**) in urheberrechtlichen Verträgen unterliegen der AGB-Kontrolle (BGH, I ZR 136/01, GRUR 2005, 148 – Oceano Mare). Die konkreten Vertragspflichten ergeben sich sodann typischerweise aus den **Verträgen selbst**. Die Regelungen des besonderen Schuldrechts, beispielsweise des Kaufvertrags bei der dauerhaften Rechtseinräumung oder des Mietvertrags bei der zeitlich beschränkten Rechtseinräumung, haben deshalb oft nur ergänzenden Charakter. **438**

1. Vertragsfreiheit und Kontrahierungszwang. Das Urhebervertragsrecht basiert als Teil des Privatrechts auf dem Grundsatz der Vertragsfreiheit: Alle Beteiligten können frei entscheiden, ob, mit wem und zu welchen Bedingungen sie Verträge über Nutzungsrechte schließen wollen (*Schack*, Rn. 1077). An einigen Stellen wird dieses Prinzip allerdings durchbrochen. So besteht unter bestimmten Voraussetzungen ein **Kontrahierungszwang** zugunsten des Herstellers von Tonträgern (§ 42a UrhG) und zwischen Sendeunternehmen und Kabelunternehmen (§ 87 Abs. 5 UrhG). Ein Kontrahierungszwang ergibt sich ferner aus § 34 Abs. 1 VGG für durch Verwertungsgesellschaften wahrgenommene Rechte (s. Rn. 455). In Betracht kommen schließlich auch Einschränkungen der Vertragsfreiheit durch das deutsche und europäische Kartellrecht aufgrund einer marktbeherrschenden Stellung (grundlegend EuGH, C-241 u. 242/91 P, GRUR Int. 1995, 490 – Magill; ferner EuGH, C-418/01, GRUR 2004, 524 – IMS Health). **439**

2. Angemessene Vergütung. Die **Vergütung** des Urhebers ergibt sich auch im Urhebervertragsrecht primär aus dem geschlossenen **Vertrag** (§ 32 Abs. 1 Satz 1 UrhG). Fehlt eine solche Vereinbarung, **gilt die angemessene Vergütung als vereinbart** (§ 32 Abs. 1 Satz 2 UrhG). Sollte die vereinbarte Vergütung hinter **440**

der angemessenen Vergütung zurückbleiben, hat der Urheber schließlich einen Anspruch auf **Anpassung des Vertrages (§ 32 Abs. 1 Satz 3 UrhG)**, sodass er im Ergebnis stets einen Anspruch auf angemessene Vergütung hat.

441 Angemessen ist die Vergütung, wenn sie im Zeitpunkt des Vertragsschlusses dem entspricht, was für die eingeräumten Nutzungsrechte üblicher- und redlicherweise zu leisten ist **(§ 32 Abs. 2 Satz 2 UrhG)**. Spätere Veränderungen sind hier unbeachtlich (BGH, I ZR 38/07, GRUR 2009, 1148 Rn. 19 – Talking to Addison), können aber einen Anspruch aus § 32a UrhG auslösen (s. Rn. 442). Um die mit der Bestimmung einer angemessenen Vergütung verbundenen Schwierigkeiten abzumildern, besteht die Möglichkeit, dass Vereinigungen der Urheber und der Verwerter **gemeinsame Vergütungsregeln** aufstellen **(§ 36 UrhG)**, die dann nach § 32 Abs. 2 Satz 1 UrhG als angemessen gelten.

442 Stellt sich erst während der Vertragsdurchführung heraus, dass die vereinbarte Gegenleistung im Vergleich zu den Erträgen und Vorteilen aus der Nutzung des Werks unverhältnismäßig niedrig ist, die Verwertung also erfolgreicher läuft, als bei Vertragsschluss angenommen, dann gewährt **§ 32a UrhG** dem Urheber einen Anspruch auf **weitere angemessene Beteiligung**. Die Funktion der Norm beschreibt der für die Vorgängervorschrift (§ 36 UrhG a. F.) gebräuchliche Begriff **„Bestsellerparagraph"** immer noch recht anschaulich.

443 > **Beispiel** (BGH, I ZR 222/14, GRUR 2016, 1291 – Geburtstagskarawane):
> Eine Spielzeugdesignerin hatte eine „Geburtstagskarawane" entworfen und dafür ein Honorar erhalten, was schon im Zeitpunkt der Nutzungsrechtseinräumung nicht angemessen war. Insofern stand ihr ein Anspruch aus § 32 Abs. 1 Satz 3 UrhG zu. Außerdem entwickelte sich die Geburtstagskarawane zum Verkaufsschlager. Dies begründete einen Anspruch aus § 32a Abs. 1 Satz 1 UrhG.

444 Die Ansprüche aus §§ 32 Abs. 1 Satz 3, 32a Abs. 1 Satz 1 UrhG sind ihrem Wortlaut nach auf Vertragsanpassung gerichtet, also auf Einwilligung in eine Vertragsänderung; eine entsprechende Klage kann aber sogleich mit einem (zunächst unbezifferten) Anspruch auf Zahlung der sich aus der Anpassung ergebenden Nachforderung verbunden werden (BGH, I ZR 222/14, GRUR 2016, 1291 Rn. 20 – Geburtstagskarawane).

IV. Übertragung von Nutzungsrechten und Unterlizenzierung (§§ 34, 35 UrhG)

Nutzungsrechte sind als Vermögensgegenstände weiteren Verfügungen zugänglich. Sie können weiter übertragen (insoweit anders als das Urheberrecht selbst, s. Rn. 413) werden (§ 34 UrhG) und es können an ihnen weitere Nutzungsrechte eingeräumt werden (§ 35 UrhG). In beiden Fällen bedarf es grundsätzlich der Zustimmung des Urhebers (§§ 34 Abs. 1 Satz 1, 35 Abs. 1 UrhG), die dieser jedoch nicht wider Treu und Glauben verweigern darf (§§ 34 Abs. 1 Satz 2, 35 Abs. 2 UrhG). Keiner Zustimmung bedarf auch die Übertragung im Rahmen der Veräußerung eines Unternehmens oder Unternehmensteils, jedoch steht dem Urheber in diesem Falle ein Rücktrittsrecht zu (§ 34 Abs. 3 Satz 1, 2 UrhG, s. Rn. 451).

445

Während der Inhaber sein Nutzungsrecht im Falle des § 34 UrhG auf den Erwerber überträgt, bleibt er bei der Einräumung weiterer Nutzungsrechte nach § 35 UrhG Inhaber des ausschließlichen Nutzungsrechts, das jedoch im Umfang des eingeräumten Rechts belastet ist. Insofern ähnelt die Einräumung weiterer Nutzungsrechte nach § 35 UrhG der ersten Einräumung von Nutzungsrechten durch den Urheber nach § 31 UrhG.

446

Mangels Möglichkeit eines gutgläubigen Erwerbs ist der Erwerber auf die Existenz und den Fortbestand des Rechts bei seinem Vertragspartner angewiesen. Lediglich gegen den nachträglichen Wegfall der Rechtsinhaberschaft seines Vertragspartners ist er durch den Sukzessionsschutz nach § 33 UrhG weitgehend geschützt (s. Rn. 429).

447

V. Rückruf von Nutzungsrechten (§§ 41, 42, 34 Abs. 3 Satz 2 UrhG)

Nutzungsrechte können unter bestimmten Umständen **durch einseitige Erklärung des Urhebers zurückgerufen** werden. Die Rückrufsrechte tragen urheberpersönlichkeitsrechtlichen und/oder verwertungsrechtlichen Interessen des Urhebers Rechnung, indem sie eine angemessene wirtschaftliche Verwertung sicherstellen (§ 41 UrhG) bzw. persönliche Interessen des Urhebers schützen (§§ 42, 34 Abs. 3 Satz 2 UrhG). Sie bestehen auch bei einigen Leistungsschutz-

448

rechten, nämlich für Herausgeber wissenschaftlicher Ausgaben (§ 70 UrhG) sowie für Lichtbildner (§ 72 UrhG) und ausübende Künstler (§ 79 Abs. 2a UrhG).

449 1. **Rückrufsrecht wegen Nichtausübung (§ 41 UrhG).** Ein Urheber, der ein ausschließliches Nutzungsrecht an seinem Werk eingeräumt hat, ist darauf angewiesen, dass der Rechtsinhaber von diesem Nutzungsrecht auch tatsächlich Gebrauch macht. Bei einer umsatz- oder stückzahlabhängigen Vergütung ergibt sich dies in wirtschaftlicher Hinsicht schon daraus, dass dem Urheber Einnahmen entgehen, wenn der Rechtsinhaber untätig bleibt, denn eine Lizenzierung an einen Anderen oder die eigene Verwertung ist wegen § 31 Abs. 3 UrhG ausgeschlossen. Daneben will der Urheber in aller Regel sein Werk der Öffentlichkeit präsentieren und ist auch dafür bei bestimmten Werkarten (insb. Schrift- und Musikwerken) auf die Tätigkeit des Verwerters angewiesen. § 41 UrhG ermöglicht deshalb dem Urheber den Rückruf eines ausschließlichen (bei einfachen Nutzungsrechten stellen sich die genannten Probleme nicht) Nutzungsrechts, wenn dessen Inhaber davon nicht oder nicht hinreichend Gebrauch macht. Mit Ausübung des Rückrufsrechts erlischt das ausschließliche Nutzungsrecht oder verwandelt sich in ein einfaches Nutzungsrecht (§ 41 Abs. 5 UrhG).

450 2. **Rückrufsrecht wegen gewandelter Überzeugung (§ 42 UrhG).** Primär persönlichen, ideellen Interessen trägt dagegen das Rückrufsrecht wegen gewandelter Überzeugung Rechnung. Es schützt den Urheber davor, dass sein Werk, mit dem er sich nicht mehr identifiziert, weiter verwertet wird. Abgeschlossene Verwertungshandlungen bleiben vom Rückruf jedoch unberührt.

451 3. **Rückrufsrecht bei Übertragung eines Unternehmens (§ 34 Abs. 3 Satz 2 UrhG).** Im Zuge der Veräußerung eines Unternehmens oder Unternehmensteils sowie bei wesentlichen Änderungen der Beteiligungsverhältnisse am Unternehmen können Nutzungsrechte abweichend von der Regel des § 34 Abs. 1 Satz 1 UrhG (s. Rn. 445) ohne Zustimmung des Urhebers auf den Erwerber übertragen werden (§ 34 Abs. 3 Satz 1, 3 UrhG). Um dabei dennoch den berechtigten Interessen des Urhebers gerecht zu werden, räumt ihm § 34 Abs. 3 Satz 2 UrhG ein Rückrufsrecht ein, wenn die Übertragung für ihn unzumutbar ist.

VI. Rechtsgeschäfte über das Urheberpersönlichkeitsrecht

Das Urheberpersönlichkeitsrecht ist unter Lebenden grundsätzlich nicht übertragbar (§ 29 Abs. 1 UrhG). Anerkannt ist aber, dass **Verfügungen über Urheberpersönlichkeitsrechte** jedenfalls insoweit möglich sind, wie dies zur vertragsgemäßen Wahrnehmung eingeräumter Nutzungsrechte notwendig ist, sodass beispielsweise dem Verleger zusammen mit dem Vervielfältigungs- und Verbreitungsrecht auch das Recht zur Veröffentlichung (§ 12 UrhG) eingeräumt werden kann („gebundene Rechtsübertragung", *Schack*, Rn. 637; s. auch BGH GRUR 1955, 201, 204 – Cosima Wagner). Möglich sind ferner **schuldrechtliche** Vereinbarungen, urheberpersönlichkeitsrechtliche Befugnisse nicht geltend zu machen (OLG München GRUR 1986, 460, 463 – Die unendliche Geschichte). Und schließlich ist auch die rechtfertigende **Einwilligung** in die Rechtsverletzung denkbar (OLG Frankfurt a. M. NJW 2010, 780 – Ghostwriter-Vereinbarung). **452**

VII. Urheberrecht und Erbrecht

Das Urheberrecht ist zwar unter Lebenden nicht übertragbar (§ 29 Abs. 1 UrhG), es ist aber **vererblich** (§ 28 Abs. 1 UrhG). Im Erbfall geht es so, wie es ist, auf den Erben über, der dadurch Inhaber sämtlicher verwertungsrechtlicher sowie der urheberpersönlichkeitsrechtlichen Befugnisse wird (§ 30 UrhG). Bereits eingeräumte Nutzungsrechte sowie schuldrechtliche Vereinbarungen bleiben vom Erbfall unberührt. Der Erbe tritt an die Stelle des Urhebers und ist an dessen Verpflichtungen und Verfügungen gebunden. **453**

Als einzige **Ausnahmen von der Unübertragbarkeit** des Urheberrechts unter Lebenden sieht § 29 Abs. 1 Halbs. 2 UrhG die Erfüllung einer Verfügung von Todes wegen (Erfüllung eines Vermächtnisses, §§ 1939, 2174 BGB, oder einer Auflage, §§ 1940, 2192 BGB) sowie die Erbauseinandersetzung unter Miterben (§§ 2042 ff. BGB) vor. **454**

VIII. Verwertungsgesellschaften

455 Urheber und Leistungsschutzberechtigte sind oft nicht in der Lage, ihre Rechte selbst umfassend zu verwerten oder Vergütungsansprüche geltend zu machen. Besonders deutlich wird dies bei den Vergütungsansprüchen nach § 54 UrhG für nach § 53 UrhG erlaubte Vervielfältigungen (s. Rn. 262), bei denen es offensichtlich unmöglich ist, dass jeder einzelne Urheber selbst tätig wird. Zugleich haben aber auch Nutzer, etwa Radiosender, ein erhebliches Interesse, möglichst einfach (nicht kostenlos!) an die für die Ausstrahlung des Programms notwendigen Rechte (z. B. das Senderecht nach § 20 UrhG) zu gelangen. An dieser Schnittstelle kommt den Verwertungsgesellschaften – bekannt sind sicher die für „Musikrechte" zuständige GEMA oder die für Sprachwerke zuständige VG WORT – eine wichtige Funktion zu, indem sie beide Seiten institutionalisiert „zusammenbringen". Dazu verwerten die Verwertungsgesellschaften die Urheber- und Leistungsschutzrechte, zu deren Wahrnehmung sie gesetzlich oder aufgrund eines Vertrages mit den Urhebern und Leistungsschutzberechtigten befugt sind. Die Verwertungsgesellschaften schließen mit den Nutzern der Rechte Lizenzverträge und machen bestimmte gesetzliche Vergütungsansprüche (z. B. § 54h Abs. 1 UrhG) geltend. Die Erträge schütten sie nach einem sog. Verteilungsplan an die Berechtigten aus. Die Verwertungsgesellschaften trifft ein Kontrahierungszwang gegenüber den Rechtsinhabern (Wahrnehmungszwang, § 9 VGG) und denjenigen, die die wahrgenommenen Rechte nutzen wollen (Abschlusszwang, § 34 VGG).

456 Beispiel:
J hat einen wissenschaftlichen Beitrag in einer juristischen Fachzeitschrift publiziert. Er meldet den Beitrag bei der VG Wort. Diese schüttet dann einen Teil ihrer Einnahmen (Bsp.: Vergütungen für Kopien nach § 54h UrhG) an den J aus.

457 Geregelt ist das Recht der Verwertungsgesellschaften in einem speziellen Gesetz, dem VGG (s. Rn. 9). Eine prägnante Einführung gibt E/W/S/*Seifert*, Einleitung VGG.

9. Kapitel   Internationales Urheberrecht

Schwierige Fragen stellen sich, wenn ein Sachverhalt urheberrechtlich zu beurteilen ist, der Berührungen mit dem Ausland aufweist, etwa wenn ein deutscher Urheber gegen Verletzungshandlungen im Ausland vorgehen möchte, oder ein ausländischer Urheber im Inland Schutz für sein Werk nachsucht. Je nach Lage des Falles ist zu untersuchen, **welche Gerichte** über den Fall zu entscheiden haben (s. Rn. 461), **welches Recht** die zur Entscheidung berufenen Gerichte bzw. die Vertragsparteien anwenden (s. Rn. 464) und ob das danach gegebenenfalls anzuwendende deutsche Urheberrecht im konkreten Fall auch gerade auf den Urheber anzuwenden ist (s. Rn. 467). Angesprochen sind damit Fragen des **Internationalen Zivilprozessrechts (IZPR)**, des **Internationalen Privatrechts (IPR)** und des sog. „**Fremdenrechts**" des deutschen UrhG. All das wird schließlich überlagert von verschiedenen **Staatsverträgen** (s. Rn. 472). Es handelt sich insgesamt um eine hochkomplexe Materie (Bsp.: BGH, I ZR 49/13, GRUR 2014, 559 – Tarzan und BGH, I ZR 43/14, GRUR 2016, 1048 – An Evening with Marlene Dietrich), die hier nur in Grundzügen skizziert werden kann. Eingehend etwa *Schack,* Rn. 904 ff.

458

I. Territorialitäts- und Schutzlandprinzip

Gesetze entfalten ihre Wirkung stets nur im Hoheitsgebiet des erlassenden Staates. Im Urheberrecht gilt deshalb – wie im sonstigen Immaterialgüterrecht auch – das **Territorialitätsprinzip**. Das bedeutet, ein deutsches Urheberrecht gewährt nur Schutz vor Verletzungen im Inland, ein ausländisches Urheberrecht nur vor Verletzungen im jeweiligen Ausland (BGH, I ZR 24/92, GRUR 1994, 798, 799 – Folgerecht bei Auslandsbezug). Es besteht also an einem Werk nicht ein weltweit einheitliches Urheberrecht (so allerdings die Verfechter des „Universalitätsprinzips", s. *Schack,* Rn. 919 ff.), sondern lediglich ein Bündel selbständiger nationaler Urheberrechte nach Maßgabe der einzelnen Rechtsordnungen (BGH, I ZR 175/00, GRUR 2003, 328, 329 – Sender Felsberg). Ob eine geistige Leistung urheberrechtlichen Schutz genießt und wie weit dieser Schutz reicht, entscheidet deshalb jede Rechtsordnung im Ausgangspunkt au-

459

tonom, unterliegt dabei aber insb. staatsvertraglichen Bindungen (s. Rn. 472).

460 Gäbe es ein Land ohne Urheberrecht, wären ausschließlich dort vorgenommene „Verletzungshandlungen" zulässig, selbst wenn diese in einem anderen Land unzulässig sind. Ob eine Urheberrechtsverletzung vorliegt, entscheidet sich also nach dem Recht desjenigen Staates, für dessen Hoheitsgebiet Schutz beansprucht wird, sog. **Schutzlandprinzip** (BGH, I ZR 175/00, GRUR 2003, 328, 329 – Sender Felsberg, Rn. 465). Für den Urheber muss also in dem Land, in dem er Schutz für sein Werk vor Beeinträchtigungen begehrt, ein Urheberrecht nach dessen Rechtsordnung und mit den geltend gemachten Befugnissen bestehen.

II. Zuständigkeit deutscher Gerichte

461 Die Zuständigkeit deutscher Gerichte zur Entscheidung eines Sachverhalts mit Auslandsbezug beurteilt sich nach dem deutschen („lex fori") **Internationalen Zivilprozessrecht**. Maßgebliche Rechtsquellen sind die Verordnung (EU) 1215/2012 über die gerichtliche Zuständigkeit und die Anerkennung und Vollstreckung von Entscheidungen in Zivil- und Handelssachen (sog. „Brüssel Ia-VO"), wenn der Beklagte seinen Wohn- oder Geschäftssitz in einem Mitgliedstaat der EU hat, ansonsten die §§ 12 ff. ZPO bzw. spezielle Abkommen. Im Grundsatz (und vereinfacht) gilt danach Folgendes:

462 Deutsche Gerichte sind zuständig, wenn der **Beklagte** seinen **Wohn- oder Geschäftssitz** in Deutschland hat (Art. 4, ggf. i. V. m. Art. 63 Brüssel Ia-VO). Alternativ sind deutsche Gerichte zuständig, wenn die in Streit stehende vertragliche Verpflichtung in Deutschland erfüllt worden ist oder zu erfüllen wäre (Art. 7 Nr. 1 lit. a Brüssel Ia-VO, § 29 Abs. 1 ZPO; „Gerichtsstand des **Erfüllungsorts**"). Auch eine Zuständigkeit kraft **Gerichtsstandsvereinbarung** (Art. 25 Brüssel Ia-VO, § 38 ZPO) oder kraft **rügeloser Einlassung** (Art. 26 Brüssel Ia-VO, § 39 ZPO) ist denkbar.

463 **Urheberrechtsverletzungen** können außerdem vor die Gerichte des Staates gebracht werden, auf dessen Hoheitsgebiet die Urheberrechtsverletzung begangen wurde (Art. 7 Nr. 2 Brüssel Ia-VO, § 32 ZPO; „Gerichtsstand der **unerlaubten Handlung**"). Das kann eine Gerichtszuständigkeit in mehreren Staaten begründen, beispielsweise bei Rechtsverletzungen im Internet, wenn man bereits die – grundsätzlich weltweit gegebene – Abrufbarkeit ausreichen lässt (BGH, I ZR 43/14, GRUR 2016, 1048 Rn. 17 f. – An Evening with Marlene Dietrich).

III. Anwendbares Sachrecht

Wenn die Zuständigkeit eines deutschen Gerichts gegeben ist, muss geklärt werden, welches Recht dieses Gericht auf den zu beurteilenden Sachverhalt anzuwenden hat. Dies ist nicht zwangsläufig deutsches Urheberrecht, sondern erst das deutsche **Internationale Privatrecht** (IPR) bestimmt, welches Sachrecht das Gericht seiner Entscheidung zugrunde zu legen hat. **464**

Im Ausgangspunkt ist das Recht des Staates berufen, für dessen Gebiet Schutz beansprucht wird, sog. „**Schutzlandprinzip**" (BGH, I ZR 35/11, GRUR 2015, 264 Rn. 24 – Hi Hotel II). Das Recht des Schutzlandes („lex loci protectionis") bestimmt insbesondere, ob, unter welchen Voraussetzungen und an welchen Gegenständen ein Urheberrecht entsteht, welche Befugnisse dieses vermittelt (insb. die daraus fließenden Verwertungsrechte), wem es zusteht (erste Inhaberschaft), ob und wie es übertragbar ist oder Nutzungsrechte eingeräumt werden können, wie lange es läuft, die Voraussetzungen und Rechtsfolgen von Rechtsverletzungen usw. Vom Schutzlandprinzip geht auch Art. 8 Abs. 1 der Verordnung 864/2007 vom 11.7.2007 über das auf außervertragliche Schuldverhältnisse anzuwendende Recht (Rom II-VO) aus, der das auf außervertragliche Verletzungen des Urheberrechts anzuwendende Recht regelt. **465**

Demgegenüber gilt für **Verträge** auf dem Gebiet des Urheberrechts, insbesondere über die Verpflichtung zur Einräumung oder Übertragung von Nutzungsrechten, das IPR für Verträge (BGH, I ZR 35/11, GRUR 2015, 264 Rn. 41 – Hi Hotel II; „Vertragsstatut") und damit die Verordnung 593/2008 über das auf vertragliche Schuldverhältnisse anzuwendende Recht (Rom I-VO). Danach entscheiden in erster Linie die Parteien, welche Rechtsordnung anzuwenden ist (Art. 3 Rom I-VO). Anderenfalls unterliegt der Vertrag derjenigen Rechtsordnung, mit der er die engsten Verbindungen aufweist bzw. in deren Bereich der Schuldner der urheberrechtlichen Leistung seinen gewöhnlichen Aufenthalt hat (Art. 4 Rom I-VO). **466**

IV. Geltungsbereich des deutschen Urheberrechts (§§ 120 ff. UrhG)

467 Wenn die Prüfung des IZPR und des IPR ergeben hat, dass ein deutsches Gericht entscheidet und dabei deutsches Recht anwendet, bestimmen schließlich die §§ 120 ff. UrhG, ob dem Inhaber des Urheberrechts oder eines verwandten Schutzrechts auch tatsächlich Schutz nach dem UrhG gewährt wird.

468 1. **Deutsche und EU-/EWR-Angehörige.** Deutsche Staatsangehörige genießen urheberrechtlichen Schutz nach dem UrhG für alle ihre Werke, unabhängig davon, wo diese geschaffen wurden und ob bzw. wo diese erschienen sind (§ 120 Abs. 1 Satz 1 UrhG). Entscheidend ist also allein die **deutsche Staatsangehörigkeit des Urhebers im Zeitpunkt der Werkschöpfung.** Im Falle der **Miturheberschaft** (§ 8 UrhG) genügt es, dass ein Miturheber Deutscher ist (§ 120 Abs. 1 Satz 2 UrhG), um für alle Miturheber ein deutsches Urheberrecht zu begründen. Ein entstandenes Urheberrecht bleibt vom späteren Verlust der deutschen Staatsangehörigkeit unberührt (BGH GRUR 1982, 308, 310 – Kunsthändler); mit Erwerb der deutschen Staatsbürgerschaft entsteht urheberrechtlicher Schutz sogar auch für sämtliche bis dahin geschaffene Werke (BGH GRUR 1973, 602 – Kandinsky III). Dasselbe gilt nach § 120 Abs. 2 UrhG für Deutsche im Sinne des Art. 116 Abs. 1 GG sowie für Staatsangehörige eines anderen Mitgliedstaates der EU oder des EWR. Für die **verwandten Schutzrechte** gilt nach den §§ 124 ff. UrhG Vergleichbares.

469 2. **Drittstaatsangehörige.** Für Drittstaatsangehörige sieht § 121 UrhG **urheberrechtlichen Schutz** nur unter weiteren Voraussetzungen vor. Entscheidend ist zumeist das **Erscheinen** (§ 6 Abs. 2 UrhG, Rn. 101) des Werks im Original oder einer Übersetzung: Dies muss weltweit erstmals im Inland erfolgen oder doch zumindest innerhalb von höchstens 30 Tagen nach dem Erscheinen im Ausland (§ 121 Abs. 1 UrhG). Diese Karenzfrist soll dem Urheber Anreize geben, sein Werk zügig auch im Inland erscheinen zu lassen (BGH GRUR 1986, 69, 71 – Tosca). Bei Werken der bildenden Kunst (§ 2 Abs. 1 Nr. 4 UrhG) genügt es, dass sie mit einem Grundstück im Inland fest verbunden sind (§ 121 Abs. 2 UrhG; Bsp.: Bilder auf der ehemaligen Berliner Mauer, BGH, I ZR 42/04, GRUR 2007, 691 Rn. 23 – Staatsgeschenk).

470 Unabhängig von § 121 Abs. 1 bis 3 UrhG, und damit gegebenenfalls auch parallel (BGH GRUR 1986, 69, 70 – Tosca), kommt außerdem Schutz auf Grundlage der **Staatsverträge** in Betracht (§ 121 Abs. 4 Satz 1 UrhG, dazu sogl.

Rn. 472). Für die **verwandten Schutzrechte** sehen die §§ 124 ff. UrhG spezielle Voraussetzungen für einen Rechtserwerb durch Drittstaatsangehörige vor.

3. **Urheberpersönlichkeitsrecht.** Unabhängig von ihrer Staatsbürgerschaft werden **sämtliche Urheber** in ihren persönlichen Interessen in Bezug auf ihre Werke geschützt, indem ihnen stets die urheberpersönlichkeitsrechtlichen Befugnisse der §§ 12 bis 14 UrhG zustehen (§ 121 Abs. 6 UrhG). Dasselbe gilt nach § 124 UrhG für wissenschaftliche Ausgaben (§ 70 UrhG) und Lichtbilder (§ 72 UrhG) sowie nach § 125 Abs. 6 UrhG für **ausübende Künstler** (§§ 73 ff. UrhG) in Bezug auf ihre Persönlichkeitsrechte (§§ 74, 75 UrhG).

471

V. Urheberrechtliche Staatsverträge

Da Immaterialgüterrechte weltweit verletzt werden können, jedoch aufgrund des Territorialitätsprinzips stets nur einzelstaatlich geschützt sind, ist es notwendig, mithilfe staatsvertraglicher Regelungen die gegenseitige Anerkennung von Immaterialgüterrechten herbeizuführen und einen bestimmten Mindestschutzstandard aufzustellen.

472

Von zentraler Bedeutung für das Urheberrecht ist die „Berner Übereinkunft, betreffend die Bildung eines internationalen Verbandes zum Schutze von Werken der Literatur und Kunst" aus dem Jahre 1886. Die Berner Übereinkunft wurde mittlerweile mehrfach überarbeitet (zuletzt 1971) und wird deshalb „**Revidierte Berner Übereinkunft**" (**RBÜ**) genannt. Ihr gehören derzeit 178 Staaten an. Die Vertragsstaaten bilden einen Verband zum Schutz der Rechte der Urheber an ihren Werken der Literatur und Kunst (Art. 1 RBÜ). Die Verwaltung obliegt dem Internationalen Büro, das von der Weltorganisation für geistiges Eigentum (WIPO) mit Sitz in Genf geführt wird.

473

Art. 2 RBÜ nennt die Werkarten, die durch die RBÜ geschützt werden, und damit den Anwendungsbereich der Übereinkunft. Für diese Werke bestimmt Art. 5 Abs. 1 RBÜ, dass den verbandsangehörigen Urhebern in allen Verbandsländern außer dem Ursprungsland derselbe Schutz gewährt werden muss, wie einem inländischen Urheber (**Inländerbehandlung**). Verbandsausländer werden also hinsichtlich der durch die RBÜ erfassten Werke urheberrechtlich den Inländern gleichgestellt.

474

475 Die Inländerbehandlung allein stellt indes noch keinen hinreichenden Urheberrechtsschutz sicher, denn sie hindert ein Land nicht daran, für alle, d. h. auch die eigenen Staatsangehörigen, keinen oder nur geringen Urheberrechtsschutz zu gewähren. Die RBÜ kennt deshalb **Mindestrechte**, auf die sich Urheber in allen Verbandsländern außer dem Ursprungsland unmittelbar berufen können (BGH GRUR 1954, 216, 217 – Romfassung). Dazu zählen unter anderem das Urheberpersönlichkeitsrecht (Art. 6bis RBÜ), das Vervielfältigungsrecht (Art. 9 RBÜ) und das Bearbeitungsrecht (Art. 12, 14 RBÜ).

📕 → Überblick zu den urheberrechtlichen Staatsverträgen

10. Kapitel Grundlagen des Designrechts

I. Gegenstand und Funktion des Designrechts

1. Eckpunkte, geschichtliche Entwicklung. Die Gestaltung eines Produktes ist oft entscheidend für den Markterfolg. Der Konsument greift gerne zu einer Ware, die aus seiner Sicht besonders gefällig gestaltet ist. Dies gilt insbesondere, wenn andere zentrale Entscheidungskriterien für die Kaufentscheidung fehlen. Besonders deutlich wird dies bei einfachen Gebrauchsgegenständen wie einem Flaschenöffner oder einem Kugelschreiber. Aus diesem Grund investieren Unternehmen regelmäßig große Beträge in die Gestaltung ihrer Produkte. Mit dem Markterfolg eines gelungenen Erzeugnisses wächst der Reiz für die Wettbewerber, die formale Gestaltung nachzuahmen. Der Entwerfer der Gestaltung läuft Gefahr, dass sich seine Aufwendungen für das **Design** nicht amortisieren. Für ihn stellt sich daher die Frage, wie er die formale Gestaltung seiner Produkte vor Nachahmung schützen kann. Ein grundsätzliches Bedürfnis für einen Nachahmungsschutz ist anzuerkennen, da anderenfalls zu befürchten ist, dass die Bereitschaft, in das Design zu investieren, sinkt. Beachtet werden muss allerdings, dass die Nachahmung ein wesensimmanentes Element des Wettbewerbs ist. Auch muss eine zu weit gehende **Monopolisierung** des Formenschatzes verhindert werden. Diesen Interessenwiderstreit will das Designrecht auflösen. **476**

Das **Designrecht** gibt einen **Schutz vor der Nachahmung von Gestaltungen.** Nach § 2 Abs. 1 DesignG werden Designs geschützt, die neu sind und über Eigenart verfügen. Der Schutz setzt die Anmeldung beim Deutschen Patent- und Markenamt (DPMA) voraus. Mit der Eintragung entsteht der Schutz, der maximal 25 Jahre andauert (§ 27 DesignG). **477**

Das Designrecht ist mit dem **Urheberrecht verwandt**, weist zugleich aber auch eine große **Nähe zu den gewerblichen Schutzrechten** (Patent, Gebrauchsmuster pp.) auf. Es handelt sich wie beim Urheberrecht um ein Immaterialgüterrecht. Geschützt wird die geistige Leistung des Gestalters. Der Rechtsinhaber erhält das ausschließliche Recht, das Design zu benutzen. Er kann Dritten verbieten, das Design ohne seine Zustimmung zu benutzen (§ 38 DesignG). **478**

479 Seine Wurzeln hat das Designrecht im Schutz der Textilindustrie vor der Nachahmung ihrer Stoffmuster, der sich in Frankreich bereits ab dem 16. Jahrhundert etablierte (E/J/F/M/*Eichmann/Jestaedt*, Systematik Rn. 1). Ausgehend von dieser historischen Wurzel etablierten sich die Begriffe „Musterschutz" bzw. „Geschmacksmusterschutz". 1876 wurde in Deutschland das erste Geschmacksmustergesetz erlassen (*Wadle*, S. 563 ff.). 1986 wurde das Gesetz umfassend novelliert. Grundlegend neue Impulse wurden durch die Rechtsvereinheitlichung auf europäischer Ebene ausgelöst. 1998 erließ die EG zur Rechtsharmonisierung die „Richtlinie über den rechtlichen Schutz von Mustern und Modellen" (98/71/EG). Der deutsche Gesetzgeber hat die Richtlinie mit dem **Geschmacksmusterreformgesetz 2004** in das nationale Recht umgesetzt (BGBl. I S. 390 ff.).

480 Bis 2013 war der Schutz von Designs im Geschmacksmustergesetz (GeschmMG) geregelt. Der Begriff „Geschmacksmuster" wirkt recht altbacken. Mit Gesetz vom 10.10.2013 wurde das GeschmMG in „Designgesetz (DesignG)" umbenannt. Es wird damit deutlich gemacht, dass ein Design und nicht ein Muster geschützt wird (E/J/F/M/*Eichmann/Jestaedt*, Systematik Rn. 12). Schon vor der Umbenennung des Gesetzes im Jahr 2013 wurde in Anlehnung an die englische Terminologie der Begriff „**Designrecht**" häufig verwendet. Hierfür sprach jedenfalls der Wortlaut der eben genannten EG-Richtlinie in der englischen Fassung, die die „legal protection of designs" zum Gegenstand hat. Allerdings hatte der deutsche Gesetzgeber überzeugend bei der Umsetzung der Richtlinie 2004 den etablierten Begriff „Geschmacksmuster" beibehalten. Er ermöglichte problemlos die deutliche Differenzierung zwischen der bloßen Gestaltung („Muster", § 1 Nr. 1 GeschmMG) und einer Gestaltung, die die Schutzvoraussetzungen erfüllt („Geschmacksmuster", § 2 Abs. 1 GeschmMG). Nunmehr wird die Gestaltung als „**Design**" bezeichnet (§ 1 Nr. 1 DesignG). Rechtlichen Schutz genießt das „**eingetragene Design**" (§ 2 Abs. 1 DesignG). Der etablierte Begriff „Geschmacksmuster" rief die Nähe zum Urheberrecht in Erinnerung. Der in der Haager Übereinkunft zum Geschmacksmusterrecht, einem internationalen Abkommen (Rn. 562), in der englischsprachigen Fassung verwendete Begriff „Industrial Design" deutet demgegenüber eher auf eine Nähe zu den gewerblichen Schutzrechten wie beispielsweise dem Patentrecht hin. Insoweit ist mit der Umbenennung ein Paradigmenwechsel erfolgt. Das Designrecht wurde stärker in die Nähe der gewerblichen Schutzrechte gerückt. Das europäische Recht verwendet weiter (noch) den Begriff „Geschmacksmuster" (s. Rn. 546).

I. Gegenstand und Funktion des Designrechts

2. Abgrenzung zum Urheberrecht. Urheberrecht und Designrecht sind miteinander verwandt. Beide wollen den schöpferisch Tätigen schützen. Früher wurde angenommen, dass zwischen den beiden Rechtsgebieten ein gradueller Unterschied bestehe (BGH GRUR 1995, 581, 582 – Silberdistel). Für das Geschmacksmusterrecht wurde im Vergleich zum Urheberrecht eine geringere Schöpfungshöhe verlangt. Dies demonstrierte die frühere Rechtsprechung zum Schutz der sog. angewandten Kunst (Bsp.: Schmuck, Möbel, Vasen, Leuchten) im Urheberrecht. Der sog. Schutz der kleinen Münze (s. Rn. 41) galt für Werke der angewandten Kunst nicht. An die Schöpfungshöhe wurden für diese Werkkategorie strengere Anforderungen gestellt. Begründet wurde dies mit dem Schutzunterbau durch das Geschmacksmusterrecht (BGH GRUR 1985, 581, 582 – Silberdistel). Da der Gestalter von Werken der angewandten Kunst Geschmacksmusterschutz erlangen könne, seien an den Urheberrechtsschutz strengere Anforderungen zu stellen. Diese Rechtsprechung hat der BGH mit der Entscheidung „Geburtstagszug" (BGH, I ZR 143/12, GRUR 2014, 175 Rn. 26 ff.) ausdrücklich aufgegeben. Werke der angewandten Kunst müssen nunmehr eine Durchschnittsgestaltung nicht mehr deutlich überragen, um Urheberrechtsschutz zu genießen (s. Rn. 64).

481

Beispiel:
Möbeldesigner D hat einen neuen Stuhl entworfen. Dieser erfüllt die Anforderungen, die an ein „eingetragenes Design" (§ 3 Abs. 1 DesignG) zu stellen sind. Das Design wird angemeldet. D erlangt mit der Eintragung Designschutz. Wenn die Gestaltung gleichzeitig die Anforderungen an ein Werk der angewandten Kunst (§ 2 Abs. 1 Nr. 4 UrhG) erfüllt, genießt D zusätzlich auch Urheberrechtsschutz.

482

Auch das Markenrecht (**Formmarken oder dreidimensionale Marken**) und das Lauterkeitsrecht (sog. **ergänzender wettbewerbsrechtlicher Leistungsschutz**, § 4 Nr. 3 UWG) können das Produktdesign schützen. Im Einzelfall bestehen schwierige Abgrenzungsfragen (vgl. hierzu *Ohly* GRUR 2007, 731 ff.).

483

Im Einzelfall ist zu erörtern, welches Schutzrecht geeignet ist, die gewünschten Ziele zu verwirklichen. Da die Rechtsprechung recht hohe Schutzschranken für dreidimensionale Marken aufgestellt hat (Überblick bei *Jänich* GB 2011, 175 ff. [abrufbar unter gb-online.eu]) und der Schutzumfang schwierig zu bestimmen ist, empfiehlt sich immer eine Designanmeldung.

II. Das nationale und das europäische Designschutzsystem

484 Der Schutz des Designs wird in Europa durch zwei verschiedene Schutzsysteme gewährleistet. Zusätzlich zu den nationalen Designrechten ist durch die Gemeinschaftsgeschmacksmusterverordnung (GGV) ein unionsweit wirksames, einheitliches Schutzrecht geschaffen worden. Für das Designrecht gilt – wie für alle anderen Schutzrechte für geistiges Eigentum auch – das **Territorialitätsprinzip**. Dies besagt, dass ein Schutzrecht nur in dem räumlichen Bereich Wirkung entfalten kann, für das es erteilt ist (zum Territorialitätsprinzip im Urheberrecht s. Rn. 459). Ein deutsches eingetragenes Design gibt damit nur im räumlichen Gebiet der Bundesrepublik Deutschland Schutz vor Nachahmung.

485 Beispiel:
D hat vom DPMA ein deutsches eingetragenes Design für die Gestaltung einer Lampe erhalten. Das Recht ermöglicht es ihm, sich gegen eine Nachahmung seiner Lampe in Deutschland zur Wehr zu setzen. In anderen Staaten kann das Design hingegen kopiert werden, ohne Rechte des D zu verletzen.

486 Um die hieraus folgenden Schwierigkeiten abzumildern, wurde bereits frühzeitig mithilfe eines völkerrechtlichen Vertrages, dem **Haager Musterabkommen**, ein internationales Schutzsystem etabliert (hierzu Rn. 495).

487 Mit der **Gemeinschaftsgeschmacksmusterverordnung (GGV)** verfügt die EU über ein unionsweites Schutzsystem für Geschmacksmuster. Die Registrierung eines Geschmacksmusters bei der zuständigen Behörde, dem Amt der Europäischen Union für Geistiges Eigentum (EUIPO, früher „Harmonisierungsamt für den Binnenmarkt [Marken, Muster und Modelle]", HABM) in Alicante ermöglicht die Erlangung eines einzigen Schutzrechts, das gemeinschaftsweite Wirkung hat.

488 Beispiel:
Lässt der Designer D aus dem vorgenannten Beispielsfall sein Design als Geschmacksmuster beim EUIPO registrieren, kann er sich gegen Nachahmungen in allen Mitgliedstaaten der Europäischen Union verteidigen.

Der Anmelder kann also entscheiden, ob er ein nationales oder ein unionsweit wirksames Schutzrecht erwerben möchte. Die Schutzvoraussetzungen sind aufgrund der Rechtsharmonisierung (**Geschmacksmuster-RL** einerseits und **GGV** andererseits) praktisch identisch. Auch besteht die Möglichkeit, für eine identische Gestaltung ein nationales eingetragenes Design und ein Gemeinschaftsgeschmacksmuster zu erwerben. **489**

Eine Besonderheit ist das **nicht eingetragene Gemeinschaftsgeschmacksmuster**: Wird ein Geschmacksmuster der Öffentlichkeit innerhalb der Union zugänglich gemacht, gewährt Art. 11 GGV für einen Zeitraum von **drei Jahren** einen Schutz als nicht eingetragenes Gemeinschaftsgeschmacksmuster. Hierzu findet sich keine Parallele im deutschen Recht. Eine solche wäre im Übrigen auch entbehrlich. **490**

III. Internationales Designrecht

Auch für das Designrecht gilt das Territorialitätsprinzip. Jedes Schutzrecht gilt also nur für das Gebiet, für das es erteilt worden ist. Ein deutsches subjektives Designrecht nach dem DesignG hat demnach nur Wirkung im Gebiet der Bundesrepublik Deutschland. Schon frühzeitig wurde daher versucht, über internationale Abkommen Schwierigkeiten beim Rechtserwerb und bei der Rechtsdurchsetzung abzumildern. **491**

1. Pariser Verbandsübereinkunft. Die Pariser Übereinkunft vom 20.3.1883 zum Schutz des gewerblichen Eigentums (PVÜ) hat u.a. den Schutz von „gewerblichen Mustern und Modellen" zum Gegenstand. Sie ähnelt von der Funktionsweise der Revidierten Berner Übereinkunft (zur RBÜ s. Rn. 473). Nach Art. 2 PVÜ gilt der Grundsatz der Inländerbehandlung. Jeder Mitgliedstaat muss die Staatsangehörigen aller anderen Verbandsländer hinsichtlich des Zugangs zum Designrecht (die PVÜ spricht von „gewerblichen Mustern") ebenso behandeln wie seine eigenen Staatsangehörigen. Nach Art. 4 A, C PVÜ kann nach der Hinterlegung in einem Mitgliedstaat ein Prioritätsrecht in den anderen Verbandsländern in Anspruch genommen werden. Die Prioritätsfrist beträgt 6 Monate. **492**

493 **Beispiel:**
A meldet am 15.7.2020 beim DPMA ein deutsches Design an. Zuvor hat er bereits am 15.2.2020 das Design in der Schweiz angemeldet. Er kann nach § 14 DesignG die Priorität (also den Zeitrang) der Anmeldung in der Schweiz in Anspruch nehmen. Sollte am 15.5.2020 ein Wettbewerber (W) des A ein identisches Muster in Deutschland angemeldet haben, könnte A dann aus einem prioritätsälteren deutschen eingetragenen Design gegen W vorgehen.

494 **2. TRIPs.** Ebenso wie für das Urheberrecht garantiert das im Rahmen der WTO geschlossene TRIPs-Abkommen Mindeststandards für den Designschutz. In Art. 25 f. TRIPs findet sich eine Verpflichtung der Mitgliedstaaten, einen wirksamen Schutz für neue oder eigenartige Muster zu gewährleisten.

📕 → Überblick zu den urheberrechtlichen Staatsverträgen

495 **3. Haager Musterabkommen.** Von zentraler Bedeutung für das internationale Designrecht ist das Haager Abkommen über die internationale Hinterlegung gewerblicher Muster und Modelle (HMA, Haager Musterabkommen). Die Mitgliedstaaten haben einen internationalen Verband gebildet, der den Zugang zum Designschutz erheblich erleichtert. Verwaltet wird das Abkommen von der WIPO. Angehörige der Mitgliedstaaten des HMA können eine „internationale Anmeldung" einreichen, die zu einer „internationalen Eintragung" führt. Diese „internationale Eintragung" hat gemäß Art. 14 Abs. 2 HMA (für die Bundesrepublik Deutschland i.V.m. § 71 Abs. 1 DesignG) grundsätzlich die Wirkung einer *nationalen* Designregistrierung. Scharniernormen für das Zusammenwirken von DesignG und HMA finden sich in den §§ 66 ff. DesignG.

11. Kapitel Der nationale Designschutz nach dem DesignG

I. Schutzvoraussetzungen

1. Design und eingetragenes Design. Das DesignG schützt das „eingetragene Design" (vgl. nur § 38 DesignG). Der Begriff des eingetragenen Designs wird in § 2 DesignG legal definiert. Danach wird als **eingetragenes Design** ein Design geschützt, das neu ist und über Eigenart verfügt. Es müssen also drei Voraussetzungen vorliegen. Die Begriffe Neuheit und Eigenart werden ebenfalls in § 2 DesignG definiert. Der Begriff „Design" wird in § 1 Nr. 1 DesignG erläutert. Das subjektive Designrecht wird vom Gesetz nicht konsistent benannt. Teilweise wird vom „Recht an einem eingetragenen Design" gesprochen (Bsp.: §§ 29–31 DesignG). Teilweise wird nur der Begriff „eingetragenes Design" verwendet (Bsp.: § 38 DesignG). **496**

Voraussetzungen eines eingetragenen Designs: **497**
- Design, § 1 Nr. 1 DesignG,
- Neuheit, § 2 Abs. 2 DesignG und
- Eigenart, § 2 Abs. 3 DesignG.

Ein **Design** ist nach § 1 Nr. 1 DesignG die zweidimensionale oder dreidimensionale Erscheinungsform eines ganzen Erzeugnisses oder eines Teils davon. Diese kann sich insbesondere aus den Merkmalen der Linien, Konturen, Farben, der Gestalt, Oberflächenstruktur oder der Werkstoffe des Erzeugnisses selbst oder seiner Verzierung ergeben (§ 1 Nr. 1 Halbs. 2 DesignG). Die Erscheinungsform ist also die Gesamtheit der äußeren Merkmale eines **Erzeugnisses**. **498**

Der Begriff des **Erzeugnisses** wird in § 1 Nr. 2 DesignG erläutert. „Erzeugnis" ist jeder industrielle oder handwerkliche Gegenstand. Auch Verpackungen, graphische Symbole und Einzelteile, die zu einem komplexen Erzeugnis zusammengefügt werden sollen, sind Erzeugnisse. Ausdrücklich aus dem Kreis der Erzeugnisse ausgenommen werden Computerprogramme. **499**

Ein **komplexes Erzeugnis** ist ein Erzeugnis aus mehreren Bauelementen (§ 1 Nr. 3 DesignG). **500**

11. Kapitel   Der nationale Designschutz nach dem DesignG

501 > **Beispiel:**
> Ein Pkw ist ein komplexes Erzeugnis. Er besteht aus einer Vielzahl von Bauelementen (Karosserieteile, Motor, Räder etc.). § 1 Nr. 2, 3 DesignG eröffnet grundsätzlich die Möglichkeit, für jedes einzelne Element ein eingetragenes Design zu erlangen (zu beachten sind aber die Schutzschranken der §§ 4, 4a DesignG).

502 Weiter erforderlich ist, dass das Design „neu" ist. Ein Design gilt als „neu", wenn vor dem Anmeldetag kein identisches Design offenbart worden ist (§ 2 Abs. 2 Satz 1 DesignG). Designs gelten als identisch, wenn sie sich nur in unwesentlichen Einzelheiten unterscheiden (§ 2 Abs. 2 Satz 2 DesignG). Für die Prüfung der Neuheit ist das Design also mit dem vorbekannten Formenschatz zu vergleichen.

503 Gleiches gilt für die Feststellung von **Eigenart**. Nach § 2 Abs. 3 DesignG hat ein Design Eigenart, wenn sich der **Gesamteindruck**, den es beim informierten Benutzer hervorruft, von dem Gesamteindruck unterscheidet, den ein anderes, älteres Design bei diesem Benutzer hervorruft. Bei der Beurteilung ist die Gestaltungsfreiheit des Entwerfers zu berücksichtigen (§ 2 Abs. 3 Satz 2 DesignG). Für die Ermittlung der Eigenart ist die Unterschiedlichkeit der Designs entscheidend (BGH, I ZR 89/08, GRUR 2010, 718 Rn. 32 – Verlängerte Limousinen [zu Art. 6 GGV]). Hierzu ist das zu untersuchende Design mit bereits vorhandenen Designs zu vergleichen (BGH a. a. O.). Die prägenden Merkmale sind herauszuarbeiten und gegenüberzustellen (BGH a. a. O.). Anders als im Urheberrecht ist also nicht auf eine bestimmte Schöpfungshöhe abzustellen. Entscheidend ist vielmehr die Unterschiedlichkeit. Gibt es eine hohe Designdichte und damit einen kleinen Gestaltungsspielraum des Entwerfers, können schon kleine Änderungen einen unterschiedlichen Gesamteindruck hervorrufen (BGH, I ZR 102/11, GRUR 2013, 285 Rn. 31 – Kinderwagen II, näher hierzu *Hartwig* GRUR 2015, 845 ff.).

504 Für die Beurteilung ist auf einen **informierten Benutzer** abzustellen. Es handelt sich hierbei um eine Person, deren Aufmerksamkeitsgrad zwischen Durchschnittsverbraucher und Fachmann verortet werden kann (EuGH, C-281/10 P, GRUR 2012, 506 Rn. 53 – PepsiCo). Auch kennt der informierte Benutzer verschiedene Designs und hat gewisse Kenntnisse in Bezug auf die Gestaltung der Elemente (EuGH, a. a. O., Rn. 59). Die für den Vergleich des Gesamteindrucks erforderliche Gegenüberstellung hat durch einen direkten Vergleich zu erfolgen (EuGH, a. a. O., Rn. 55; EuGH, C-101/11 P, C-102/11 P, GRUR 2013, 178 Rn. 53 – Neuman u.a./Jose Manuel Banea Grupo).

I. Schutzvoraussetzungen

Beispiel: 505
B und T streiten um die Gestaltung eines Tablet-Computers. Der Beurteilung ist ein unmittelbarer Vergleich der beiden Tablets und nicht ein unter Umständen diffuses Bild aus der Erinnerung zugrunde zu legen.

Die Merkmale „Neuheit" und „Eigenart" sind nur schwer gegeneinander **abzugrenzen**. Das Kriterium der Neuheit geht in dem der Eigenart auf. Eine selbständige Bedeutung kommt ihm nicht zu (E/J/F/M/*Eichmann/Jestaedt*, § 2 Rn. 13). 506

Es empfiehlt sich, in der Klausur zunächst das Merkmal „Eigenart" zu prüfen. Bei der „Neuheit" kann dann verwiesen werden.

Ob ein Design neu ist und über Eigenart verfügt, ist durch einen Vergleich mit den bis zum Anmeldetag offenbarten Designs festzustellen (§ 2 Abs. 2, Abs. 3 DesignG). Der Begriff der **Offenbarung** wird in § 5 DesignG definiert. Ein Design ist offenbart, wenn es der Öffentlichkeit zugänglich gemacht wurde. Beispiele sind das Anbieten des Erzeugnisses auf dem Markt oder das Ausstellen auf einer Messe. Allerdings hat der Entwerfer etwas Überlegungszeit bis zur Anmeldung: Eine Offenbarung ist nicht neuheitsschädlich, wenn sie in einem Zeitraum von 12 Monaten vor dem Anmeldetag erfolgt ist, sog. **Neuheitsschonfrist** (§ 6 DesignG). 507

2. Schutzausschlussgründe. § 3 DesignG benennt Schutzausschlussgründe. Die Norm trägt einem Freihaltebedürfnis der Allgemeinheit Rechnung. Bestimmte Gestaltungen sollen nicht monopolisiert werden. Von zentraler Bedeutung ist § 3 Abs. 1 Nr. 1 DesignG. Erscheinungsmerkmale von Erzeugnissen, die **ausschließlich** durch deren **technische Funktion** bedingt sind, werden vom Designschutz ausgeschlossen. Der Schutz technischer Innovationen soll durch das Patentrecht und das Gebrauchsmusterrecht, nicht aber durch das Designrecht gewährleistet werden. Entscheidend ist bei der Prüfung nicht die Möglichkeit einer alternativen Gestaltung, sondern ob die technische Funktion der einzige Faktor ist, der die Gestaltung bestimmt hat. 508

Beispiel (nach EuGH, C-395/16, GRUR 2018, 612 – DOCERAM/CeramTec [Zentrierstifte]): 509
U hat Schweißzentrierstifte gestaltet. Die Gestaltung folgt ausschließlich technischen Vorgaben. Irgendwelche ästhetischen Erwägungen haben keine Rolle gespielt. Die Gestaltung ist vom Designschutz ausgeschlossen, auch wenn Mitbewerbern noch Gestaltungsalternativen offenstehen.

510 § 3 Abs. 1 Nr. 2 DesignG schließt den Schutz für **Verbindungselemente** aus. Hierdurch sollen Monopolisierungen auf dem Ersatzteilmarkt abgewehrt werden (hierzu *Klawitter* EWS 2001, 157 ff.; Bsp.: BPatG, 30 W (pat) 812/16, BeckRS 2019, 32005 [zu einem Pkw-Kühlergrill]). Möglich ist aber nach der Ausnahme des § 3 Abs. 2 DesignG ein Schutz von Elementen eines Bauteilsystems wie den LEGO-Bausteinen oder dem Gardena-Schlauchverbindungssystem. Eine weitere Regelung, die den Ersatzteilmarkt betrifft, ist § 4 DesignG. Die Norm statuiert ein **Sichtbarkeitserfordernis**. Auch diese Regelung soll die Monopolisierung des Kfz-Ersatzteilmarktes für Produkte wie Lichtmaschine, Kupplung und Abgasanlage, die bei bestimmungsgemäßer Verwendung nicht sichtbar sind, verhindern. Die Reichweite dieses Schutzausschlussgrundes ist schwer bestimmbar. Ist der Bremsbelag, der durch das filigrane Aluminiumrad erkennbar ist, „sichtbar"? Ist die Abschlussblende des Endschalldämpfers einer Auspuffanlage schutzfähig? Der wenig gelungene Gesetzeswortlaut bereitet erhebliche Auslegungsschwierigkeiten. Die 2020 eingeführte **Reparaturklausel** des § 40a DesignG will die Instandsetzung insbesondere von Kraftfahrzeugen dadurch ermöglichen, dass der Schutz für Bauteile ausgeschlossen wird, die für eine Reparatur zur Wiederherstellung des äußeren Erscheinungsbilds (Kotflügel, Motorhaube pp.) verwendet werden sollen (näher Rn. 533).

II. Rechtsinhaberschaft

511 Das Recht auf das eingetragene Design steht dem **Entwerfer** zu (§ 7 Abs. 1 Satz 1 DesignG). Haben mehrere gemeinsam das Design entworfen, so steht ihnen auch das eingetragene Design gemeinschaftlich zu (§ 7 Abs. 1 Satz 2 DesignG). Ist das Design durch einen Arbeitnehmer im Rahmen seiner Tätigkeit entworfen worden, wird – sofern nichts anderes vereinbart worden ist – das Recht dem Arbeitgeber zugeordnet (§ 7 Abs. 2 DesignG). Das Designrecht unterscheidet sich hier erheblich vom Urheberrecht und vom Patentrecht. Da das Urheberrecht nicht übertragbar ist, steht dieses immer auch dem angestellten Urheber zu. Der Arbeitgeber hat allenfalls Nutzungsrechte (s. Rn. 105). Für das Patentrecht findet sich eine umfassende, fein differenzierende Regelung im Arbeitnehmererfindungsgesetz (ArbnErfG).

Um die Durchführung von Eintragungs- und Verletzungsverfahren zu erleichtern, begründet § 8 DesignG eine gesetzliche, widerlegbare **Vermutung** der Inhaberschaft für den Anmelder und den Rechtsinhaber. Ist die Eintragung für einen Nichtberechtigten erfolgt, kann der nach § 7 DesignG Berechtigte die Übertragung des eingetragenen Designs oder die Einwilligung in die Löschung verlangen (§ 9 DesignG).

512

III. Das Verfahren in Designangelegenheiten

1. Deutsches Patent- und Markenamt. Für das Verfahren in Designangelegenheiten zuständig ist das deutsche Patent- und Markenamt (DPMA) mit Sitz in München. Das für das Designrecht zuständige Referat befindet sich in der Dienststelle Jena des DPMA. Das Verfahren in Designangelegenheiten unterscheidet sich erheblich vom Verfahren in Markensachen. Geregelt ist das Eintragungsverfahren in den §§ 11 ff. DesignG. Das Verfahren ist im Jahr 2014 dem Verfahren in Markensachen angenähert worden. Nunmehr gibt es ein Nichtigkeitsverfahren vor dem DPMA (§§ 33 ff. DesignG, dazu *Ortlieb* GRUR-Prax 2018, 113 ff.). Zuvor war das Löschungsverfahren den ordentlichen Gerichten zugewiesen (§§ 33 Abs. 2 DesignG a. F.). In der Designverordnung (**DesignV**) finden sich Regelungen, die die Bestimmungen des DesignG zum Verfahren konkretisieren.

513

2. Das Eintragungsverfahren. Nach § 11 DesignG ist ein Design zur Eintragung beim DPMA **anzumelden**. Nähere inhaltliche Anforderungen an die Anmeldung statuiert § 11 Abs. 2 DesignG. Nach § 11 Abs. 2 Nr. 3 DesignG muss die Anmeldung eine zur „Bekanntmachung geeignete Wiedergabe des Designs" enthalten. Erforderlich ist eine fotografische oder sonstige graphische Wiedergabe des Designs (§ 7 DesignV). Das aktuelle Designrecht beruht auf dem Grundsatz der Bildwiedergabe. Die früher gegebene Möglichkeit, das konkrete Muster zu hinterlegen, existiert nicht mehr. Neben der Anmeldung mit einem Papierformular besteht heute auch die Möglichkeit, ein Design über das Internet, auch ohne Signaturkarte (DPMAdirektWeb), anzumelden (§ 2 der Verordnung über den elektronischen Rechtsverkehr beim Deutschen Patent- und Markenamt).

514

Auf die Herstellung des Fotos für die Anmeldung ist große Sorgfalt zu verwenden: Hiernach bestimmt sich der spätere Schutzumfang des Designs (vgl. zu Problemen mit der Wiedergabe des Designs in der Anmeldung EuGH, C-217/17 P, GRUR-RS 2018, 14023 – Mast-Jägermeister/EUIPO: Die Anmelderin begehrte Schutz für einen Trinkbecher. Die Wiedergaben des Designs zeigten auch Flaschen. Die Anmeldung wurde zurückgewiesen.).

515 Es empfiehlt sich oft (aber nicht immer) eine Schwarz-Weiß-Abbildung, um den Schutz nicht einzuschränken (LG Braunschweig, 9 O 2249/13, GRUR-RS 2015, 07819). Bei widersprüchlichen Abbildungen droht eine Nichtigkeit des Designs nach § 33 Abs. 1 Nr. 1 DesignG (BGH, I ZB 25/18, GRUR 2019, 832 Rn. 11 ff. – Sporthelm; BGH, I ZB 26/18, GRUR 2019, 835 Rn. 29 ff. – Sportbrille).

516 An die Anmeldung schließt sich das Prüfungsverfahren vor dem DPMA an. Es erfolgt nur eine **bloße Formalprüfung** nach § 16 DesignG. In materieller Hinsicht prüft das DPMA lediglich, ob es sich um ein Design im Sinne des § 1 Nr. 1 DesignG handelt. Auch wird untersucht, ob das Design gegen die guten Sitten oder die öffentliche Ordnung (§ 3 Abs. 1 Nr. 3 DesignG) verstößt oder ein staatliches Hoheitszeichen (§ 3 Abs. 1 Nr. 4 DesignG) beinhaltet. Insbesondere prüft das DPMA nicht, ob das Design neu ist und über Eigenart verfügt (§ 2 DesignG). Sind alle Eintragungsvoraussetzungen erfüllt, erfolgt die Bekanntmachung (§ 20 DesignG) im Designblatt des DPMA. Zugang zum Designblatt und zum Bestand der eingetragenen Designs gibt die kostenlos verfügbare Datenbank „DPMAregister", zugänglich über http://www.dpma.de.

517 Das eingetragene Design ist ein kostengünstig zu erlangendes Recht. Die Papieranmeldung kostet 70 Euro, eine elektronische Anmeldung 60 Euro (Stand: Juni 2021). Mit einer Sammelanmeldung (§ 12 DesignG) können die Kosten bei elektronischer Anmeldung auf bis zu 6 Euro pro Design bzw. bei Papieranmeldung auf bis zu 7 Euro pro Design gesenkt werden.

518 3. **Nichtigkeitsverfahren.** Ein eingetragenes Design ist nach § **33 Abs. 1 DesignG** nichtig, wenn die Erscheinungsform des Erzeugnisses kein Design ist (§ 1 Nr. 1 DesignG), wenn es an der Neuheit oder Eigenart fehlt (§ 2 DesignG) oder das Design vom Schutz nach § 3 DesignG ausgeschlossen ist. Das Rechtsschutzsystem ist 2014 grundlegend umgestaltet worden. Bis 2014 war die Nichtigkeit durch eine Klage vor den ordentlichen Gerichten geltend zu machen. Nunmehr bestehen zwei Möglichkeiten: Zum einen kann ein Nichtigkeitsverfahren beim DPMA durchgeführt werden (§ 33 Abs. 3 Var. 1 DesignG), das von jedermann beantragt werden kann (§ 34 Satz 1 DesignG). Alternativ kann der Inanspruchgenommene in einem Verletzungsprozess eine Widerklage auf Feststellung oder Erklärung der Nichtigkeit erheben (§ 33 Abs. 3 Var. 2 DesignG). Die isolierte Nichtigkeitsklage gibt es nicht mehr.

Beispiel: 519
D nimmt X aus einem eingetragenen Design gerichtlich vor dem ausschließlich zuständigen Landgericht (§ 52 DesignG) auf Schadensersatz und Unterlassung in Anspruch. X kann nun eine Widerklage (§ 33 ZPO) auf Feststellung oder Erklärung der Nichtigkeit erheben, § 33 Abs. 3 Var. 2 DesignG.

Kollidiert das eingetragene Design mit prioritätsälteren (also früher angemeldeten) eingetragenen Designs oder mit Urheber- oder Kennzeichenrechten, besteht nach neuem Recht ebenfalls gemäß **§ 33 Abs. 2 DesignG** die Möglichkeit eines Nichtigkeitsverfahrens. Allerdings kann anders als in den Fällen des § 33 Abs. 1 DesignG (nur) der betroffene Rechtsinhaber ein Nichtigkeitsverfahren einleiten (§ 34 Satz 2 i. V. m. § 33 Abs. 2 DesignG). Der Rechtsinhaber kann nach § 33 Abs. 6 DesignG in die Löschung einwilligen, um das Verfahren rasch zu beenden. Darüber hinaus erfolgt eine **Löschung nach § 36 DesignG** bei Verzicht, Einwilligung in die Löschung durch einen Nichtberechtigten, der eingetragen worden ist (vgl. § 9 DesignG), und bei **Schutzbeendigung durch Zeitablauf.** Das Designrecht ist ein zeitlich befristetes Ausschließlichkeitsrecht. Die Schutzdauer beträgt maximal **25 Jahre,** § 27 Abs. 2 DesignG. 520

IV. Verfügungen über das Design

Das eingetragene Design ist ebenso wie beispielsweise das Sacheigentum ein Gegenstand des Vermögens. Nach § 29 Abs. 1 DesignG kann das Recht am eingetragenen Design auf andere **übertragen** werden oder übergehen (beispielsweise im Wege der Gesamtrechtsnachfolge gemäß § 1922 BGB nach dem Tod des Inhabers). Nach § 29 Abs. 2 DesignG wird vermutet, dass bei einem Unternehmensübergang auch die eingetragenen Designs mitübertragen werden. Im Designregister kann eine Übertragung des eingetragenen Designs vermerkt werden (§ 29 Abs. 3 DesignG). Die Eintragung hat aber (anders als die Grundbucheintragung beim Eigentumserwerb an unbeweglichen Sachen) nur deklaratorische Wirkung. Der Übergang des eingetragenen Designs ist auch ohne 521

Eintragung wirksam. Ein gutgläubiger Erwerb des subjektiven Designrechts vom Nichtberechtigten ist nicht möglich. Nach § 30 DesignG kann in das Recht an einem eingetragenen Design die **Zwangsvollstreckung** betrieben werden.

522 Wie bei den anderen Schutzrechten für geistiges Eigentum auch kann der Rechtsinhaber **Lizenzen** vergeben. Die Grundidee des Lizenzvertrages ist es, dass der Inhaber des eingetragenen Designs auf sein ausschließliches Benutzungsrecht verzichtet und seinem Vertragspartner, dem Lizenznehmer, gegen eine Vergütung die Befugnis einräumt, das eingetragene Design zu benutzen. Zu unterscheiden sind – wie im Urheberrecht (§ 31 Abs. 2, Abs. 3 UrhG, dazu Rn. 419) – ausschließliche und nicht ausschließliche Lizenzen (§ 31 Abs. 1 Satz 2 DesignG). Bei der nicht ausschließlichen Lizenz erwirbt der Lizenznehmer vom Rechtsinhaber, dem Lizenzgeber, nur ein einfaches Benutzungsrecht. Der Lizenzgeber kann weitere Rechte dieser Art vergeben. Bei der ausschließlichen Lizenz kann der Lizenznehmer alle, also auch den Rechtsinhaber, von der Benutzung ausschließen. Der Lizenzvertrag ist ein **verkehrstypischer gemischter Vertrag** mit einem ausgeprägten pachtrechtlichen Element (so zutreffend Palandt/*Weidenkaff*, vor § 581 Rn. 7). Recht unscharf ist die oft anzutreffende Formulierung, es handele sich um einen „Vertrag sui generis". Ausgesprochen kompliziert ist die Regelung zur Geltendmachung von Rechten im Verletzungsfall (vgl. hierzu E/J/F/M/*Eichmann/Jestaedt*, § 31 Rn. 50 ff.). Die Grundregel enthält § 31 Abs. 3 Satz 1 DesignG. Danach darf der Lizenznehmer ein Verletzungsverfahren nur mit Zustimmung des Rechtsinhabers anstrengen.

V. Die Wirkungen des eingetragenen Designs

523 1. Grundsatz: § 38 DesignG. Nach § 38 DesignG hat der Rechtsinhaber das ausschließliche Recht, das eingetragene Design zu benutzen. Er kann es Dritten verbieten, das eingetragene Design ohne seine Zustimmung zu benutzen. Aber wann liegt eine Verletzung des eingetragenen Designs vor? Hierzu bestimmt § 38 Abs. 2 DesignG, dass sich der Schutz auf jedes Design erstreckt, das beim **informierten Benutzer keinen anderen Gesamteindruck erweckt**. Ist also eine Verletzung eines eingetragenen Designs zu prüfen, muss das geschützte Design mit der vermeintlich verletzenden Gestaltung verglichen werden. Ist der Gesamteindruck für einen informierten Benutzer identisch, liegt eine Verletzung vor.

Beispiel (nach BGH, I ZR 89/08, GRUR 2010, 718 – Verlängerte Limousinen [zur GGV]): **524**
Ein Automobilhersteller hat Designschutz für die äußere Gestaltung einer Luxuslimousine erworben (Standardversion und gestreckte Variante). Ein Hersteller von gepanzerten Limousinen bietet das Fahrzeug in einer noch weiter verlängerten Version an. Der geringe Unterschied in der Länge löst keinen anderen Gesamteindruck aus. Das eingetragene Design ist damit verletzt.

Im Vordergrund der Beurteilung stehen diejenigen Merkmale, die die Eigenart (§ 2 Abs. 3 DesignG) des Designs begründen (BGH, I ZR 97/09, GRUR 2011, 423 – Baugruppe II). Zu berücksichtigen ist der Grad der **Gestaltungsfreiheit**, § 38 Abs. 2 Satz 2 DesignG. Gibt es nur wenige Gestaltungsmöglichkeiten, ist der Schutzumfang des eingetragenen Designs gering. Ein großer Gestaltungsspielraum kann zu einem weiten Schutzumfang des Designs führen (BGH, I ZR 40/14, GRUR 2016, 803 Rn. 31 – Armbanduhr). Entscheidend ist der Gestaltungsspielraum zum Zeitpunkt der Eintragung des vermeintlich verletzten Designs (BGH, I ZR 71/08, GRUR 2011, 142 Rn. 18 – Untersetzer [zur GGV]; a. A. EuG, T-9/07, GRUR-RR 2010, 189 Rn. 69 f. – Grupo Promer; der EuGH [C 281/10 P, GRUR 2012, 506 – PepsiCo] nahm zum entscheidungserheblichen Zeitpunkt nicht Stellung). In die Betrachtung einzubeziehen ist der Abstand zum vorbekannten Formenschatz. Ein besonders großer Abstand kann zu einem weiten Schutzumfang führen (OLG Frankfurt, 6 U 34/15, GRUR-RS 2016, 05170 Rn. 21 ff.). Es sind hier nicht einzelne Merkmale der Designs „mosaikartig" gegenüberzustellen. Es ist vielmehr ein Gesamtvergleich mit den vorbekannten Designs vorzunehmen (BGH, I ZR 164/17, GRUR 2019, 398 – Media Gate). **525**

Beispiel: **526**
Bestimmt werden soll der Abstand eines Stuhldesgins zum vorbekannten Formenschatz. Verfügt die Gestaltung über fünf prägende Merkmale, kann ein geringer Abstand zum Formenschatz nicht damit begründet werden, jedes einzelne der prägenden Merkmale sei an jeweils einer anderen vorbekannten Stuhlgestaltung vorzufinden. Die jeweiligen Designs müssen insgesamt gegenübergestellt werden.

Für den Vergleich sind das geschützte Design und die vermeintlich verletzende Gestaltung unmittelbar gegenüberzustellen (EuGH, C-281-10 P, GRUR 2012, 506 Rn. 55 – PepsiCo; OLG Hamburg, 5 U 135/05, BeckRS 2007, 08985 – **527**

Handydesign). Die Beurteilung hat aus der Perspektive eines **informierten Benutzers** zu erfolgen. Dies ist weder ein Designexperte noch ein an Designfragen vollkommen uninteressierter Verbraucher. Abgestellt werden kann auf einen potenziellen Erwerber, der ein gewisses Designbewusstsein hat und dem Design in dem jeweiligen Bereich eine gewisse Beachtung schenkt (EuGH, C-281/10 P, GRUR 2012, 506 Rn. 53 – PepsiCo; OLG Hamburg BeckRS 2007, 08985). Zum Begriff des informierten Benutzers s. Rn. 504.

528 Das neue Designrecht kennt **keinen Teileschutz**. Es wird immer nur das gesamte angemeldete Design geschützt, nicht aber einzelne Elemente (BGH, I ZR 124/10, GRUR 2012, 1139 Rn. 35 ff. – Weinkaraffe, dazu *Klawitter* GRUR-Prax 2013, 53 ff.). Denkbar erscheint es aber, dass an einzelnen Elementen eines Erzeugnisses nicht eingetragene Gemeinschaftsgeschmacksmuster entstehen (BGH, I ZR I/19, GRUR 2020, 392 Rn. 21 ff. – Front kit).

529 **Beispiel** (BGH, I ZR 124/10, GRUR 2012, 1139 – Weinkaraffe [zur GGV]): Der Rechtsinhaber hat Schutz für eine Weinkaraffe mit Sockel erlangt. Nur die Karaffe wird nachgeahmt. Er kann hiergegen nicht vorgehen.

530 **2. Vermutung nach § 39 DesignG.** Zur Erleichterung der Rechtsdurchsetzung ordnet § 39 DesignG eine weitgehende Vermutung an: Zu Gunsten des Rechtsinhabers des eingetragenen Designs wird vermutet, dass die an die „Rechtsgültigkeit" zu stellenden Anforderungen erfüllt sind. Erfasst werden alle Umstände, die Gegenstand der Nichtigkeitsklage sein können. Vermutet werden also insbesondere Designfähigkeit, Neuheit und Eigenart (E/J/F/M/*Eichmann/Jestaedt*, § 39 Rn. 4). § 52a DesignG bindet zudem den Richter in einem Verletzungsverfahren an die Eintragungsentscheidung. Der potenzielle Verletzer kann sich nicht auf die Schutzunfähigkeit des eingetragenen Designs berufen. Er muss eine Nichtigkeitswiderklage erheben oder einen Antrag auf Feststellung der Nichtigkeit des eingetragenen Designs nach § 34 DesignG beim DPMA stellen. Etwas anderes gilt nur für das Verfahren der einstweiligen Verfügung (§ 52a Satz 2 DesignG).

531 **3. Schranken.** Das subjektive Designrecht wird ebenso wie das Urheberrecht nicht schrankenlos gewährt. **§ 40 DesignG** unterwirft das Ausschließlichkeitsrecht des Rechtsinhabers einem kompakten Schrankenkatalog. Zulässig sind Handlungen im privaten Bereich zu nicht-gewerblichen Zwecken. Ebenso sind Handlungen zu Versuchszwecken, zum Zwecke der Zitierung (gemeint ist wohl eine Erläuterung, vgl. E/J/F/M/*Eichmann/Jestaedt*, § 40 Rn. 8 f.) und zur Veranschaulichung in der Lehre zulässig. Auch in Bezug auf im Ausland zugelassene Schiffe und Luftfahrzeuge können Rechte nicht geltend gemacht werden.

> **Beispiel** (nach BGH, I ZR 56/09, GRUR 2011, 1117 – ICE): **532**
> Die Deutsche Bahn AG verfügt über ein eingetragenes Design für die Gestaltung des ICE 3. Die F stellt Radsatzprüfanlagen für Schienenfahrzeuge, u. a. für den ICE 1, her. In einem Katalog wirbt sie mit einer Abbildung des ICE 3 für ihre Leistungen auf dem Gebiet der Schienenfahrzeugtechnik. Eine „Zitierung" nach § 40 Nr. 3 DesignG liegt nicht vor, da die F keine Leistungen für den ICE 3 anbietet, die Abbildung vielmehr nur dem Marketing dient.

4. Reparaturklausel. Ende 2020 wurde nach langen Diskussionen und Streitigkeiten in das DesignG die neue Reparaturklausel des § 40a DesignG eingeführt (zum Gang der Diskussion *Figge/Kalberg* GRUR 2020, 248 ff.). Die Regelung, die der Reparaturklausel des Gemeinschaftsgeschmacksmuster (Art. 110 Abs. 1 GGV) ähnelt, soll es insbesondere ermöglichen, dass der Konsument bei Autoreparaturen die erforderlichen Ersatzteile nicht beim Hersteller oder einem von diesem lizenzierten Anbieter erwerben muss, sondern auch auf freie Anbieter zugreifen kann. **533**

> **Beispiel:** **534**
> V hatte einen Autounfall. Für die Reparatur werden ein Kühlergrill und ein Kotflügel benötigt. V kann diese Ersatzteile beim Hersteller oder einem freien Anbieter beziehen. Dieser benötigt nach § 40a DesignG keine Lizenz für die Produktion der Ersatzteile.

Wichtig ist die Übergangsregelung: § 40a DesignG gilt nicht für Rechte, die bis zum 2.12.2020 angemeldet worden sind. **535**

5. Vorbenutzungsrecht. Ähnlich wie das Patentrecht (§ 12 PatG) kennt auch das Designrecht ein Vorbenutzungsrecht. Wer schon vor der Anmeldung des Designs ein identisches Design, das unabhängig von dem eingetragenen Design entwickelt wurde, in Benutzung genommen hat, darf dieses nach § 41 DesignG **weiterbenutzen**. Er kann vom Designrechtsinhaber nicht auf Unterlassung und Schadensersatz in Anspruch genommen werden. **536**

6. Schutzdauer. Die Schutzdauer des eingetragenen Designs beträgt maximal **25 Jahre**, gerechnet ab dem Anmeldetag (§ 27 Abs. 2 DesignG). Regelmäßig sind Aufrechterhaltungsgebühren zu zahlen (§ 28 DesignG). Erfolgt die Zahlung nicht, endet der Schutz und das eingetragene Design wird gelöscht (§§ 28 Abs. 3, 36 Abs. 1 Nr. 1 DesignG). **537**

538 **7. Erschöpfung.** Auch für das eingetragene Design gilt der immaterialgüterrechtliche Grundsatz der **unionsweiten Erschöpfung** (für das Urheberrecht s. Rn. 186). Wenn ein Produkt mit Zustimmung des Rechtsinhabers eines Rechts des geistigen Eigentums innerhalb der Europäischen Union oder im EWR in den Verkehr gebracht worden ist, kann er aus seinem subjektiven Designrecht keine Befugnisse mehr herleiten, § 48 DesignG.

539 Beispiel:
X ist Inhaber eines deutschen eingetragenen Designs für einen Getränkeuntersetzer. Er bringt Getränkeuntersetzer in Frankreich in den Verkehr. Y erwirbt diese Untersetzer in Frankreich, um sie anschließend in Deutschland zu veräußern. X kann den Vertrieb in Deutschland nicht aufgrund seines Designrechts unterbinden: Das Recht ist mit dem Inverkehrbringen in Frankreich erschöpft.

VI. Rechtsverletzungen

540 **1. Überblick.** Mit der Umsetzung der Enforcement-RL hat der deutsche Gesetzgeber die Rechtsfolgen bei der Verletzung von Rechten des geistigen Eigentums vereinheitlicht. Die Ausführungen zur Verletzung des Urheberrechts (s. Rn. 365) können daher grundsätzlich auch hier Geltung beanspruchen.

541 **2. Beseitigung, Unterlassung und Schadensersatz (§ 42 DesignG).** Wer entgegen § 38 Abs. 1 DesignG ein Design benutzt, ist zur Beseitigung verpflichtet. Liegt Wiederholungsgefahr vor, wird auch Unterlassung geschuldet. Die erstmalige Begehung der Rechtsverletzung begründet grundsätzlich Wiederholungsgefahr. Diese kann durch eine **strafbewehrte Unterlassungserklärung** ausgeräumt werden. In einer solchen verpflichtet sich der Verletzer vertraglich, zukünftig Rechtsverletzungen zu unterlassen. Für den Fall der Zuwiderhandlung verspricht er die Zahlung einer Vertragsstrafe. Vor Einleitung einer gerichtlichen Streitigkeit wird der Verletzer typischerweise durch den Rechtsinhaber mit einer **Abmahnung** (oft auch in Abgrenzung zum Lauterkeitsrecht als „**Verwarnung**" bezeichnet) aufgefordert, eine solche Erklärung abzugeben (s. Rn. 387).

542 Auf Unterlassung haften **Täter**, **Teilnehmer** und **Störer** (näher Rn. 379). Zwar ist die Störerhaftung für das Lauterkeitsrecht (UWG) heute aufgrund der Figur der wettbewerblichen Verkehrspflichten vom BGH aufgegeben worden (BGH,

I ZR 139/08, GRUR 2011, 152 Rn. 48 – Kinderhochstühle im Internet). Für den Bereich der Ausschließlichkeitsrechte des geistigen Eigentums, zu denen auch das Designrecht gehört, hält die Rechtsprechung indes an der Störerhaftung fest (BGH, I ZR 267/15, GRUR 2019, 813 Rn. 81 ff. – Cordoba II; zu Recht kritisch K/B/F/*Köhler/Feddersen*, § 8 Rn. 2.2d).

Es gilt das zum Unterlassungsanspruch oben (Rn. 370) Ausgeführte. Also: Kein Verschulden erforderlich; Wiederholungsgefahr als materiell-rechtliche Anspruchsvoraussetzung (h. M.).

543 Handelt der Verletzer **schuldhaft** (vorsätzlich oder fahrlässig), ist er gemäß § 42 Abs. 2 DesignG zum Schadensersatz verpflichtet. Anerkannt ist hier wie bei allen anderen Schutzrechten des geistigen Eigentums die sog. dreifache Schadensberechnung. Der Verletzte kann zwischen dem ihm entgangenen Gewinn, der Herausgabe des Verletzergewinns und der Lizenzanalogie wählen (näher zu den Schadensberechnungsmethoden s. Rn. 375). Recht merkwürdig ist dem Gesetzgeber die sprachliche Fassung des § 42 Abs. 2 Satz 2, 3 DesignG geraten. Zumindest der Wortlaut der Norm scheint der Gewährung eines Strafschadensersatzes nicht entgegenzustehen. Ein solcher ist dem deutschen Recht aber grundsätzlich fremd.

544 **3. Weitere Ansprüche.** Nach § 43 DesignG kann der Verletzte die Vernichtung der rechtswidrig hergestellten oder verbreiteten Erzeugnisse verlangen. Auch sind diese aus der Vertriebskette zurückzurufen. § 46 DesignG gibt einen Anspruch auf Auskunft über Herkunft und Vertriebswege der Erzeugnisse. Dieser Auskunftsanspruch ist zu trennen vom allgemeinen zivilrechtlichen Auskunftsanspruch, der die Berechnung des Schadensersatzanspruches aus § 42 Abs. 2 DesignG ermöglichen soll. § 46a DesignG gibt einen Anspruch auf Vorlage einer Urkunde oder Besichtigung einer Sache schon dann, wenn die **hinreichende Wahrscheinlichkeit** einer Rechtsverletzung besteht. Alle Ansprüche verjähren grundsätzlich nach drei Jahren, § 49 DesignG i. V. m. § 195 BGB. Der vorsätzliche (§ 15 StGB) Verletzer macht sich nach Maßgabe des § 51 DesignG strafbar.

545 **4. Verfahren.** Designrechtliche Streitigkeiten werden typischerweise mit einer **Abmahnung** (Verwarnung) eingeleitet (s. Rn. 541). Da die unberechtigte Schutzrechtsverwarnung nach § 823 Abs. 1 BGB zum Schadensersatz verpflichtet (BGH, GSZ 1/04, GRUR 2005, 882 – Unberechtigte Schutzrechtsverwarnung), wird der Berechtigte häufig zunächst nur eine sogenannte **Berechti-**

gungsanfrage stellen. In einer Berechtigungsanfrage bittet der Schutzrechtsinhaber um Aufklärung darüber, warum sich der Angefragte für berechtigt hält, die geschützte Gestaltung zu verwenden. Erfolgt keine Reaktion, wird der Inhaber des eingetragenen Designs eine **einstweilige Verfügung** (§§ 935, 940 ZPO) in Erwägung ziehen. Um den Erlass einer einstweiligen Verfügung ohne mündliche Verhandlung zu verhindern, bei der die Argumente des vermeintlichen Verletzers nicht berücksichtigt werden (Entscheidung im Beschlussweg ohne mündliche Verhandlung nach § 922 Abs. 1 Satz 1 Var. 2 ZPO [zu den verfassungsrechtlichen Problemen bei dieser Vorgehensweise BVerfG, 1 BvR 1379/20, GRUR 2020, 1119]), kann dieser bei Gericht eine **Schutzschrift** hinterlegen. Alternativ kann der Rechtsinhaber auch sofort **Klage** in der Hauptsache erheben. Zuständig sind streitwertunabhängig die Landgerichte, § 52 DesignG. Durch Rechtsverordnung haben die meisten Bundesländer die Zuständigkeit auf bestimmte Landgerichte konzentriert (Übersicht im Schönfelder-Ergänzungsband, Anmerkung zu § 52 DesignG).

12. Kapitel   Das Gemeinschaftsgeschmacksmuster

I. Einleitung

Die Grundzüge und Grundprinzipien des Gemeinschaftsgeschmacksmustersystems und das Verhältnis zum nationalen Schutz sind bereits erörtert worden (s. Rn. 487). Die Schutzsysteme ähneln sich sehr stark, da recht zeitnah zur Einführung des Gemeinschaftsgeschmacksmustersystems (**GGV**) das Designrecht auf europäischer Ebene harmonisiert worden ist (RL 98/71/EG; 2004 in das deutsche Recht umgesetzt, BGBl. I S. 390 ff.). Ein zentraler Unterschied zwischen den beiden Systemen ist das nicht eingetragene Gemeinschaftsgeschmacksmuster (Art. 11 Abs. 1 GGV). Ein Designschutz ohne Eintragung ist dem deutschen Recht unbekannt.

546

II. Schutzvoraussetzungen des eingetragenen Geschmacksmusters

Die Schutzvoraussetzungen ähneln sehr stark den Bestimmungen des DesignG. Allerdings ist die Terminologie abweichend: Das deutsche Recht bezeichnet als „Design" die Erscheinungsform eines Erzeugnisses oder eines Teils davon (§ 1 Nr. 1 DesignG). Als „eingetragenes Design" wird das subjektive Recht bezeichnet (§ 2 Abs. 1 DesignG). Demgegenüber wird im Gemeinschaftsgeschmacksmusterrecht die Erscheinungsform **„Geschmacksmuster"** und das subjektive Recht **„Gemeinschaftsgeschmacksmuster"** genannt (Art. 3 lit. a; Art. 4 Abs. 1 GGV).

547

Der Schutz als Gemeinschaftsgeschmacksmuster setzt voraus, dass das Geschmacksmuster **neu** ist und über **Eigenart** verfügt (Art. 4 Abs. 1 GGV). Die Begriffe der Neuheit und Eigenart werden in Art. 5 f. GGV legal definiert. Ein eingetragenes Geschmacksmuster gilt als neu, wenn der Öffentlichkeit vor dem Tag der Anmeldung kein identisches Muster zugänglich gemacht worden ist (Art. 5 Abs. 1 lit. b GGV). Ein Muster verfügt gemäß Art. 6 Abs. 1 lit. b GGV

548

über Eigenart, wenn sich der Gesamteindruck, den es beim informierten Benutzer hervorruft, von dem Gesamteindruck unterscheidet, den ein prioritätsälteres Geschmacksmuster hervorruft (zu diesen Merkmalen im DesignG s. Rn. 503). Die Regelung zum Sichtbarkeitserfordernis für Bauelemente komplexer Erzeugnisse, die insbesondere für Kfz-Ersatzteile von Bedeutung ist, findet sich in Art. 4 Abs. 2 GGV (sehr kritisch zu diesem Merkmal R/T/*Ruhl*, Art. 4 Rn. 10). Eine Reparaturklausel (Rn. 510) ist schon 2001 in die GGV eingefügt worden (Art. 110 GGV, dazu Rn. 533).

III. Das nicht eingetragene Gemeinschaftsgeschmacksmuster

549 Eine Besonderheit des Gemeinschaftsgeschmacksmusterschutzes ist das nicht eingetragene Gemeinschaftsgeschmacksmuster. Nach Art. 11 Abs. 1 GGV wird ein Geschmacksmuster, das die Schutzvoraussetzungen wie „Neuheit" und „Eigenart" erfüllt, für die Dauer von **drei Jahren** als nicht eingetragenes Gemeinschaftsgeschmacksmuster geschützt. Die Schutzfrist beginnt mit der bloßen Zugänglichmachung des Musters „innerhalb der Gemeinschaft" (EU). Eine **Registrierung** ist **nicht erforderlich**.

550 **Beispiel:**
A bringt eine Blumenvase in Frankreich auf den Markt. Die Gestaltung der Blumenvase erfüllt die Anforderungen wie „Neuheit" und „Eigenart", die an ein Gemeinschaftsgeschmacksmuster zu stellen sind. Nach Art. 11 Abs. 1 GGV wird das Muster für drei Jahre als nicht eingetragenes Gemeinschaftsgeschmacksmuster unionsweit geschützt.

551 Gedacht ist dieser Schutz insbesondere für Branchen wie die **Mode- und Schmuckindustrie**, in denen die Produktzyklen häufig sehr kurz sind, mithin der Erwerb eines Registerrechtes nicht lohnend erscheint (R/T/*Ruhl*, Art. 11 Rn. 3). Nicht verkannt werden darf, dass das nicht eingetragene Gemeinschaftsgeschmacksmuster für alle Marktteilnehmer zu Unsicherheiten in Bezug auf Schutzumfang und Schutzentstehung führt.

III. Das nicht eingetragene Gemeinschaftsgeschmacksmuster

Erweist sich ein nicht eingetragenes Geschmacksmuster am Markt als erfolgreich, kann es sich empfehlen, den Schutz dadurch zu verstärken, dass das Geschmacksmuster zusätzlich als eingetragenes Gemeinschaftsgeschmacksmuster angemeldet wird. Aufgrund der Neuheitsschonfrist (Art. 7 Abs. 2 lit. b GGV) ist dies innerhalb von 12 Monaten nach Offenbarung möglich. Mit der Eintragung erhält der Inhaber weiterreichenden Schutz und kann sein Ausschließlichkeitsrecht über die drei Jahre des nicht eingetragenen Gemeinschaftsgeschmacksmusters hinaus aufrechterhalten.

Art. 11 Abs. 1 GGV verlangt für die Schutzentstehung, dass das Muster **der Öffentlichkeit innerhalb der Gemeinschaft** (der Normtext stammt von 2001, gemeint ist das Gebiet der Europäischen Union) **zugänglich gemacht** worden ist. Während bei Art. 7 GGV der Ort der Offenbarung ohne Bedeutung ist, wird für Art. 11 Abs. 1 GGV verlangt, dass die Zugänglichmachung **innerhalb der EU** erfolgt. Anderenfalls entsteht der Schutz nicht (BGH, I ZR 126/06, GRUR 2009, 79 Rn. 18 – Gebäckpresse; R/T/*Ruhl*, Art. 11 Rn. 17 [mit Nachweisen zur heute praktisch nicht mehr vertretenen Gegenansicht]). Der Begriff der Zugänglichmachung wird in § 11 Abs. 2 GGV näher definiert. Erforderlich ist, dass das Muster in solcher Weise bekannt gemacht, ausgestellt, im Verkehr verwendet oder auf sonstige Weise offenbart wurde, dass dies den in der Gemeinschaft tätigen Fachkreisen des betreffenden Wirtschaftszweigs im normalen Geschäftsverlauf bekannt sein *konnte*. **552**

Nicht eingetragenes Gemeinschaftsgeschmacksmuster und ergänzender lauterkeitsrechtlicher Leistungsschutz (§ 4 Nr. 3 UWG) stehen in einem engen Verhältnis zueinander (näher K/B/F/*Köhler*, § 4 Rn. 3.8). Der Schutz als Gemeinschaftsgeschmacksmuster steht einem lauterkeitsrechtlichen Schutz nicht entgegen (BGH, I ZR 187/16, GRUR 2018, 832 Rn. 46 – Ballerinaschuh). In der Klausur spielt dies aber nur dann eine Rolle, wenn Ansprüche aus dem Designrecht und dem UWG zu prüfen sind (Fallfrage).

IV. Das Verfahren vor dem EUIPO, EuG und EuGH

553 1. **Eintragungsverfahren.** Zuständig für Anmeldung und Eintragung ist das „Amt der Europäischen Union für Geistiges Eigentum" (EUIPO) mit Sitz in Alicante (umfangreiches Informationsangebot unter http://euipo.europa.eu). Regelungen zum Anmelde- und Eintragungsverfahren finden sich in Art. 35 ff. GGV und in der Durchführungs-VO (EG) 2245/2002 zur GGV. Die Gebühren bestimmen sich nach der Gemeinschaftsgebühren-VO (EG) 2246/2002. Auch das EUIPO nimmt vor der Eintragung im Kern nur eine Formalprüfung vor (Art. 45, 47 GGV). Liegen alle Eintragungsvoraussetzungen vor, erfolgt nach **Art. 48 GGV** die Eintragung des Geschmacksmusters. Die Eintragung wird im „Blatt für Gemeinschaftsgeschmacksmuster" publiziert (Art. 48, 73 GGV; zugänglich über http://euipo.europa.eu).

554 2. **Nichtigkeitsverfahren.** Im Gemeinschaftsgeschmacksmusterrecht gibt es schon seit Einführung des Rechts ein Nichtigkeitsverfahren vor dem Amt. Ein eingetragenes Gemeinschaftsgeschmacksmuster kann auf Antrag durch das **EUIPO** für nichtig erklärt werden. Zudem kann es auf **Widerklage im Verletzungsprozess** für nichtig erklärt werden. Typische Nichtigkeitsgründe sind die Kollision mit einem prioritätsälteren Geschmacksmuster oder das Fehlen von Schutzvoraussetzungen wie Neuheit und Eigenart (vgl. Art. 24 GGV). Das **nicht eingetragene Gemeinschaftsgeschmacksmuster** kann nach Art. 24 Abs. 3 GGV von einem Gemeinschaftsgeschmacksmustergericht (s. Rn. 561) in einem selbständigen Verfahren oder auf Widerklage im Verletzungsprozess für nichtig erklärt werden.

555 3. **Beschwerdeverfahren.** Gegen die Entscheidungen der Prüfer im Eintragungsverfahren sowie der Nichtigkeitsabteilungen ist nach Art. 55 GGV **Beschwerde** möglich. Zuständig für die Durchführung des Beschwerdeverfahrens ist eine **Beschwerdekammer beim EUIPO**. Es handelt sich hierbei um ein Verwaltungsverfahren, ähnlich dem deutschen Widerspruchsverfahren (R/T/*Ruhl*, vor Art. 55 GGV Rn. 1). Die Mitglieder der Beschwerdekammer genießen allerdings eine richterähnliche Unabhängigkeit (Art. 97 Abs. 1 GGV i. V. m. Art. 166 UMV).

556 4. **EuG, EuGH.** Gegen die Entscheidungen der Beschwerdekammer kann gemäß Art. 61 GGV Klage beim Gerichtshof der Europäischen Union erhoben werden. Funktionell zuständig ist das Gericht (**EuG**, Art. 256 AEUV). Gegen die Entscheidung des EuG ist **Rechtsmittel zum EuGH** (Art. 256 Abs. 1 AEUV, Art. 56 Satzung des Gerichtshofes) möglich.

V. Der Schutzumfang des Gemeinschaftsgeschmacksmusters

1. Schutzumfang. Für die Bestimmung des Schutzumfanges ist zwischen dem eingetragenen Gemeinschaftsgeschmacksmuster und dem nicht eingetragenen Gemeinschaftsgeschmacksmuster zu differenzieren. Art. 19 Abs. 1 GGV gibt dem Inhaber des **eingetragenen Gemeinschaftsgeschmacksmusters** ein **Benutzungsrecht und** ein **Verbietungsrecht.** Die dogmatische Bedeutung dieser Differenzierung ist noch nicht abschließend geklärt (R/T/*Tolkmitt*, Art. 19 Rn. 20 ff.). Naheliegend erscheint es, das Benutzungsrecht als Kern des Ausschließlichkeitsrechts zu verstehen. Das Verbietungsrecht beruht dann auf diesem Kern. Das nicht eingetragene Gemeinschaftsgeschmacksmuster gibt dem Rechtsinhaber nur ein **Verbietungsrecht** (Art. 19 Abs. 2 GGV). Es setzt weiter voraus, dass die angefochtene Benutzung das Ergebnis einer **Nachahmung** des geschützten Musters ist. Schwierigkeiten bereitet im Prozess die Bestimmung der Anforderungen, die an den Beweis der Nachahmung zu stellen sind. Nach allgemeinen Beweislastgrundsätzen muss der Anspruchsteller die für ihn günstige Tatsache der Nachahmung beweisen (EuGH, C-479/12, GRUR 2014, 368 Rn. 41 f. – Gautzsch Großhandel/MBM Joseph Duna). Hierfür ist grundsätzlich zu verlangen, dass eine Kenntnis des potenziellen Verletzers von der Gestaltung nachgewiesen wird. Ein Indiz für eine Kenntnis kann eine weitgehende Übereinstimmung der Gestaltungen sein (R/T/*Tolkmitt*, Art. 19 Rn. 74 ff.). Für Reparaturen an komplexen Erzeugnissen enthält Art. 110 GGV eine § 40a DesignG ähnelnde Beschränkung des Schutzes (EuGH, C-397/16, C-435/16, GRUR 2018, 284 Rn. 55 ff. [Autofelgen als Ersatzteile]; BGH, I ZR 226/14, GRUR 2018, 1246 Rn. 33 ff. – Kraftfahrzeugfelgen II).

557

2. Schutzdauer; Gegenstand des Vermögens. Die Schutzdauer des **eingetragenen Gemeinschaftsgeschmacksmusters** beträgt zunächst fünf Jahre und kann auf maximal **25 Jahre** verlängert werden (Art. 12 GGV). Das nicht eingetragene Gemeinschaftsgeschmacksmuster wird **drei Jahre** geschützt (Art. 11 Abs. 1 GGV). Das Gemeinschaftsgeschmacksmuster ist ebenso wie ein nationales eingetragenes Design Gegenstand des Vermögens (Art. 27 Abs. 1 GGV). Es kann übertragen werden (Art. 28 GGV) und Gegenstand eines Lizenzvertrages (Art. 32 GGV) sein.

558

VI. Rechtsverletzungen und Verletzungsprozess

559 1. **Ansprüche bei Rechtsverletzung.** Die Rechtsfolgen einer Verletzung des Gemeinschaftsgeschmacksmusters bestimmen sich nach Art. 89 GGV. Die Vorschrift ist für den deutschen Juristen ungewohnt formuliert, da sie nicht die in Deutschland übliche strikte Trennung von materiellem Recht und Prozessrecht widerspiegelt. Darüber hinaus bedient sich die Norm einer partiellen Verweistechnik. Der zentrale **Unterlassungsanspruch** folgt aus Art. 89 Abs. 1 lit. a GGV. Der **Schadensersatzanspruch** folgt aus der Verweisung in Art. 89 Abs. 1 lit. d GGV auf das nationale Recht, also auf § 42 Abs. 2 DesignG.

560 2. **Verletzungsprozess.** Ähnlich wie im nationalen Recht (§§ 39, 52a DesignG) besteht auch für das Gemeinschaftsgeschmacksmuster eine **Vermutung für die Rechtsgültigkeit** (Art. 85 GGV). Bei einem nicht eingetragenen Gemeinschaftsgeschmacksmuster muss der Anspruchsteller zunächst die Voraussetzungen des Art. 11 Abs. 2 GGV beweisen, bevor die Vermutung greift (Art. 85 Abs. 2 GGV).

561 **Zuständig** für Verletzungs- und Nichtigkeitsverfahren sind die Gemeinschaftsgeschmacksmustergerichte (Art. 81 GGV). Diese werden von den Mitgliedstaaten bestimmt (Art. 80 GGV). Eine Übersicht findet sich in der Veröffentlichung im Amtsblatt der EU vom 24.9.2014 (2014/C 332/4). Im Grundsatz sind die Gerichte zuständig, die nach § 52 DesignG auch für nationale Geschmacksmustersachen zuständig sind.

Stichwortverzeichnis

Die Zahlenangaben beziehen sich auf die Randnummern des Buches.

Abmahnung 387, 541, 545
– Aufwendungsersatz 388
Abschlussverfahren 386
Abstraktionsprinzip 416
AGB 438
AIDA Kussmund 63, 296
Aktivlegitimation 120, 378
allgemeines Persönlichkeitsrecht 132
Amt der Europäischen Union für Geistiges Eigentum 553
amtliche Werke 81
Anbieten 183
Änderungsverbot 144, 260
Anerkennung der Urheberschaft 136
angemessene Vergütung 440
angewandte Kunst 62
anonyme und pseudonyme Werke 96
Antonio Vivaldi
– Motezuma 344
Antike 20
Aufführungsrecht 208
Auskunftsanspruch 232
Ausschließlichkeitsrecht 4, 12, 128, 557
Ausstellungsrecht 201
Ausübende Künstler 337
Autorenprivileg 24

Bearbeiterurheberrecht 85
Bearbeitung 84
Bearbeitungsrecht 87, 247
Begriff Urheberrecht 12
Beiwerk 301
Berechtigungsanfrage 545
Bereicherungsrecht 367
Berichterstattung 305
Berichterstattung über Tagesereignisse 303

Berner Übereinkunft 473
Beschwerdekammer 555
Beseitigungsanspruch 370, 371, 541
Bestsellerparagraph 442
Beteiligungs- und Vergütungsansprüche 248
Beweismittel 320
Bibliotheken 316
Bild- und Tonträger 179
Bildnisse 328
Boris Pasternak 45
Brüssel Ia-VO 461
Buchdruck 22

Computerprogramme 53, 106
Computerspiele 77
Cover 293

Darstellungen wissenschaftlicher oder technischer Art 74
Datenbank 355
Datenbankhersteller 355
Datenbankwerk 79, 355
Design 480, 496, 498
DesignG Siehe Designgesetz
Designgesetz 480
Designrecht 480
Designverordnung 513
Deutsches Patent- und Markenamt 513
digitale Wasserzeichen 394
Digital Rights Management 164, 393
Doppelschöpfung 40
doppelte Tarifgebühr 377
Download 231
DPMA Siehe Deutsches Patent- und Markenamt

dreidimensionale Marken 483
dreifache Schadensberechnung 375, 543
DRM Siehe Digital Rights Management
droit de non paternité 139
Druckprivileg 22
DSM-RL 10, 238, 403

Eigenart 503, 548
eigene geistige Schöpfung 29
Eigentumsschutz 4
eingetragenes Design 162, 480, 496
Eingriffskondiktion 367
Einräumung von Nutzungsrechten 414
einstweilige Verfügung 382, 384, 545
Eintragungsverfahren 514
Einwilligung 436
Entstehung des Urheberrechts 89
Entstellung und Beeinträchtigung des Werks 144
Entwerfer 511
ephemere Vervielfältigungen 307
Erbrecht 453
ergänzender wettbewerbsrechtlicher Leistungsschutz 483
Erscheinen 101
Erschöpfung 186, 538
Erstveröffentlichungsrecht 134
Erzeugnis 499
EU-Richtlinien 10
EUIPO 553

151

Stichwortverzeichnis

Fabel 44
Fahndungsfoto 320
fair-use-Doktrin 254
Fan Art 293
Fan Fiction 293
Feliks Büttner 296
Fernsehshow 80
Filesharing 232
Filmhersteller 349
Filmwerke 70, 428
fliegender Gerichtsstand 383
Folgerecht 248
Formalitäten 90
Formalprüfung 516
Formgebung 36
Formmarken 483
Forschung 310
freie Benutzung 405
Freiheit der Idee 42
Fremdenrecht 458, 467
Fristberechnung 97

Gebrauchsmuster 16, 42, 162, 478
Geistiger Gehalt 35
Geistiges Eigentum 4, 25
Geltungsbereich 467
GEMA 377, 455
Gemeinfreiheit 93
Gemeinschaftsgeschmacksmuster 546
Gemeinschaftsgeschmacksmusterverordnung 484
Gemeinschaftsmarke 17
geographische Herkunftsangabe 18
Georges Bizet 344
geschäftliche Bezeichnung 18
Geschichte des Urheberrechts 20
Geschmacksmuster 480, 547
Geschmacksmustergesetz 480
GeschmMG Siehe Geschmacksmustergesetz
Gestaltung eines Produkts 476

Gestaltungsfreiheit 525
Gestaltungsspielraum 38
Gestattung 436
gewandelte Überzeugung 450
Gewerbemonopol 22
gewerbliche Schutzrechte 478
Gewerbsmäßigkeit 162
Gewinnerzielungsabsicht 162
GGV Siehe Gemeinschaftsgeschmacksmusterverordnung
Ghostwriter 108
GTA 475
gutgläubiger Erwerb 418, 521

Haager Musterabkommen 486, 495
Halbleiterschutzrecht 19
Handlung der Wiedergabe 239
handwerkliches Schaffen 38
Happening 77
Himmelsscheibe von Nebra 344
HMA Siehe Haager Musterabkommen
Hyperlinks 233, 244

Immaterialgut 28
Immaterialgüterrecht 4, 15, 478
immaterielle Schäden 376
Individualität 37
Informationsfreiheit 8
informierter Benutzer 504
InfoSoc-RL 10, 203, 238
Inhalt des Urheberrechts 127
Inländerbehandlung 474
Internationale Abkommen 11
Internationales Privatrecht 458
Internationales Urheberrecht 458

Internationales Zivilprozessrecht 458
Internetanschlussinhaber 381
Inverkehrbringen 183
Investitionsschutz 355
IP-Adresse 232
IPR Siehe Internationales Privatrecht
IZPR Siehe Internationales Zivilprozessrecht

Karikatur 293
Klage 382, 545
kleine Münze 41, 481
komplexes Erzeugnis 500
Kontrahierungszwang 261, 439
KUG 26
Kunstfreiheit 8
Künstliche Intelligenz 32

Laras Tochter 45
Laufbilder 73, 351, 363
Lehre 310
Leistungsschutzrechte 332
lex loci protectionis 465
Lichtbilder 360
Lichtbildschutz 69
Lichtbildwerke 67
Lizenzanalogie 375
LUG 26

Marcel Duchamp 34
Marke 17, 162
Mart Stam 63
Mashups 293
Meinungsfreiheit 8
Memes 293
Menschen mit Behinderungen 321
menschlich-gestalterische Tätigkeit 30
Mittelalter 21
Miturheber 95, 109
moderne Kunst 33
monistische Theorie 127, 413
Monopolisierung 476
Musikwerke 55

Stichwortverzeichnis

Nachahmung 557
Nachdruck 22
nachgelassene Werke 343
Name 18
Netzsperren 381
Neuheit 40, 502, 548
Neuheitsschonfrist 507
nicht eingetragenes Gemeinschaftsgeschmacksmuster 490, 549
Nichtausübung 449
Nichtigkeitsverfahren 518
nutzergenerierte Inhalte 405
Nutzungsarten 424
Nutzungsrechte 415
- ausschließliche ~ 421
- einfache ~ 420
- Inhalt und Umfang 422
- Übertragung 445
- Unterlizenzierung 445

Objet trouvé 33
Offenbarung 507
öffentliche Reden 323
öffentliche Sicherheit 319
öffentliche Wiedergabe 202
Öffentlichkeit 205, 229, 241

p.m.a. Siehe post mortem auctoris
Pablo Picasso 43
Panoramafreiheit 294
pantomimische und choreographische Werke 57
Pariser Verbandsübereinkunft 492
Parodie 293
Passivlegitimation 379
Pastiche 293
Patent 16, 42, 162, 478
persönliche geistige Schöpfung 29
persönliche Schöpfung 30
Plagiat 20
Plattformbetreiber 404
post mortem auctoris 93
Pre-Flagging 410

Presseverleger 359
privater Gebrauch 262
privater Werkgenuss 164
Privatkopie 262
PVÜ Siehe Pariser Verbandsübereinkunft

Quellenangabe 260

RBÜ Siehe Revidierte Berner Übereinkunft
Readymade 33
Recht der öffentlichen Zugänglichmachung 227
Rechtsdurchsetzung 382
Rechtsgrundlagen 9
Rechtsinhaberschaft 511
Rechtspflege 319
Rechtsverkehr 413
Rechtsverletzung 365, 540
Rechtsweg 383
Rechtswidrigkeit 369
Registrierung 549
Religionsfreiheit 8
religiöser Gebrauch 322
Remixe 293
Renaissance 24
Reparaturklausel 510, 533
Reproduktionsfotografie 362
Restschadensersatzanspruch 391
Revidierte Berner Übereinkunft 473
Rom I-VO 466
Rom II-VO 465
Rückruf von Nutzungsrechten 448
Rundfunkkommentare 325

Sammelwerk 78
Sampling 293, 348
Schadensersatzanspruch 374, 541
Schöpferprinzip 104
Schöpfungshöhe 481
Schranken 531
Schranken des Urheberrechts 253

Schrankengeneralklausel 254
Schutz vor der Nachahmung 477
Schutzausschlussgründe 508
Schutzdauer 520
Schutzdauer Design 537
Schutzdauer Geschmacksmuster 558
Schutzdauer des Urheberrechts 94
Schutzlandprinzip 460
Schutzschrift 545
Senderecht 222
Sendeunternehmen 352
Sichtbarkeitserfordernis 510
sonstiger eigener Gebrauch 262
Sortenschutzrecht 19
Sozialbindung 253
Sportereignis 80
Sprachwerke 47
Staatsverträge 458, 472
Statute of Anne 25
Störer 380, 542
strafbewehrte Unterlassungserklärung 387
Strafrecht 396
Sukzessionsschutz 429

Tagesereignis 305
Täter 379, 542
Tauschbörse 232
TE DEUM 344
technische Funktion 508
Teileschutz 528
Teilnehmer 379, 542
Territorialitätsprinzip 459, 484, 491
Text und Data Mining 314, 318
TMG 403
Tonträgerhersteller 346
Trade Related Aspects of Intellectual Property Rights Siehe TRIPs
Trennungsprinzip 416
TRIPs 494

Stichwortverzeichnis

Übertragung eines Unternehmens 451
Übertragung von Nutzungsrechten 445
Übertragungszwecktheorie 426
Umgestaltung 84
unbekannte Nutzungsarten 431
unbenannte Werkarten 77
Unionsmarke 17
Unterlassungsanspruch 370, 541
Unterlassungserklärung 387, 541
Unterlizenzierung 445
Unternehmenskennzeichen 18
Unterricht 310
Upload 231
Upload-Filter 403
Urheber 104
Urheber im Angestellten-, Dienst- oder Werkvertragsverhältnis 105
Urheberpersönlichkeitsrecht 5, 130, 452, 471
Urheberrecht und Sacheigentum 13
Urheberrechts-Diensteanbieter-Gesetz 403
Urheberrechtsgesetz 9
Urheberverträge 437
Urhebervertragsrecht 437
UrhDaG Siehe Urheberrechts-Diensteanbieter-Gesetz
UrhG Siehe Urheberrechtsgesetz

Veranstalter 354
Verbietungsrecht 557
Verbreitungsrecht 180
verbundene Werke 118
Verfügungsverfahren 382, 384
Verfügungen über das Design 521
vergriffene Werke 330
Vergütung 440
Vergütungsansprüche 128, 250
Vergütungspflicht 259
Verjährung 391
Verlagsgesetz 9
Verleihen 200
Verletzergewinn 375
Verletzungsunterlassungsanspruch 370, 372
Vermietrecht 198
Vermutung der Rechtsgültigkeit 530
Vermutung der Rechtsinhaberschaft 124, 512
Vermutung der Urheberschaft 121
Veröffentlichung 99
Veröffentlichungsrecht 134
Vertragsfreiheit 439
Vertragsstatut 466
Vervielfältigungsrecht 166
verwaiste Werke 329
verwandte Schutzrechte 332
Verwarnung 545
Verwertung in körperlicher Form 165
Verwertung in unkörperlicher Form 202
Verwertungsgesellschaft 263, 455
Verwertungsgesellschaftengesetz 9
Verwertungsrechte 5, 160
VG WORT 263, 455
VGG 9, 457
Vorbenutzungsrecht 536
vorbeugender Unterlassungsanspruch 373
Vorführungsrecht 214
Vortragsrecht 208
vorübergehende Vervielfältigungen 307

weitere angemessene Beteiligung 442
Weltorganisation für geistiges Eigentum 473
Werk 27
– Definition 29
– Wesenselemente 29
Werkartenkatalog 46
Werke an öffentlichen Plätzen 294
Werke der Baukunst 65
Werke der bildenden Kunst 61
Werkexemplar 28
Werktitel 18, 52
Werkveränderung 144
Werkvernichtung 150
Wiedergabe durch Bild- oder Tonträger 217
Wiedergabe von Funksendungen und von öffentlicher Zugänglichmachung 234
Wiederholungsgefahr 372, 387
widerrechtliche Verletzung 369
Wilhelm Wagenfeld 63
WIPO 473, 495
WLAN 381
wissenschaftliche Ausgaben 340

Youtube 235, 403

zeitbasierte Kunst 77
Zeitungsartikel 325
Zitatrecht 283, 405
Zugangsrecht 156
Zuständigkeit 383, 461, 545, 561
Zwangslizenz 261
Zweckübertragungstheorie 426
Zweitverwertungsrecht 219